CEDU(쎄듀)는 A **C**omprehensive **E**nglish e**DU**cation(종합적 영어교육)의 약자입니다.

저자

김기훈   現 ㈜ 쎄듀 대표이사

現 메가스터디 영어영역 대표강사

前 서울특별시 교육청 외국어 교육정책자문위원회 위원

저서   천일문 〈STARTER ·입문편·기본편·핵심편·완성편〉/ 천일문 GRAMMAR

리딩 플랫폼 / 리딩 릴레이 / Reading Q / Grammar Q / Listening Q

천일문 VOCA / 거침없이 Writing / 쓰작 / 잘 풀리는 영문법

어휘끝 / 어법끝 / 첫단추 / 파워업 / ALL쎔 서술형

수능영어 절대유형 시리즈 / 수능실감 등

쎄듀 영어교육연구센터

쎄듀 영어교육센터는 영어 콘텐츠에 대한 전문지식과 경험을 바탕으로
최고의 교육 콘텐츠를 만들고자 최선의 노력을 다하는 전문가 집단입니다.

인지영 책임연구원 **· 최세림** 전임연구원 **· 김지원** 전임연구원

마케팅	콘텐츠 마케팅 사업본부
영업	문병구
제작	정승호
인디자인 편집	올댓에디팅
디자인	스튜디오에딩크, 윤혜영
일러스트	정윤지, 송미정
영문교열	James Clayton Sharp

독해를 바라보는 재미있는 시각

리딩그라피

Reading
Graphy

| Level |

중등 독해,
리딩그라피로 시작하세요!

초등 독해에서 중등 독해로 넘어갈 때 아이들이 어떤 부분을 가장 어려워할까요?
바로 **"단어"**와 **"문장 구조 파악"**입니다.
초등 독해에서는 단어가 비교적 쉽고, 문장이 간결하기 때문에
아이들이 흔히 하는 것처럼 단어들의 의미를 조합하면 대략 어떤 의미인지는 파악할 수 있었지만,
중등에서는 이 방식이 통하기 어렵습니다.

실제 사례를 한번 살펴볼까요? (*중등 학습 초기의 초등 고학년 아이들에게 리딩그라피 레벨1 수록 지문을 해석해 보도록 했습니다.)

1 It looks and tastes like   regular chocolate.

 그 거대한 초콜릿 같은 것은 맛있어 보인다.   그것은 맛있어 보인다 큰 초콜릿 같이 생긴.

2 Plus, many trees get cut down to make   space for these cacao farms.

 많은 나무를 베서 만든다 우주의 카카오 농장을.   카카오 농장을 위해 자르는 나무 수를 추가해 우주를 만든다.

단어와 구문을 잘못 파악하니, 전혀 다른 의미로 해석되었어요.

단어

- regular 형 1. 일반적인 ,평범한
            2. (크기가) 보통의
- space 명 1. 우주   2. 공간

구문

- taste chocolate 초콜릿을 맛보다
  taste like chocolate 초콜릿 같은 맛이 나다
- to make 1. 만드는 것   2. 만들기 위해   3. 만드는   4. 만들기에

이처럼, 단어와 구문을 함께 학습해야 **문장의 정확한 해석**이 가능하며,
지문의 길이가 점점 더 길어지더라도, <u>글 전체의 주제와 세부 내용을 정확하게 파악</u>하여 문제를 풀 수 있습니다.
리딩그라피는 단순 흥미 위주의 독해를 넘어 문제 풀이로 끝나버리지 않는, **"진짜 남는 것이 있는 독해"**를 지향합니다.

| 재미 100% 보장 내용까지 유익한 지문 | + | 중등 필수 단어 | + | 중등 필수 구문 | = | 리딩그라피 |

How? **1** 체계적인 시리즈 구성과 세심한 난이도 조정

	학습 대상	학습 구문 수준	문장 당 평균 단어 수	단어 수	*Lexile® 지수
Level 1	예비중 ~ 중1	중1 (80%) ~ 중2 (20%)	10 (3 ~ 17)	110 ~ 130	500 ~ 700
Level 2	중1	중1 (70%) ~ 중2 (30%)	11 (3 ~ 32)	120 ~ 140	600 ~ 800
Level 3	중2	중2 (80%) ~ 중3 (20%)	13 (5 ~ 26)	130 ~ 150	700 ~ 900
Level 4	중3	중2 (20%) ~ 중3 (80%)	14 (6 ~ 27)	140 ~ 160	800 ~ 1000

*Lexile(렉사일)® 지수: 미국 교육 기관 MetaMetrics에서 개발한 영어 읽기 지수로, 개인의 영어독서 능력과 수준에 맞는 도서를 읽을 수 있도록 개발된 독서능력 평가지수입니다. 미국에서 가장 공신력 있는 지수로 활용되고 있습니다.

How? **2** 중등 내신 필수 구문과 단어까지 완벽 학습

✔ 중학교 3년간 배워야 할 구문 완벽 정리 (지문 당 중등 필수 구문 3개 학습 가능)

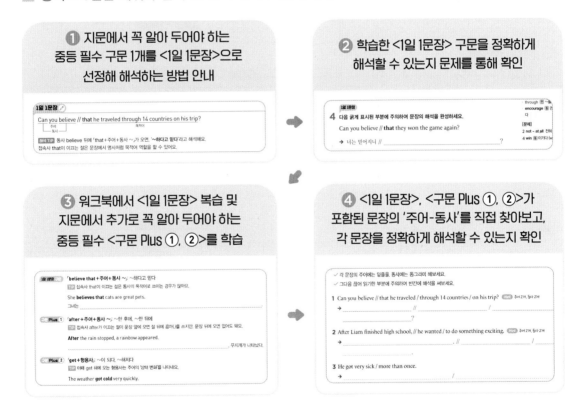

✔ 교육부 지정 중등 필수 단어 강조 표시

W⊙rds

- huge 형 거대한
❶ pumpkin 명 호박
　make A out of B B로 A를 만들다 (make-made-made)
- go out 나가다 (go-went-gone)
❷ spend time v-ing ~하는 데 시간을 보내다 (spend-spent-spent)

지문별로 ❶ 지문 소재 특성에 따른 단어, ❷ 반드시 외워야 하는 필수 단어가 있습니다. 리딩그라피에서는 교육부에서 지정한 중등 필수 단어에 강조 표시를 해두어 학습자들이 우선순위를 두고 학습할 수 있도록 했습니다.

PREVIEW
미리보기

❶ 흥미로운 주제의 영어 지문

재미와 지식, 상식을 모두 갖춘 최신 경향 위주의 영어 지문으로 구성되었습니다.

❷ 단어 수

지문별 단어 개수를 제공하며, 권내에서도 다양한 단어 수의 지문을 학습할 수 있습니다.

❸ QR코드

QR코드를 사용해 지문과 단어의 MP3 파일을 손쉽게 들을 수 있습니다.

❹ 1일 1문장 ✎

각 지문마다 꼭 알아 두어야 하는 중등 필수 구문 1개를 선정해, 해당 문장을 정확히 해석할 수 있도록 안내하고 있습니다.

07

● Food

● 단어 수

Many people love eating chocolate. This sweet snack is made from cacao beans. But behind the sweet taste, there are some hidden problems. Around the world, about 1.8 million children work on cacao farms. Plus, many trees get cut down to make space for these cacao farms.

(A) So, a company in the U.K. made a new kind of chocolate: "fake" chocolate. (B) It looks and tastes like regular chocolate. (C) Big chocolate companies promised to solve these problems, but not much changed. However, it doesn't use any cacao beans! Instead, it uses *barley and **carob.

This new chocolate is better for the Earth and people. It might be a bit expensive. ● But if more people buy it, the dark side of the chocolate industry might become brighter!

*barley 보리
**carob 캐럽 ((초콜릿 맛이 나는 암갈색 열매))

1일 1문장 ✎

But if more people buy it, // the dark side of the chocolate industry / might become brighter!
접속사   주어   동사   주어   동사 목적어

해석 TIP 접속사 if 뒤에 「주어+동사 ~」가 오면 '(만약) ~한다면'이라고 해석해요. 이때, if절은 '조건', 나머지 절은 '조건에 대한 결과'를 나타내요.

✿해석 하지만 더 많은 사람들이 그것을 산다면, 초콜릿 산업의 어두운 측면이 더 밝아지게 될지도 모른다!

#접속사 #부사절 if

34 | LEVEL 1

단어 Review

3개의 지문에서 학습한 단어 및 표현을 완벽하게 복습할 수 있습니다. '영영 뜻 파악 → 어구 완성 → 문장 완성'의 3단계 문제로 구성되어 있습니다.

1일 1문장 Review

3개의 지문에서 학습한 〈1일 1문장〉을 완벽하게 복습할 수 있습니다. 각 문장의 동사를 찾아보는 '동사 찾기 → 어순을 확인하는 '배열 영작' → 해석을 연습하는 '문장 해석'으로 구성되어 있습니다.

무료 부가서비스

무료로 제공되는 부가서비스로 완벽히 복습하세요. (www.cedubook.com)
① 단어 리스트 ② 단어 테스트 ③ 직독직해 연습지 ④ 영작 연습지 ⑤ 받아쓰기 연습지 ⑥ MP3 파일 (단어, 지문)

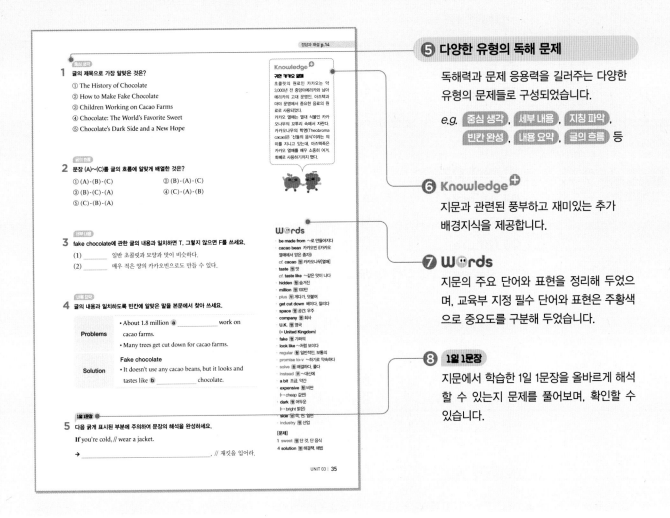

⑤ 다양한 유형의 독해 문제

독해력과 문제 응용력을 길러주는 다양한 유형의 문제들로 구성되었습니다.

e.g. 중심 생각 , 세부 내용 , 지칭 파악 , 빈칸 완성 , 내용 요약 , 글의 흐름 등

⑥ Knowledge⁺

지문과 관련된 풍부하고 재미있는 추가 배경지식을 제공합니다.

⑦ Words

지문의 주요 단어와 표현을 정리해 두었으며, 교육부 지정 필수 단어와 표현은 주황색으로 중요도를 구분해 두었습니다.

⑧ 1일 1문장

지문에서 학습한 1일 1문장을 올바르게 해석할 수 있는지 문제를 풀어보며, 확인할 수 있습니다.

‖ WORKBOOK ◆

◘ 〈1일 1문장〉은 복습, 〈구문 Plus ①, ②〉는 추가로 학습한 후, '주어-동사 찾기' 및 '직독직해' 문제를 풀어보며 구문 이해도를 확인할 수 있습니다.
◘ 〈내신 맛보기〉에서는 중등 내신 문제와 유사한 어휘 및 서술형 문제를 풀어볼 수 있습니다.

‖ 정답과 해설 ◆

◘ 정답의 이유를 알려주는 자세한 '문제 해설', '본문 해석', 문장을 의미 단위로 끊어 읽는 법을 알려주는 '직독직해', '주요 구문 해설'로 구성되어 있습니다.

‖ 단어 암기장 ◆

◘ 지문에 등장하는 주요 단어와 표현을 정리해 두었으며, 암기장은 가지고 다니며 학습할 수 있습니다.
◘ QR코드를 통해 MP3 파일을 들으며, 단어와 표현의 의미를 확인할 수 있습니다.

5

CONTENTS
목차

지문별 중등 필수 구문

유닛	지문	1일 1문장	WB 구문 PLUS ❶	WB 구문 Plus ❷
01	01	to부정사의 부사 역할 〈목적〉	There be동사 ~	주어로 쓰인 동명사
	02	목적어로 쓰인 동명사 (like v-ing)	접속사 and의 병렬 구조 (동사구)	to부정사의 명사 역할
	03	과거진행형	전치사의 목적어로 쓰인 동명사 (by v-ing)	feel+보어(형용사)
02	04	turn+목적어+보어(형용사)	turn+보어(형용사)	부사절 접속사 when
	05	목적어로 쓰인 명사절 that	부사절 접속사 after	get+보어(형용사)
	06	give+간접목적어+직접목적어	목적어로 쓰인 명사절 that 생략	현재진행형
03	07	부사절 접속사 if 〈조건〉	to부정사의 명사 역할 (목적어) (promise to-v)	감각동사 look/taste like+명사
	08	명사 수식 현재분사	to부정사의 명사 역할 (보어)	목적어로 쓰인 명사절 that
	09	조동사 used to 〈과거 습관·상태〉	조동사 may not 〈추측〉	to부정사의 명사 역할: 목적어 (help to-v)
04	10	주어로 쓰인 동명사	수동태 현재	부사절 접속사 if 〈조건〉
	11	it(가주어) ~ to부정사구(진주어) …	need to-v 〈의무〉	조동사 might 〈추측〉
	12	allow+목적어+보어(to부정사)	현재진행형	to부정사의 부사 역할 〈목적〉
05	13	명사 수식 과거분사	to부정사의 부사 역할 〈목적〉	ask+목적어+보어(to부정사)
	14	비교급+than	it takes 시간 to-v	목적어로 쓰인 동명사 (imagine v-ing)
	15	make+목적어+보어(동사원형)	감각동사 smell like+명사	부사절 접속사 because 〈이유〉
06	16	목적어로 쓰인 명사절 that 생략	명사 수식 과거분사	전치사의 목적어로 쓰인 동명사 (for v-ing)
	17	to부정사의 명사 역할 (보어)	to부정사의 부사 역할 〈목적〉	take A 시간 to-v
	18	형용사 역할의 전치사구 (around, like)	부사절 접속사 as 〈시간〉	감각동사 smell like+명사

추천 학습 방법 THE BEST WAY TO STUDY

리딩그라피는 다음과 같이 학습할 때 최고의 학습 효과를 얻을 수 있어요. 다만, 개인 성향, 학습 경험에 따라 개개인에게 맞는 학습법이 다를 수 있으므로, 아래 학습법을 바탕으로 각자 자신에게 맞는 나만의 학습법을 찾아보세요.

STEP 1
단어 의미 확인하기

본격적으로 지문을 읽기 전에 단어 암기장을 사용해 지문에 나오는 단어와 표현을 먼저 확인해 보세요.

Tip 다양한 소재의 지문이 등장하므로, 지문에 나오는 단어의 뜻을 모르면 해석하기 어려울 수 있어요. 단어의 뜻을 미리 확인해 보는 게 큰 도움이 될 거예요.

STEP 2
지문 읽기

1 문장을 정확하게 해석하기 어려워도 중간에 멈추지 말고, 한번 쭉 읽어 보세요.

2 그다음 지문의 각 문장을 꼼꼼히 해석해보며 읽어 보세요.

Tip QR코드의 음원을 사용해 원어민의 발음으로 지문을 들어볼 수도 있어요.

STEP 3
문제 풀기

중심 생각, 세부 내용, 지칭 파악, 글의 흐름, 내용 요약 등의 문제를 풀어보며, 지문의 내용을 잘 이해했는지 확인해 보세요.

Tip 문제를 풀 때는 정답을 보지 않고 끝까지 푸는 것이 매우 중요해요.

STEP 4
워크북으로 복습하기

1 먼저 〈1일 1문장〉 복습과 함께, 중등 필수 〈구문 Plus ①, ②〉를 추가로 학습해 보세요.

2 그다음 〈내신 맛보기〉에서 어휘 및 서술형 실전 문제를 풀어보며, 자신이 지문에 나온 단어와 구문을 얼마나 잘 이해하고 있는지 점검해 보세요.

Tip 홈페이지에서 무료로 제공되는 단어 테스트, 직독직해 연습지, 영작 연습지 등을 함께 사용하면, 지문의 내용을 완벽하게 내것으로 만들 수 있어요.

STEP 5
Review로 마무리하기

3개의 지문을 학습한 후에는, 〈단어 Review〉와 〈1일 1문장 Review〉 문제를 풀어 보세요. 3개 지문에서 누적 학습된 단어와 1일 1문장을 잘 이해하고 있는지 확인할 수 있을 거예요.

워크북의 지문별 〈직독직해 Practice〉 코너에서는 중등 필수 구문이 담긴 3개 문장의 주어와 동사 찾기를 연습해요.

워크북을 학습하기 전에 아래 내용을 꼭 확인해 보세요.

➜ 본책의 <1일 1문장 Review>의 A 유형 문제를 풀 때도 아래 내용은 동일하게 적용되어요.

직독직해 Practice

✔ 각 문장의 주어에는 밑줄을, 동사에는 동그라미 해보세요.

✔ 그다음 끊어 읽기한 부분에 주의하여 빈칸에 해석을 써보세요.

❶ 주어를 뒤에서 꾸며 주는 어구나 절이 있을 때

주어를 뒤에서 꾸며 주는 전치사구, 현재분사(v-ing)구, 과거분사(p.p.)구, 관계사절 등이 있는 경우, 이를 제외한 주어 부분에만 밑줄을 그으세요.

> *e.g.* But if more people (buy) it, // the dark side of the chocolate industry / (might become) brighter!
> ➜ 전치사 of가 이끄는 어구(of the chocolate industry)는 the dark side를 꾸며 주는 말이므로, 문장의 주어인 the dark side에만 밑줄을 그으세요.
> In Portugal, a referee named Catarina Campos (started) to use this white card first.
> ➜ 과거분사구(named Catarina Campos)는 주어(a referee)를 꾸며 주는 말이에요.

❷ 동사가 조동사와 함께 쓰일 때

문장의 동사가 will, can, may 등과 같은 조동사와 함께 쓰일 때는, 「조동사+동사원형」을 문장의 동사로 표시해요.

> *e.g.* In fact, one picture (can take) him / four to five days / to finish.

❸ 동사 사이에 수식어가 있을 때

문장의 동사는 한 개이지만, 다음과 같이 동사 사이에 수식어가 있을 때는 동그라미를 두 개로 표시해요.

> *e.g.* They (re) actually (getting) salt / from our sweat!
> ➜ 문장의 동사는 현재진행형 are getting이에요.

❹ 주어와 동사가 한 문장 안에 여러 개일 때

한 문장 안에서 접속사나 관계사절이 쓰이면 주어와 동사가 여럿이 될 수 있어요.

이때 문장 옆에 힌트가 제공되니, 힌트에 제시된 주어와 동사의 개수를 꼭 확인하세요.

> *e.g.* It (looks) and (tastes) like regular chocolate. (Hint) 주어 1개, 동사 2개
> A common story (is) // that Indian workers / who (came) to South Africa / to work in sugar cane fields / (created) it.
> (Hint) 주어 2개, 동사 3개

❺ 「동사+부사/전치사」 형태의 구동사가 쓰일 때

「동사+부사/전치사」 등과 같이 두 개 이상의 단어로 이루어져 있지만, 하나의 동사처럼 쓰이는 말을 구동사라고 해요.

구동사의 경우, 「동사+부사/전치사」 전체를 문장의 동사로 봐야 해요.

> *e.g.* But as they (grow up), // their feet (turn) blue!

Unit
01

In Guatemala, there are special colorful buses called "chicken buses." They got this name because sometimes they carry live chickens! These buses run all over the country. Riding a chicken bus is also very cheap. ✐ So many people use them **to go** to work, school, and other places.

These buses were once school buses in America. People in Guatemala buy them for a low price. Then, they paint them with bright colors and designs. Inside the buses, there are fun decorations and sometimes flat-screen TVs!

Many chicken buses in Guatemala are very old and need fixing. But they are still very special to the country. People can't imagine Guatemala without chicken buses.

1일 1문장 ✐

So many people use them / **to go** to work, school, and other places.
　　　주어　　　동사　목적어　　　　　　　　수식어

해석 TIP 「to+동사원형」은 부사처럼 쓰일 수 있으며, 이때 '목적'을 나타낼 때는 '~하기 위해'라고 해석해요.

✔ **해석** 그래서 많은 사람들이 직장, 학교, 그리고 다른 곳으로 가기 위해 그것들을 이용한다.

#to부정사 #부사 역할 #목적

중심 생각

1 글의 제목으로 가장 알맞은 것은?

① The History of Chicken Buses

② The Dangers of Chicken Buses

③ Guatemala's Unique Chicken Buses

④ The Colorful Designs of Chicken Buses

⑤ Guatemala's Special Buses only for Chickens

세부 내용

2 chicken bus에 관한 글의 내용과 일치하지 <u>않는</u> 것은?

① 닭을 운반하기도 해서 붙여진 이름이다.

② 버스비가 매우 저렴해서 많은 사람이 이용한다.

③ 미국으로부터 저렴한 가격에 구입한 것이다.

④ 버스 외관에 비해 내부에는 장식이 거의 없다.

⑤ 매우 오래되어 수리가 필요한 버스들이 많이 있다.

내용 요약

3 글의 내용과 일치하도록 빈칸에 알맞은 말을 본문에서 찾아 쓰세요.

In Guatemala, there are special **a** _____ buses called "chicken buses." They're **b** _____, so many people use them. These buses are old but important in Guatemala.

1일 1문장

4 다음 굵게 표시된 부분에 주의하여 문장의 해석을 완성하세요.

We got up early / **to catch** the first train.

→ 우리는 일찍 일어났다 / _____.

W😮rds

- **Guatemala** 몡 과테말라
- **special** 혱 특별한
- **colorful** 혱 형형색색의, (색이) 다채로운
- **carry** 동 나르다, 운반하다
- **live** 혱 살아있는
- **run** 동 (버스 등이) 운행하다, 다니다
- **all over the country** 전국에
- *cf.* **country** 몡 나라, 국가
- **cheap** 혱 값싼 (↔ expensive 비싼)
- **once** 児 (과거) 한때, 예전에
- **price** 몡 가격, 값
- **bright** 혱 (색이) 밝은, 선명한 (↔ dark (색이) 어두운)
- **design** 몡 디자인
- **decoration** 몡 장식
- **flat-screen** 평면 화면
- **still** 児 여전히, 아직
- **imagine** 동 상상하다
- **without** 전 ~ 없이

[문제]

1 **danger** 몡 위험
   unique 혱 독특한, 특유의
3 **important** 혱 중요한
4 **catch** 동 (버스, 기차 등을 시간 맞춰) 타다; 잡다

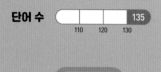
Duane Hansen is a farmer from Nebraska, U.S. 🖊 He **likes growing** huge pumpkins. And you won't believe this — he made a boat out of a really big pumpkin and went out on a river!

Duane spent almost 10 years growing big pumpkins. One day, he grew a super big one. This pumpkin was 370 cm around and really heavy. (①) It weighed over 380 kilograms. (②) So, he thought of a fun idea: to make his pumpkin into a boat and ride it down the Missouri River. (③)

He cut the pumpkin's top off and made space to sit inside. (④) Then, he took *paddles from his **kayak. (⑤) Water from the waves kept getting inside his pumpkin. Still, Duane didn't stop. In the end, he traveled more than 61 kilometers in his pumpkin boat!

*paddle (짧고 넓적한) 노
**kayak 카약 (길고 폭이 좁은 배)

1일 1문장 🖊

He **likes growing** huge pumpkins.
주어 동사   목적어

해석 TIP 동사 like의 목적어 자리에 「동사원형＋-ing」가 오면 '**~하는 것을 좋아하다**'라고 해석해요.

✅**해석** 그는 거대한 호박을 키우는 것을 좋아한다.

#동명사 #목적어 역할

1 중심 생각

1 이 글의 제목을 다음과 같이 나타낼 때, 빈칸에 알맞은 말을 본문에서 찾아 쓰세요.

> A Farmer's Boat **a** M_____ out of a Huge **b** P_____

2 세부 내용

2 글을 읽고 대답할 수 <u>없는</u> 질문은?

① What is Duane's job?

② How heavy was Duane's huge pumpkin?

③ How did Duane make a boat out of his pumpkin?

④ How many times did Duane ride the pumpkin boat?

⑤ How far did Duane travel in the pumpkin boat?

3 글의 흐름

3 다음 문장이 들어갈 위치로 가장 알맞은 곳은?

> However, the ride wasn't easy.

①   ②   ③   ④   ⑤

4 세부 내용

4 글의 내용과 일치하면 T, 그렇지 않으면 F를 쓰세요.

(1) _____ 호박 배에 사용된 호박은 둘레 370 cm의 큰 호박이었다.

(2) _____ Duane은 호박 배를 타고 50 킬로미터 이상을 이동하는 것에는 실패했다.

5 1일 1문장

5 다음 굵게 표시된 부분에 주의하여 문장의 해석을 완성하세요.

He **likes climbing** mountains / on weekends.

→ 그는 _____ / 주말마다.

Knowledge ➕

호박 보트 대회

미국과 유럽에서는 매년 10월에 호박 수확 철을 맞아 호박 보트 대회가 열린다. 참가자들은 직접 키운 호박이나, 축제 위원회에서 판매하는 호박을 파내고 장식하여 사용한다. 보트에 사용되는 호박은 약 270kg에서 360kg 이내여야 하고, 반드시 물에 뜨는 것을 사전에 확인해야 한다. 800미터의 경주를 하는 동안 노를 젓는 것만 허용되고 배를 밀어 전진하는 것은 허용되지 않는다.

Words

- **huge** 형 거대한
- **pumpkin** 명 호박
- **make A out of B** B로 A를 만들다 (make-made-made)
- **go out** 나가다 (go-went-gone)
- **spend time v-ing** ~하는 데 시간을 보내다 (spend-spent-spent)
- **around** 부 둘레가 ~인
- **weigh** 동 무게가 ~이다
- **think of** ~을 생각해 내다 (think-thought-thought)
- **make A into B** A를 B로 만들다
- **ride** 동 타다 명 여정, 길
- **cut A off** A를 잘라내다 (cut-cut-cut)
- **space** 명 공간, 자리
- **take A from B** B에서 A를 가져오다 (take-took-taken)
- **wave** 명 파도
- **get inside** ~ 안에 들어가다
- **still** 부 그럼에도 불구하고
- **in the end** 마침내, 결국
- **travel** 동 이동하다; 여행하다

[문제]

2 far 부 멀리

5 climb 동 오르다, 올라가다

03

Story

단어 수 110 120 128 130

One day, Elvis Francois **was fixing** his boat. Suddenly, the weather changed. Wind and waves carried him far out into the ocean. Poor Elvis was lost in *the Caribbean Sea!

After 24 days, he finally saw a plane and sent a signal by using a mirror. The people on the plane noticed it and called the navy for help. When the navy rescued Elvis, he was in good health. He explained, "I only had a bottle of ketchup and some **seasonings. I mixed them with rainwater and drank it. That's how I survived."

Heinz, the big ketchup company, heard about Elvis' story. They felt touched and wanted to give him a new boat. Thanks to his ketchup survival story, Elvis got a new boat from the ketchup company!

*the Caribbean Sea 카리브 해
**seasoning 양념

1일 1문장

One day, / Elvis Francois **was fixing** his boat.
　　　　　　주어　　　　　동사　　　목적어

해석TIP 「was/were＋동사의 -ing형」은 과거의 어느 시점에서 진행 중이던 일을 나타내는 과거진행형으로,
'(과거에) ~하고 있었다, ~하는 중이었다'라고 해석해요.

해석 어느 날, Elvis Francois는 그의 보트를 수리하고 있었다.

#시제 #과거진행형

1
글의 제목으로 가장 알맞은 것은?

① The Big Ketchup Company's Gift

② The Amazing Navy Rescue at Sea

③ Elvis' Travels to the Caribbean Sea

④ How to Survive Alone in the Ocean

⑤ A Man Surviving on Ketchup at Sea

2
Elvis Francois에 관한 글의 내용과 일치하지 <u>않는</u> 것은?

① 갑자기 변한 날씨로 카리브 해에서 길을 잃게 되었다.

② 거울을 이용하여 비행기에 신호를 보냈다.

③ 구조 당시 건강 상태가 좋지 않았다.

④ 케첩과 양념을 빗물에 섞어 마시면서 버텼다.

⑤ 케첩 회사로부터 새로운 보트를 받았다.

3
(A)~(D)를 일어난 순서에 따라 알맞게 배열하세요.

(A) Elvis was lost at sea for 24 days but survived.

(B) A ketchup company gave Elvis a new boat.

(C) Elvis was taken far out to sea by wind and waves.

(D) A plane saw his signal and the navy rescued him.

_____ → _____ → _____ → _____

4
다음 굵게 표시된 부분에 주의하여 문장의 해석을 완성하세요.

The cat **was sleeping** / on the sofa / 30 minutes ago.

→ _____ / 소파 위에서 / 30분 전에.

Words

- **suddenly** 뷔 갑자기
- **carry A into B** A를 B로 데려가다
- **far out** 멀리
- **ocean** 몡 바다
- **lost** 휑 길을 잃은
- **see** 통 보다 (see-saw-seen)
- **send** 통 보내다 (send-sent-sent)
- **signal** 몡 신호
- **mirror** 몡 거울
- **notice** 통 알아차리다
- **call for help** 구조를 요청하다
- **navy** 몡 해군
- **rescue** 통 구조하다 몡 구조
- **be in good health** 건강 상태가 좋다
- **explain** 통 설명하다
- **mix** 통 섞다
- **rainwater** 몡 빗물
- **drink** 통 마시다 (drink-drank-drunk)
- **survive** 통 살아남다, 생존하다
  cf. **survival** 몡 생존
- **hear** 통 듣다 (hear-heard-heard)
- **touched** 휑 감동한
- **thanks to** ~ 덕분에

[문제]
3 take 통 ~을 데려가다 (take-took-taken)

영영 뜻 파악

A 다음 단어에 해당하는 알맞은 의미를 찾아 연결하세요.

1

price
•

•
ⓐ to continue to live after an accident or illness

2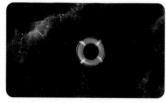

survive
•

•
ⓑ to save somebody from a dangerous situation

3

rescue
•

•
ⓒ the amount of money that you pay to buy something

어구 완성

B 다음 우리말 뜻에 맞게 주어진 철자를 바르게 배열한 다음, 빈칸을 완성하세요.

1 독특한   `q u i n e u`   → a _____ sense of humor

2 알아차리다   `t n c i o e`   → _____ an error in the program

3 장식   `o r n a t i c d e o`   → a _____ for a birthday party

문장 완성

C 다음 우리말과 일치하도록 빈칸에 알맞은 표현을 써보세요.

1 어제 전국에 비가 내렸다.

→ It rained _____ _____ _____ _____ yesterday.

2 좋은 날씨 덕분에, 우리의 여행은 완벽했다.

→ Our trip was perfect _____ _____ the nice weather.

3 어려운 경기였지만, 마침내 우리는 이겼다.

→ It was a hard game, but _____ _____ _____, we won.

A ⓐ continue 통 계속하다 accident 명 사고 illness 명 병 ⓑ situation 명 상황 ⓒ amount 명 (돈의) 액수 pay 통 지불하다
B **1** a sense of humor 유머 감각 **2** error 명 오류, 착오 **C** **3** win 통 이기다 (win-won-won)

동사 찾기

A 다음 굵게 표시된 주어에 알맞은 동사를 찾아 동그라미 해보세요.

1 **My little brother** likes watching cartoons.

2 **Someone** was playing the violin beautifully in the park.

3 **My dad** usually leaves early in the morning to avoid traffic.

문장 연결

B 다음 우리말과 일치하도록 알맞은 어구들을 연결하여 문장을 완성하세요.

> **1** 나는 새로운 자전거를 사기 위해 돈을 모으고 있다.
> **2** 그녀는 그때 낮잠을 자고 있었다.
> **3** Jake는 아침 일찍 조깅하는 것을 좋아한다.

1 I •   • was taking •   • jogging early in the morning.

2 She •   • am saving •   • a nap at the time.

3 Jake •   • likes •   • my money to buy a new bike.

문장 해석

C 다음 굵게 표시된 부분에 주의하여 문장을 해석해보세요.

1 Jenny uses sunscreen / **to protect** her skin.

→ Jenny는 자외선 차단제를 사용한다 / _____.

2 We **were eating** dinner // when the doorbell rang.

→ 우리는 _____ // 초인종이 울렸을 때.

3 My mom **likes reading** mystery novels / in her free time.

→ 나의 엄마는 _____ / 그녀의 여가 시간에.

A 1 cartoon 몡 만화 영화 **3** avoid 동 피하다 traffic 몡 교통(량), 차량 **B** jog 동 조깅하다 save 동 돈을 모으다, 저축하다 nap 몡 낮잠
C 1 sunscreen 몡 자외선 차단제 protect 동 보호하다, 지키다 **2** doorbell 몡 초인종 ring 동 (벨·종 등이) 울리다 (ring-rang-rung) **3** mystery novel 추리 소설

DID YOU KNOW ...?

도로가 양 떼로 가득 찬다고요?

Culture

　스페인의 수도인 마드리드는 바쁜 도시예요. 평소에는 바삐 걷는 시민들과 차들로 거리가 가득 차죠. 하지만 매년 10월, 양 떼 이동 축제가 열리는 기간은 예외예요! 이때만큼은 도로에서 차를 볼 수 없어요. 대신 양 떼로 가득 찬 도로를 볼 수 있답니다.

　아주 오래전에 스페인의 양치기들은 겨울을 나기 위해 양 떼와 함께 따뜻한 남쪽으로 이동하곤 했어요. 우연히도 이때 이들이 택했던 경로는 현재 마드리드의 아주 분주한 지역을 거쳤어요. 도시가 점점 발달함에 따라 양치기들은 과거에 그들이 이용했던 길을 이용하기가 쉽지 않았죠. 하지만 다행히도, 1994년에 스페인은 축제 프로그램의 일부로 양 떼가 도시를 가로지르는 것을 허용했어요!

　이후 양 떼는 안전히 이동할 수 있게 되었고, 도시 사람들은 재미있는 장관을 볼 수 있게 되었어요!

자기 심장이 박물관에 전시되어 있다고요?

Story

　자기 심장이 박물관에 전시된 것을 마주할 확률은 얼마나 될까요? 이 특별한 경험을 한 사람은 바로 영국의 제니퍼 서턴(Jennifer Sutton)이에요. 그녀는 22살에 자신이 심장병을 앓고 있다는 사실을 알게 되었어요. 제니퍼가 살기 위해서는 심장 이식 수술이 필요했지요. 그녀는 어렸을 때 어머니가 심장 이식 수술의 실패로 돌아가셨기 때문에 걱정이 많았어요. 하지만 다행히도 그녀의 심장 이식 수술은 매우 성공적이었답니다! 제니퍼는 자기 심장을 곧 런던 박물관에 기증했어요. 그녀는 더 많은 사람이 그것을 보고 생명을 살릴 수 있는 기증자가 되는 것에 관심을 가지길 바란다고 해요.

Unit 02

04

Animals

단어 수 110 120 130 136

The blue-footed boobies are birds. They live in *the Galapagos Islands. (①) When they're babies, they have white feathers and **fluffy bodies. (②) But as they grow up, their feet turn blue! (③)

Where does the blue color of their feet come from? (④) The boobies eat fresh fish, and the fish have ***pigments. (⑤) ✏ **These turn their feet blue.** Having blue feet is a sign of good health.

Also, male boobies use their blue feet to attract a partner. When a male booby has bluer feet, it's more attractive to the female. The male booby dances to show off his feet. He'll lift up one foot and then the other. The dance might look funny to humans. But it is important for the male booby. The dance can show the female how healthy he is!

*the Galapagos Islands 갈라파고스 제도
**fluffy 솜털의, 솜털로 뒤덮인
***pigment 색소

1일 1문장 ✏

These **turn** / their feet **blue**.
주어　동사　　A　　형용사

해석 TIP 동사 turn 뒤에 「A(목적어)+형용사」가 오면, '**A를 (~한 상태로) 변하게 하다[만들다]**'라고 해석해요.

✅ **해석** 이것들이 그들의 발을 파랗게 만든다.

#문장의 구조 #주+동+목+보(형용사)

1 다음 문장이 들어갈 위치로 가장 알맞은 곳은?

> Their feet are white, too.

①   ②   ③   ④   ⑤

2 푸른발 부비새에 관한 글의 내용과 일치하지 <u>않는</u> 것은?

① 갈라파고스 제도에 산다.

② 태어날 때부터 푸른 발을 가지고 있다.

③ 푸른색의 발은 건강함을 나타낸다.

④ 수컷의 발은 푸를수록 암컷에게 더 매력적으로 보인다.

⑤ 수컷은 발을 뽐내기 위해 춤을 추기도 한다.

3 글의 내용과 일치하도록 빈칸에 알맞은 말을 본문에서 찾아 쓰세요.

Blue-Footed Booby

- It's a bird with blue feet.
- The blue color comes from pigments in the **a** _____ _____ they eat.
- A male blue-footed booby uses their feet to **b** _____ a partner.

4 다음 굵게 표시된 부분에 주의하여 문장의 해석을 완성하세요.

The sunset **turned** / the sky **orange**.

→ 저녁노을이 _____ / _____.

W🙂rds

- **feather** 명 깃털
- **as** 접 ~함에 따라, ~하면서; ~할 때
- **grow up** 자라다, 성장하다
- **turn** 동 (~한 상태로) 변하다
- **come from** ~에서 나오다
- **sign** 명 징후, 조짐; 표지판
- **health** 명 건강
  cf. **healthy** 형 건강한 (↔ sick 아픈)
- **male** 형 수컷의, 남성의
- **attract** 동 마음을 끌다
  cf. **attractive** 형 매력적인
- **partner** 명 짝, 동반자; 파트너
- **female** 명 암컷, 여성
- **show off** 자랑하다, 뽐내다
- **lift up** 들어 올리다
- **then** 부 그 후에, 그 다음에

[문제]
4 sunset 명 저녁노을, 일몰

단어 수

110 120 **124** 130

Liam Garner is a teenager with an amazing story. When he was 17 years old, he went on a great adventure: riding his bike from Alaska to Argentina!

After Liam finished high school, he wanted to do something exciting. (①) He read a book about someone who rode a bike from Oregon to Argentina. (②) That experience inspired him to start his own journey. (③) He got very sick more than once. (④) In Colombia, he even had a bike accident. (⑤) But he didn't give up.

After 527 days, Liam reached Argentina. ✏ Can you believe **that** he traveled through 14 countries on his trip? Now, he encourages others to go on their own adventures. He says, "Anyone can do amazing things!"

1일 1문장 ✏

Can you believe // **that** he traveled through 14 countries on his trip?
　　주어　　　　　　　　　　　　　　목적어
　　동사

해석 TIP 동사 believe 뒤에 「that+주어+동사 ~」가 오면, '~하다고 믿다'라고 해석해요.
접속사 that이 이끄는 절은 문장에서 명사처럼 목적어 역할을 할 수 있어요.

✔**해석** 여러분은 그가 자신의 여행 중에 14개국을 거쳐 갔다는 것이 믿어지나요?

#접속사 #명사절 that #목적어

1 Liam에 관한 글의 내용과 일치하지 <u>않는</u> 것은?

① 17살에 자전거 여행을 떠났다.

② 알래스카에서 아르헨티나까지 이동했다.

③ 여행 중 여러 차례 아팠다.

④ 사고를 겪고 나서 여행을 포기하려고 했다.

⑤ 여행 중에 14개의 나라를 거쳤다.

2 다음 문장이 들어갈 위치로 가장 알맞은 곳은?

> However, Liam's journey wasn't easy at all.

①   ②   ③   ④   ⑤

3 다음은 인터뷰 진행자와 Liam 사이의 대화 내용이다. 이 글의 내용을 바탕으로 빈칸에 알맞은 말을 본문에서 찾아 쓰세요.

Liam, what made you start your journey?

I read a book about a bike ride to Argentina, and it
a _____ me to start my journey!

What do you want to tell others?

I want to encourage them to go on their own
b _____ . Anyone can do amazing things!

W🌀rds

- **teenager** 명 십 대, 청소년
- **amazing** 형 놀라운
- **go on** 시작하다
  (go-went-gone)
- **adventure** 명 모험
- **ride** 동 (자전거를) 타다 명 타기
  (ride-rode-ridden)
- **Argentina** 명 아르헨티나
- **exciting** 형 신나는, 흥미진진한
- **read** 동 읽다 (read-read-read)
- **experience** 명 경험
- **inspire** 동 영감을 주다; 격려하다
- **journey** 명 여행 (= trip)
- **even** 부 심지어, ~조차도
- **accident** 명 사고
- **give up** 포기하다
- **reach** 동 ~에 이르다, 닿다
- **travel** 동 여행하다, 가다
- **through** 전 ~를 지나, 거쳐
- **encourage** 동 권장하다, 격려하다

[문제]
2 not ~ at all 전혀 ~ 아닌
4 win 동 이기다 (win-won-won)

4 다음 굵게 표시된 부분에 주의하여 문장의 해석을 완성하세요.

Can you believe // **that** they won the game again?

→ 너는 믿어지니 // _____?

06

Nature

단어 수 116
110 120 130

In the spring, we can see butterflies in gardens or parks. Sometimes, they come close to us and even land on our skin. But why do butterflies do this?

Many people think butterflies only eat *nectar from flowers. But here's a surprise — they also need other things, like salt. When butterflies land on us, they're not just resting. They're actually getting salt from our sweat! 🖉 **Our sweat can also give them minerals and proteins.** <u>They</u> usually need salt and other minerals for **reproduction. Some butterflies, like the Julia butterfly, even drink tears from animals like crocodiles for similar reasons.

So, if a butterfly lands on you, it might just be looking for a tasty salt snack!

*nectar (꽃의) 꿀
**reproduction 번식

1일 1문장 🖉

<u>Our sweat</u> **can** also **give them** / minerals and proteins.
　　주어　　　　동사　　간접목적어　　　직접목적어
　　　　　　　　　　　주로 간접목적어 자리에는 '사람이나 동물'이, 직접목적어 자리에는 '사물'이 와요.

해석 TIP 「give+A(간접목적어)+B(직접목적어)」는 'A에게 B를 주다'라고 해석해요.

✅ **해석** 우리의 땀은 또한 그들에게 미네랄과 단백질을 줄 수 있다.

#문장의 구조 #주+동+간목+직목

1 **What is the passage mainly about?**

① what butterflies eat from flowers

② minerals and proteins in our sweat

③ how some animals can help butterflies

④ how butterflies drink tears from animals

⑤ why butterflies sometimes land on our skin

2 **What does the underlined They refer to in the passage? Write it in English.**

_____

3 **Write T if the statement is true or F if it is false.**

(1) _____ Butterflies only eat nectar from flowers.

(2) _____ The Julia butterfly drinks tears from animals like crocodiles.

4 **Fill in the blanks with the words from the passage.**

What Butterflies Need

Nectar	• Source: flowers
Salt, Minerals, and Proteins	• Source: human a _____ or animal b _____ • Purpose: reproduction

5 **Fill in the blank with the Korean translation.**

She will **give you** / **the book** / tomorrow.

→ 그녀가 _____ / _____ / 내일.

Words

• **close** 〔부〕 가까이 (↔ far 멀리)

• **land** 〔동〕 내려앉다

• **skin** 〔명〕 피부

• **surprise** 〔명〕 놀라운 일

• **rest** 〔동〕 쉬다, 휴식을 취하다

• **sweat** 〔명〕 땀

• **mineral** 〔명〕 미네랄, 무기물

• **protein** 〔명〕 단백질

• **tear** 〔명〕 눈물

• **crocodile** 〔명〕 악어

• **similar** 〔형〕 비슷한 (↔ different 다른)

• **reason** 〔명〕 이유

• **look for** 찾다, 구하다

• **tasty** 〔형〕 맛있는

• **snack** 〔명〕 간식

[문제]

4 **source** 〔명〕 원천, 출처
purpose 〔명〕 목적

단어 Review

A 다음 단어에 해당하는 알맞은 의미를 찾아 연결하세요.

1

adventure

·

·

ⓐ a woman or a girl

2

rest

·

·

ⓑ an exciting or dangerous experience

3

female

·

·

ⓒ to stop doing work or an activity

B 다음 굵게 표시된 우리말 뜻에 맞는 영단어의 철자를 넣어 어구를 완성하세요.

1 기차 **여행** → a train ☐ ou ☐☐☐ y

2 파리**를 지나** 흐르는 강 → a river flowing ☐☐ ro ☐☐☐ Paris

3 **비슷한** 음악 취향을 가지고 있다 → have ☐ i ☐ i ☐☐☐ tastes in music

C 다음 빈칸에 알맞은 단어를 〈보기〉에서 찾아 쓰세요.

보기
reach   reason   attract   accident

1 Flowers _____ bees with their scent.

2 I want to know the _____ you're upset.

3 After a long climb, we finally _____ed the top of the mountain.

A ⓒ activity 몡 활동 **B 2** flow 동 흐르다 **3** taste 몡 취향; 맛 **C 1** scent 몡 향기 **2** upset 톙 속상한 **3** climb 몡 등반, 등산 top 몡 정상, 꼭대기

30 | LEVEL 1

정답과 해설 p.13

동사 찾기

A 다음 굵게 표시된 주어에 알맞은 동사를 찾아 동그라미 해보세요.

1 **My sister** often gives me good advice.

2 I believe that **dogs** can understand human emotions.

3 **The spicy food** at the restaurant turned my face red.

배열 영작

B 다음 우리말과 의미가 같도록 주어진 어구들을 올바르게 배열하세요.

1 폭우가 땅을 젖게 만들었다.

| wet | | the ground | | turned |

→ The heavy rain _____ .

2 그녀는 친절함이 세상을 변화시킬 수 있다고 믿는다.

| can change | | kindness | | that | | believes | | the world |

→ She _____ .

3 그 남자는 매일 아침 아이들에게 따뜻한 포옹을 해준다.

| a warm hug | | his children | | gives |

→ The man _____ every morning.

문장 해석

C 다음 굵게 표시된 부분에 주의하여 문장을 해석해보세요.

1 The spring season **turns** / the trees **green**.

→ 봄 시즌은 _____ / _____ .

2 Volunteers **gave the homeless** / **some food and water**.

→ 자원봉사자들은 _____ / _____ .

3 The coach believed // **that** good teamwork can create better results.

→ 그 코치는 믿었다 // _____ .

A 1 advice 몡 조언, 충고 **2** understand 동 이해하다 emotion 몡 감정 **3** spicy 혱 매운, 양념 맛이 강한 **B 1** wet 혱 젖은 heavy rain 폭우
2 kindness 몡 친절함 **3** hug 몡 포옹, 껴안기 **C 2** volunteer 몡 자원봉사자 the homeless 노숙자들 **3** create 동 만들어내다 result 몡 결과

TRUTHS & WONDERS

People

외팔 서퍼의 멈추지 않는 도전

"절대 포기하지 않아요!"

하와이에서 태어난 베다니 해밀턴 (Bethany Hamilton)은 아주 어린 나이부터 그녀의 가족들과 함께 서핑을 즐겼어요. 그녀는 서핑에 타고난 재능이 있어, 8살에 서핑 대회에서 우승하기도 했어요. 서핑계에서 이름을 알리기 시작한 베다니에게 고난은 예기치 않게 찾아왔어요. 13살 무렵, 그녀는 서핑하다 뱀상어의 공격을 받아 왼쪽 팔을 잃고 말았어요. 그녀는 거의 목숨을 잃을 뻔했고 여러 번의 수술을 받아야만 했어요. 이 끔찍한 경험에도 불구하고 베다니는 서핑을 포기하지 않았어요. 그녀는 한 달 만에 다시 서핑을 시작했고 2년 뒤에는 전국 대회에서 우승했답니다!

Nature

강력한 전기를 만드는 꿀벌 떼

"번개 구름보다 센 위력이에요!"

여러분은 꿀벌이 전기를 만들어 낸다는 사실을 알고 있었나요? 벌이 날개를 아주 빠르게 저으면 양전하(+전하)가 발생해요. 양전하는 벌이 꽃에 앉으면 꽃잎으로 이동해요. 다른 벌이 다녀간 꽃에는 꿀이 가득할 가능성이 높다는 것을 알기 때문에, 벌들은 양전하가 있는 꽃들을 일부러 찾아가기도 해요! 이렇게 벌들의 전기는 생존에 중요한 역할을 맡고 있어요. 최근에는 벌들의 전기가 대기에도 영향을 미친다는 사실도 밝혀졌어요. 꿀벌들이 모여 날갯짓하면, 이 벌들이 발생시키는 정전기가 모여서 번개 구름보다 더 강력한 전기를 발생시킨다고 하네요!

Unit 03

07

Food

단어 수   125   110   120   130

Many people love eating chocolate. This sweet snack is made from cacao beans. But behind the sweet taste, there are some hidden problems. Around the world, about 1.8 million children work on cacao farms. Plus, many trees get cut down to make space for these cacao farms.

(A) So, a company in the U.K. made a new kind of chocolate: "fake" chocolate. (B) It looks and tastes like regular chocolate. (C) Big chocolate companies promised to solve these problems, but not much changed. However, it doesn't use any cacao beans! Instead, it uses *barley and **carob.

This new chocolate is better for the Earth and people. It might be a bit expensive. 🖉 **But if** more people buy it, the dark side of the chocolate industry might become brighter!

*barley 보리
**carob 캐럽 ((초콜릿 맛이 나는 암갈색 열매))

1일 1문장 🖉

But **if** more people buy it, // the dark side of the chocolate industry / might become brighter!
   접속사   주어   동사   목적어

해석 TIP 접속사 if 뒤에 「주어+동사 ~」가 오면 '(만약) ~한다면'이라고 해석해요. 이때, if절은 '조건'을, 나머지 절은 그 조건에 대한 '결과'를 나타내요.

☑ **해석** 하지만 더 많은 사람들이 그것을 산다면, 초콜릿 산업의 어두운 측면은 더 밝아지게 될지도 모른다!

#접속사 #부사절 #if

Knowledge ➕

귀한 카카오 열매

초콜릿의 원료인 카카오는 약 3,000년 전 중앙아메리카와 남아메리카의 고대 문명인, 아즈텍과 마야 문명에서 중요한 음료의 원료로 사용되었다.

카카오 열매는 열대 식물인 카카오나무의 꼬투리 속에서 자란다. 카카오나무의 학명(Theobroma cacao)은 '신들의 음식'이라는 의미를 지니고 있는데, 아즈텍족은 카카오 열매를 매우 소중히 여겨, 화폐로 사용하기까지 했다.

1 중심 생각

글의 제목으로 가장 알맞은 것은?

① The History of Chocolate
② How to Make Fake Chocolate
③ Children Working on Cacao Farms
④ Chocolate: The World's Favorite Sweet
⑤ Chocolate's Dark Side and a New Hope

2 글의 흐름

문장 (A)~(C)를 글의 흐름에 알맞게 배열한 것은?

① (A)-(B)-(C)　　　② (B)-(A)-(C)
③ (B)-(C)-(A)　　　④ (C)-(A)-(B)
⑤ (C)-(B)-(A)

3 세부 내용

fake chocolate에 관한 글의 내용과 일치하면 T, 그렇지 않으면 F를 쓰세요.

(1) _____ 일반 초콜릿과 모양과 맛이 비슷하다.
(2) _____ 매우 적은 양의 카카오빈으로도 만들 수 있다.

4 내용 요약

글의 내용과 일치하도록 빈칸에 알맞은 말을 본문에서 찾아 쓰세요.

Problems	• About 1.8 million **a** _____ work on cacao farms. • Many trees get cut down for cacao farms.
Solution	**Fake chocolate** • It doesn't use any cacao beans, but it looks and tastes like **b** _____ chocolate.

5 1일 1문장

다음 굵게 표시된 부분에 주의하여 문장의 해석을 완성하세요.

If you're cold, // wear a jacket.

➡ _____, // 재킷을 입어라.

W⭕rds

- **be made from** ~로 만들어지다
- **cacao bean** 카카오빈 ((카카오 열매에서 얻은 종자))
  - *cf.* **cacao** 몡 카카오나무[열매]
- **taste** 몡 맛
  - *cf.* **taste like** ~같은 맛이 나다
- **hidden** 혱 숨겨진
- **million** 몡 100만
- **plus** 틧 게다가, 덧붙여
- **get cut down** 베이다, 잘리다
- **space** 몡 공간; 우주
- **company** 몡 회사
- **U.K.** 몡 영국 (= United Kingdom)
- **fake** 혱 가짜의
- **look like** ~처럼 보이다
- **regular** 혱 일반적인, 보통의
- **promise to-v** ~하기로 약속하다
- **solve** 통 해결하다, 풀다
- **instead** 틧 ~대신에
- **a bit** 조금, 약간
- **expensive** 혱 비싼 (↔ cheap 값싼)
- **dark** 혱 어두운 (↔ bright 밝은)
- **side** 몡 쪽, 면; 옆면
- **industry** 몡 산업

[문제]
1 sweet 몡 단 것, 단 음식
4 solution 몡 해결책, 해법

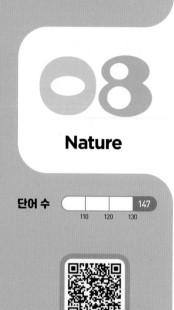

08

Nature

단어 수 147
110 120 130

Interviewer: Hello, Johnny! Can you tell us about yourself?

Johnny: Hi, I was once a fisherman in the Philippines. My job was to hunt sea turtle eggs for money. But I don't do that anymore.

Interviewer: I see. Why did you stop hunting sea turtle eggs?

Johnny: At first, I didn't know that *poaching was illegal. Later, I learned about an organization called **CURMA. They gave me some money for collecting the eggs. They kept the eggs safe and then released the baby turtles back into the ocean. I learned from this experience that we should save the turtles' eggs, not hunt them.

Interviewer: That's wonderful! Would you like to share any message with other hunters?

Johnny: I know it's not easy. ✏ But you can also start a new career **saving** sea turtles. You'll learn to love your job!

Interviewer: Thank you for sharing your story, Johnny.

*poaching 밀렵
**Coastal Underwater Resource Management Actions 해안수중자원관리대책

1일 1문장 ✏

But you can also start / *a new career* [**saving** sea turtles].
　　주어　　　동사　　　　목적어

해석 TIP 현재분사(-ing)가 이끄는 어구가 바로 앞의 명사를 꾸며 줄 때는 '~하는[~하고 있는] (명사)'라고 해석해요.

✔**해석** 하지만 여러분 또한 바다거북을 구하는 새로운 직업을 시작할 수 있어요.

#분사 #명사 수식 #현재분사

1 중심 생각

글의 제목으로 가장 알맞은 것은?

① Hunting Sea Turtle Eggs
② Organizations Helping Sea Animals
③ The Life of Sea Turtles in the Philippines
④ Sea Turtle Protection: A Fisherman's Tale
⑤ The Life of a Fisherman in the Philippines

Knowledge ⊕

멸종 위기에 처한 바다거북

바다거북과 거북알은 포획이 법으로 금지되어 있음에도 여전히 불법으로 거래되고 있다. 사람들은 바다거북 고기나 알을 음식으로 먹고, 약을 만들거나 종교의식을 하는 데 사용하기 위해 매년 수만 마리의 바다거북을 포획한다. 또한, 바다거북은 해변에 둥지를 만들고 알을 낳는데, 무분별한 해안 개발, 차량 통행, 도로와 건물의 불빛 등의 영향으로 이미 심각한 멸종위기에 처해있다고 한다.

2 세부 내용

Johnny에 관한 글의 내용과 일치하지 <u>않는</u> 것은?

① 한때 어부로 일하면서 바다거북알을 사냥했다.
② 바다거북알 포획이 불법인 것을 알고 있었다.
③ CURMA라는 기관에서 돈을 받고 일하게 되었다.
④ CURMA 덕분에 바다거북알을 구해야 한다고 배우게 되었다.
⑤ 바다거북을 구하는 일을 시작해보라고 권유하고 있다.

3 내용 요약

글의 내용과 일치하도록 빈칸에 알맞은 말을 본문에서 찾아 쓰세요.

| 과거 | Johnny's job was to **a** _____ sea turtle eggs. |

↓

| 현재 | Johnny started a new career **b** _____ sea turtles. |

W⊕rds

- **interviewer** 명 인터뷰 진행자
- **once** 부 (과거) 한때, 예전에
- **fisherman** 명 어부, 낚시꾼
- **hunt** 동 사냥하다
- **stop v-ing** ~하는 것을 멈추다
- **at first** 처음에는
- **illegal** 형 불법적인
- **later** 부 나중에
- **organization** 명 단체, 기구, 조직
- **collect** 동 모으다, 수집하다
- **release** 동 놓아주다; 풀어주다
- **experience** 명 경험
- **save** 동 구하다
- **share** 동 나누다; 함께 쓰다
- **message** 명 메시지
- **career** 명 직업
- **learn to-v** ~하는 것을 배우다
- **thank A for v-ing** A에게 ~해준 것에 대해 고마워하다[감사하다]

[문제]
1 **protection** 명 보호
   tale 명 이야기

4 1일 1문장

다음 굵게 표시된 부분에 주의하여 문장의 해석을 완성하세요.

Can you see the man **wearing** sunglasses?

➔ 너는 _____ 보이니?

09

Fun Facts

단어 수 | 123 | 110 120 130

In Botswana, Africa, cows eat grass freely among wild animals. However, there are some dangerous wild animals like lions and leopards. So farmers **used to worry about their cows' safety,** but not anymore!

Scientists found a smart way to keep the cows safe. They paint eyes on the cows' *butts! When lions and leopards hunt, they usually sneak up and surprise their prey. So if they think the cows can see them, they may not attack.

The scientists got this idea from butterflies. Some butterflies have fake eyes on their wings. These fake eyes help to scare away their enemies, like birds. Since cows aren't born with them, farmers can just draw eyes on cow's butts. A little paint makes a big difference!

*butt 엉덩이

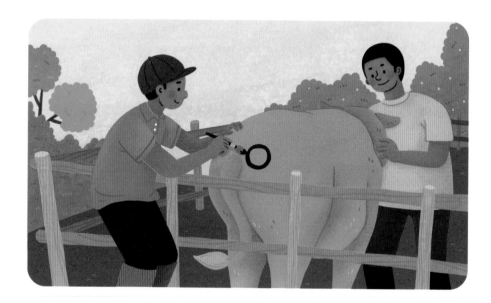

1일 1문장 🖋

So farmers **used to** worry / about their cows' safety, / but not anymore!
　　주어　　　　　　동사　↳조동사 뒤에는 항상 동사원형이 와야 해요.

해석 TIP used to는 '과거의 습관, 반복된 행동이나 상태'를 나타내는 조동사로, 「used to+동사원형」은 '~하곤 했다'라고 해석해요.

✅ **해석** 그래서 농부들은 그들의 소의 안전에 대해 걱정하곤 했지만, 더 이상은 그렇지 않다!

#조동사 #used to #과거 습관, 행동, 상태

1 중심 생각

글의 제목으로 가장 알맞은 것은?

① The Life of Cows in Botswana

② Butterflies and Their Amazing Wings

③ Lions and Leopards Scared by Fake Eyes

④ A Solution for Cows' Safety in Botswana

⑤ Farmers' Worry about their Cows in Botswana

2 세부 내용

글의 내용과 일치하면 T, 그렇지 않으면 F를 쓰세요.

(1) _____ Botswana의 소들은 야생 동물들 사이에서 자유롭게 풀을 먹는다.

(2) _____ 어떤 나비들은 날갯짓으로 천적을 쫓아낸다.

3 지칭 파악

밑줄 친 them이 가리키는 것으로 알맞은 것은?

① birds   ② wings   ③ butterflies

④ fake eyes   ⑤ butts

4 내용 요약

글의 내용과 일치하도록 빈칸에 알맞은 말을 본문에서 찾아 쓰세요.

In Botswana, eyes drawn on cows' butts can _____ _____ their enemies, like lions and leopards.

5 1일 1문장

다음 굵게 표시된 부분에 주의하여 문장의 해석을 완성하세요.

Jenny **used to** ride her bike / to school / every day.

→ Jenny는 _____ / 학교로 / 매일.

Knowledge +

가축을 지키기 위한 노력

미국의 농장에서는 키우는 가축을 지키기 위해 많은 농장 주인이 개나 당나귀 같은 수호 동물(Guardian animals)을 사용한다. 그들은 가축을 포식자로부터 안전하게 지킬 뿐만 아니라 가축들의 스트레스를 줄여주기도 한다. 그 외에도 고양이는 계란을 훔쳐 먹는 쥐를 쫓을 수 있고, 수탉은 닭들에게 위험한 일이 닥쳤을 때 큰 울음소리로 농장 주인에게 위험을 알려줄 수 있다.

Words

- freely 〔부〕 자유롭게
- among 〔전〕 ~사이에
- wild animal 야생 동물
- leopard 〔명〕 표범
- safety 〔명〕 안전
  - *cf.* safe 〔형〕 안전한
- anymore 〔부〕 이제, 더 이상
- keep 〔동〕 (상태를) 유지하다
- paint 〔동〕 (물감으로) 그리다; 페인트칠하다 〔명〕 페인트
- sneak up 살금살금 다가가다
- surprise 〔동〕 기습하다; 놀라게 하다
- prey 〔명〕 먹이
- attack 〔동〕 공격하다
- fake 〔형〕 가짜의
- scare away 쫓아내다
  - *cf.* scare 〔동〕 겁주다, 겁먹게 하다
- enemy 〔명〕 적
- since 〔접〕 ~ 때문에
- be born 태어나다
- draw 〔동〕 그리다
  (draw-drew-drawn)
- make a difference 차이를 만들다, 변화를 가져오다

[문제]

5 ride A to B A를 타고 B로 가다

정답과 해설 **p.19**

영영 뜻 파악

A 다음 단어에 해당하는 알맞은 의미를 찾아 연결하세요.

1

share
•

•
ⓐ to find an answer to
a problem

2

release
•

•
ⓑ to tell someone about
your opinions and
thoughts

3

solve
•

•
ⓒ to let someone or
something go

어구 완성

B 다음 우리말 뜻에 맞게 주어진 철자를 바르게 배열한 다음, 빈칸을 완성하세요.

1 비싼 | p e s e v x i n e | ➔ a very _____ smartphone

2 ~사이에 | m o n a g | ➔ a house _____ the trees

3 숨겨진 | d n e h d i | ➔ the _____ meaning behind the words

문장 완성

C 다음 우리말과 일치하도록 빈칸에 알맞은 표현을 써보세요.

1 이 주스는 신선한 사과 같은 맛이 난다.

➔ This juice _____(e)s _____ fresh apples.

2 빵은 밀가루, 물과 이스트로 만들어진다.

➔ Bread is _____ _____ flour, water, and yeast.

3 나의 담임 선생님은 처음에는 무서워 보였지만, 사실은 매우 다정하시다.

➔ My homeroom teacher looked scary _____ _____, but he is actually
very friendly.

A ⓑ opinion 명 의견, 견해 thought 명 생각 ⓒ let 동 (~하게) 하다, 허락하다 **B 3** meaning 명 의미 **C 2** flour 명 밀가루 yeast 명 이스트, 효모
3 homeroom teacher 담임 선생님 friendly 형 다정한; 친절한

동사 찾기

A 다음 굵게 표시된 주어에 알맞은 동사를 찾아 동그라미 해보세요.

1 If **the store** is open, I'll buy some snacks.

2 **The man** wearing a blue jacket is my uncle.

3 **We** used to visit our grandparents during summer vacation.

배열 영작

B 다음 우리말과 의미가 같도록 주어진 어구들을 올바르게 배열하세요.

1 그 기자는 버스를 기다리고 있는 남자를 인터뷰했다.

| a man | the bus | waiting for | interviewed |

→ The reporter _____.

2 만약 경고음이 울린다면, 즉시 건물 밖으로 나가세요.

| the alarm | rings | if |

→ _____, get out of the building immediately.

3 나의 여동생은 매일 몇 시간씩 피아노를 연습하곤 했다.

| practice | used to | the piano |

→ My sister _____ for hours every day.

문장 해석

C 다음 굵게 표시된 부분에 주의하여 문장을 해석해보세요.

1 The boy **eating** ice cream / looks happy.

→ _____ / 행복해 보인다.

2 Don't worry. **If** you study hard, // you'll pass the exam.

→ 걱정 마. _____, // 너는 시험에 통과할 거야.

3 I **used to** drink coffee / every morning, // but now I prefer tea.

→ _____ / 매일 아침마다, // 하지만 지금은 차를 더 좋아한다.

A 3 during 전 ~동안   **B 1** interview 동 인터뷰하다 reporter 명 기자   **2** alarm 명 경보(음) get out of ~에서 나오다, 도망치다 immediately 부 즉시
C 3 prefer 동 ~을 더 좋아하다, 선호하다

Interesting World

인간의 실수가 만들어 낸 신비로운 장소

미국 네바다(Nevada)주 사막의 한가운데에는 물을 무려 1.5 미터나 높이 솟아내는 간헐천이 있어요. 간헐천이란 지하 깊은 곳에서 솟아오른 고온의 물 혹은 수증기가 평균 온도의 지하수와 만날 때 솟구쳐 뿜어져 나오는 온천을 말해요. 네바다주에 있는 하늘 간헐천인 '플라이 가이저(Fly Geyser)'는 인간의 실수로 만들어진 간헐천이라서 더 특별하답니다!

1916년, 네바다 주민들은 우물을 만들기 위해 땅을 파던 도중 지열로 데워진 물(섭씨 약 93도)을 건드렸어요. 이 우물의 물을 사용하기에는 너무 뜨거워 곧 방치되었어요. 그러다 시간이

흘러 1964년, 지열 에너지 탐사 기업이 우물이 있던 장소를 또다시 파헤쳤어요. 이때 우연히 자연 온천 발원지를 건드리며 우물에서 엄청나게 뜨거운 물이 솟구치기 시작했어요. 물과 함께 탄산칼슘이 배출되며 매년 수 인치씩 침전물이 쌓이고 또 쌓여, 현재의 신비한 모양을 만들어 냈어요. 이 간헐천은 고온다습한 환경에서 자라는 조류로 덮여 있어 녹색과 붉은색의 다양한 색조를 형성하며 이 독특한 모습을 만들어 냈어요. 일부 사람들은 바위에서 물이 솟구치는 모양이 꼭 돌고래가 묘기를 부리는 것처럼 보인다고 해요.

Unit 04

10

Environment

단어 수 110 120 **121** 130

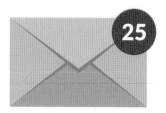

25

How many emails do you have in your *inbox? Do you clean it often? Many people don't for various reasons. But did you know that deleting emails can _____(A)_____ ? Let's find out how!

When you use the internet, all the information, including emails, is stored in data centers. (a) Think of them as huge libraries for computers. (b) These data centers use a lot of power because they are always turned on. (c)  **Storing** lots of emails means that these centers use more energy. (d) Big companies like Google build their data centers in very cold areas. (e) If you delete your old emails, you can save energy. Deleting just one email is like turning off 54 million light bulbs for an hour! So, if you want to _____(B)_____ , start by cleaning your inbox!

*inbox (이메일의) 받은 편지함

1일 1문장 🖉

Storing lots of emails / means that these centers use more energy.
　　주어　　　　　　　　동사　　　　　　　　　목적어
└ 동명사 주어는 단수 취급하므로 그 뒤에 오는 동사도 항상 단수형으로 써야 해요.

해석 TIP 「동사원형+-ing」 형태의 동명사가 주어 자리에 오면 '~하는 것은'이라고 해석해요.

✔**해석** 많은 이메일을 저장하는 것은 이 센터들이 더 많은 에너지를 사용한다는 것을 의미해요.

#동명사 #주어 역할

1 빈칸 완성

1 글의 빈칸 (A), (B)에 공통으로 들어갈 말로 가장 알맞은 것은?

① help our planet

② spend more energy

③ take too much time

④ solve internet problems

⑤ save some important emails

2 글의 흐름

2 글의 (a)~(e) 중, 전체 흐름과 관계없는 문장은?

① (a)　　② (b)　　③ (c)　　④ (d)　　⑤ (e)

3 세부 내용

3 글의 내용과 일치하면 T, 그렇지 않으면 F를 쓰세요.

(1) _____ 인터넷 사용 시 모든 정보는 개인 컴퓨터에 저장된다.

(2) _____ 데이터 센터는 에너지 절약을 위해 밤에는 가동되지 않는다.

(3) _____ 이메일을 한 통 삭제하는 것은 5천4백만 개의 전구를 1시간 동안 끄는 것과 같다.

4 1일 1문장

4 다음 굵게 표시된 부분에 주의하여 문장의 해석을 완성하세요.

Fishing on weekends / is his favorite activity.

➜ _____ / 그가 가장 좋아하는 활동이다.

11

Body & Health

단어 수   110   120   130   122

When it's really hot, we like to drink something cool like lemonade. But we need to be careful when we make lemonade. Lemon juice can burn our skin in the sun!

We squeeze lemons to make lemonade. After doing this, **it**'s very important **to wash** our hands well. If we don't and go out in the sun, we might get a sunburn! The sunburn can even turn into a *rash if it's really bad.

But don't worry. If you get a sunburn from lemon juice, you can take care of it at home. Wash the area with mild soap and water. Then, put a cool, wet towel on your skin a few times a day. This will help your itchiness and pain.

*rash 발진

1일 1문장

After doing this, / **it**'s very important / **to wash** our hands well.
가주어 동사   보어   진주어

↳ 이때 it은 가짜 주어이며, 따로 해석하지 않아요.

해석 TIP to부정사가 주어로 쓰일 때는 주로 「It(가짜 주어) ~ to+동사원형(진짜 주어) …」 형태로 쓰이며, '…하는 것은 ~하다'라고 해석해요. It(가주어) 뒤에 오는 보어 자리에는 important, difficult, easy 등과 같은 형용사가 잘 쓰여요.

✅ **해석** 이것을 한 후에는, 우리의 손을 잘 씻는 것이 매우 중요하다.

#to부정사 #명사 역할 #주어

중심 생각

1 글의 목적으로 가장 알맞은 것은?

① 손 씻기의 중요성을 강조하려고

② 화상을 입었을 때 대처법에 대해 알려 주려고

③ 레몬을 짜고 난 후의 주의사항에 대해 알려 주려고

④ 더운 날 상큼한 음료를 찾게 되는 이유를 설명하려고

⑤ 피부에 발진이 생겼을 때 도움이 되는 방법을 소개하려고

세부 내용

2 글의 내용과 일치하면 T, 그렇지 않으면 F를 쓰세요.

(1) _____ 레몬즙으로 인해 햇볕에 탄 피부는 심할 경우 발진으로 변할 수 있다.

(2) _____ 화상을 입었을 때 차가운 마른 수건에 피부를 대고 있으면 가려움이 줄어든다.

내용 요약

3 글의 내용과 일치하도록 빈칸에 알맞은 말을 본문에서 찾아 쓰세요.

After we squeeze lemons, we need to **a** _____ our hands well. Lemon juice can **b** _____ our skin in the sun.

1일 1문장

4 다음 굵게 표시된 부분에 주의하여 문장의 해석을 완성하세요.

It's important / **to be** kind to others.

→ 중요하다 / _____.

W⊙rds

- **lemonade** 몡 레모네이드 ((레몬 주스에 설탕과 물을 탄 것))
- **need to-v** ~해야 한다, ~할 필요가 있다
- **careful** 혱 조심하는, 주의 깊은
- **juice** 몡 (과일 등의) 즙; 주스
- **burn** 동 (햇볕에) 태우다, 화상을 입히다
- **squeeze** 동 (액체를) 짜내다, 짜다
- **go out** (밖으로) 나가다
- **get a sunburn** 햇볕에 심하게 타다
- *cf.* **sunburn** 몡 햇빛에 의한 화상
- **even** 부 심지어, ~조차도
- **turn into** ~로 변하다
- **take care of** ~을 돌보다
- **area** 몡 부분; 지역
- **mild** 혱 순한, 약한
- **wet** 혱 젖은 (↔ dry 마른)
- **towel** 몡 수건
- **a few** 혱 몇몇의, 약간의
- **itchiness** 몡 가려움
- **pain** 몡 통증, 고통

[문제]
4 other 대 다른 사람[것]

12

Plants

단어 수 138
110 120 130

Valais, Switzerland has a problem with a plant called the *prickly pear cactus. This cactus originally came from America. But it started growing really fast in Valais. It now covers at least 25 percent of the land in the area!

Prickly pear cactuses usually live in hot and dry places. For a long time, ⓐ they couldn't grow in the Swiss Alps. But now, the world is getting warmer, and there's less snow in the Alps. _____, these cactuses are growing more and more even in Switzerland.

✏️ When the cactuses grow, they **don't allow** anything else **to grow** around them. Each **pad of the cactus covers the soil like a blanket. This prevents other plants from growing. So, people in Valais are working hard to stop these cactuses from spreading. ⓑ They hope to solve this problem soon.

*prickly pear cactus 부채선인장
**pad (일부 식물의 넓적한) 잎

1일 1문장 ✏️

When the cactuses grow, // they **don't allow** / anything else **to grow** / around them.
　　　　　　　　　　　　　주어　　　동사　　　　　A　　　　to+동사원형

해석 TIP 동사 allow 뒤에 「A(목적어)+to부정사」가 오면, 'A가 ~하도록 허락하다[~하게 두다]'라고 해석해요.

✅ **해석** 그 선인장들이 자랄 때, 그것들은 주변에 다른 어떤 것도 자라게 두지 않는다.

#문장의 구조 #주+동+목+보(to부정사)

1 **What is the best title for the passage?**

① Warmer Earth, Less Snow in the Alps

② Cactuses Spreading in the Warming Alps

③ Some Plants Growing Around Switzerland

④ A Fast Growing Place, Valais in Switzerland

⑤ Healthy Environments for Growing Cactuses

2 **What is the best choice for the blank?**

① However   ② In fact

③ For example   ④ As a result

⑤ On the other hand

3 **What do the underlined ⓐ they and ⓑ They refer to in the passage? Write them in English.**

ⓐ: _____ (3 words)

ⓑ: _____ (3 words)

4 **Fill in the blanks with the words from the passage.**

Prickly Pear Cactus

Country of Origin	• It's from America.
Environment	• It usually lives in hot and dry places.
Characteristics	• It allows nothing to ⓐ _____ nearby. • Each pad covers the soil like a ⓑ _____ .

5 **Fill in the blank with the Korean translation.**

He **doesn't allow** / his cat **to go** outside.

→ 그는 허락하지 않는다 / _____.

Knowledge ➕

부채선인장

부채선인장은 줄기가 납작한 부채 모양을 여러 개 이어 붙인 것처럼 생겨 그 이름을 얻게 되었고 손바닥선인장이라고 불리기도 한다. 우리나라에서는 제주도에서 자생하는데, 백년초라고도 한다. 매년 11월~12월경에 자주색의 열매가 익어 수확하며 잎과 열매 모두 식용으로 사용할 수 있다.

Words

- **Switzerland** 몡 스위스
  cf. **Swiss** 휑 스위스의
- **cactus** 몡 선인장
- **originally** 튄 원래, 본래
- **come from** ~에서 오다
  (come-came-come)
- **cover** 통 (면적을) 차지하다; 덮다
- **at least** 최소한, 적어도
- **less** 휑 더 적은
  (↔ more 더 많은)
- **more and more** 점점
- **allow** 통 허락하다
- **soil** 몡 토양, 흙
- **blanket** 몡 담요
- **prevent[stop] A from v-ing**
  A가 ~하지 못하게 막다
- **spread** 통 번지다
- **hope to-v** ~하기를 바라다
- **solve** 통 해결하다
- **soon** 튄 곧, 머지않아

[문제]
1 **environment** 몡 환경
4 **origin** 몡 기원, 근원
   characteristic 몡 특징
   nearby 튄 가까이에, 근처에

단어 Review

정답과 해설 **p.25**

영영 뜻 파악

A 다음 영영 뜻에 해당하는 알맞은 단어를 연결하세요.

1

delete

•

•

ⓐ to remove something, especially from a computer

2

pain

•

•

ⓑ the top layer of earth that plants grow in

3

soil

•

•

ⓒ the feeling you have when part of your body hurts

어구 완성

B 다음 굵게 표시된 우리말 뜻에 맞는 영단어의 철자를 넣어 어구를 완성하세요.

1 다양한 견해 → ☐ a ☐ i ☐ ☐ ☐ points of view

2 중요한 역할을 맡다 → play an ☐ ☐ p ☐ ☐ t ☐ nt role

3 컴퓨터에 음악 파일들을 **저장하다** → ☐ ☐ o ☐ ☐ music files on a computer

문장 완성

C 다음 빈칸에 알맞은 단어를 〈보기〉에서 찾아 쓰세요.

| 보기 |
| mean   mild   cover   dry |

1 The yellow light _____s "prepare to stop."

2 The soap is _____, so it won't hurt your skin.

3 The Amazon rainforest _____s over 60% of the land in Brazil.

A ⓐ remove 통 없애다, 제거하다 especially 부 특히 ⓑ layer 명 층, 겹 earth 명 땅, 지면 ⓒ hurt 통 아프다; 아프게 하다 **B 1** point of view 견해, 관점
2 play a role 역할을 맡다 **C 1** prepare 통 준비하다 **3** rainforest 명 열대우림

동사 찾기

A 다음 굵게 표시된 주어에 알맞은 동사를 찾아 동그라미 해보세요.

1 **Learning** a new language can be challenging.

2 **Traveling** to a new place always makes me excited.

3 **The library** allows kids to borrow three books each day.

배열 영작

B 다음 우리말과 의미가 같도록 주어진 어구들을 올바르게 배열하세요.

1 정원을 가꾸는 것은 나의 할아버지의 오랜 취미이다.

| is | my grandfather's | gardening | old hobby |

→ _____ .

2 시험공부를 할 때 목표를 세우는 것은 도움이 된다.

| helpful | to set | it | a goal | is |

→ _____ when you study for a test.

3 그 미술관은 방문객들이 실내에서 사진을 찍을 수 있게 허락한다.

| visitors | to take | allows | photos |

→ The art gallery _____ inside.

문장 해석

C 다음 굵게 표시된 부분에 주의하여 문장을 해석해보세요.

1 **Keeping** a diary / will help improve your writing skills.

→ _____ / 너의 쓰기 실력을 향상시켜 줄 것이다.

2 **It**'s important / **to brush** your teeth / three times a day.

→ _____ / _____ / 하루에 세 번.

3 The teachers **don't allow** / students **to enter** the teachers' room.

→ 선생님들은 _____ / _____ .

A 1 language 명 언어 challenging 형 도전적인 **2** excited 형 신난, 들뜬 **B 1** garden 동 정원을 가꾸다 **2** set 동 (목표 등을) 정하다 **3** visitor 명 방문객 art gallery 미술관 **C 1** keep a diary 일기를 쓰다 improve 동 향상시키다, 개선하다 **3** enter 동 들어가다 teachers' room 교무실

UNIT 04 | **51**

POP QUIZ

Body & Health

Quiz #1

Q1 레몬은 강한 신맛이 나는데, 이것은 레몬이 ☐☐을 띠기 때문이에요.

Q2 탄산음료나 사과처럼 산성이 강한 음식을 먹었다면 바로 ☐☐하기보다는 30분 이후에 하는 게 좋아요.

Q3 대부분 동물은 진화 과정에서 ☐☐의 상당수를 잃었지만, 돼지나 고릴라와 같은 동물은 신맛을 감지하는 능력이 있는 데다 또 신맛을 무척 좋아한다고 해요.

Plants

Quiz #2

Q4 외국으로부터 인위적 또는 자연적으로 유입되어, 본래의 서식지를 벗어난 생물을 무엇이라고 할까요?

☐ㅇ☐ㄹ☐ㅅ☐ㅁ

Environment

Quiz #3

Q5 인터넷 사용은 탄소발자국을 생성해요. .... ☐O☐X

Q6 스팸 이메일은 일반 이메일보다 탄소를 덜 배출해요. ... ☐O☐X

Q7 영상의 고화질 시청과 저화질 시청 사이에는 .... ☐O☐X
탄소발자국 차이가 없어요.

정답 Q1 산성　**Q2** 양치　**Q3** 미각　**Q4** 외래생물　**Q5** ○　**Q6** ○　**Q7** ×

Unit
05

13

Story

단어 수 110 120 **128** 130

✏️ In Halifax, Canada, people saw something interesting: coats **tied** to the poles of street lamps. At first, they thought someone forgot their coats. But when they looked closely, they found little notes. The notes said, "I'm not lost! If you feel cold, please take me to stay warm!"

There's a nice lady behind these notes. Her name is Tara Smith-Atkins. She loves helping people. So, during the cold winter in Canada, she works to help the homeless. First, she asks for donations of coats, scarves, and mittens. Then, she asks local children to come and help her. Together, they tie warm clothes on lamp poles. These clothes are for anyone who needs help. This experience teaches kids a lesson. _____ _____ is important for the community!

1일 1문장 ✏️

~ : *coats* [**tied** to the poles of street lamps].

↳ 문장의 동사로 혼동하지 않도록 주의하세요.

해석 TIP 과거분사(p.p.)가 이끄는 어구가 바로 앞의 명사를 꾸며 줄 때는 '~된[~하게 된] (명사)'라고 해석해요.

✔️해석 ~: 가로등 기둥에 묶인 코트들이었다.

#분사 #명사 수식 #과거분사

1 중심 생각

글의 제목으로 가장 알맞은 것은?

① Amazing Lessons from Children
② Coats on Lamp Poles for Anyone
③ Many Ways to Donate Your Clothes
④ Why You Should Help Other People
⑤ The Mystery of Halifax's Street Lamps

2 빈칸 완성

글의 빈칸에 들어갈 말로 가장 알맞은 것은?

① Attending local events
② Teaching local children
③ Staying warm in winter
④ Helping others in need
⑤ Leaving little notes for people

3 내용 요약

다음은 한 남자아이와 Tara 사이의 대화 내용이다. 글의 내용을 바탕으로 빈칸에 알맞은 말을 본문에서 찾아 쓰세요.

What kind of clothes can I donate?

You can donate coats, scarves, or mittens that can help the homeless stay **a** _____.

Tara

How do you give those clothes to them?

I get help from local children. We **b** _____ the clothes together on lamp poles.

Tara

4 1일 1문장

다음 굵게 표시된 부분에 주의하여 문장의 해석을 완성하세요.

She opened the box **filled** with candy.

→ 그녀는 _____ 열었다.

W❂rds

- interesting 혱 흥미로운, 재미있는
- tie 동 묶어 두다, 묶다
- pole 명 기둥, 막대
- lamp 명 램프, 등
- **forget** 동 잊다, 잊어버리다 (forget-forgot-forgotten)
- **closely** 부 자세히, 가까이
- note 명 메모, 쪽지
- lost 혱 잃어버린, 분실된 (= missing)
- **stay** 동 ~인 채로 있다
- **during** 전 ~동안
- **the homeless** 노숙자들
- **ask for** ~를 요청하다
  cf. ask 동 부탁[요청]하다
- **donation** 명 기부, 기증
  cf. donate 동 기부하다, 기증하다
- scarf 명 목도리, 스카프
- **mitten** 명 벙어리장갑
- local 혱 지역의
- **lesson** 명 교훈
- community 명 지역 사회

[문제]
1 mystery 명 미스터리, 수수께끼
2 attend 동 참석하다
  in need 어려움에 처한
  leave 동 남기다; 떠나다
4 fill 동 (가득) 채우다

14

History

단어 수

In the late 18th and early 19th centuries, most people didn't smile in photos. (a) They didn't smile even at happy events like weddings. (b) ✏️ **Back** then, taking a picture took much **longer than** today. (c) It took about 20 minutes to take one picture! (d) People weren't unhappy all the time. (e) So, people had to sit very still for a long time. Imagine trying to keep a smile for 20 minutes!

Before cameras, people painted pictures to remember special moments. In these paintings, big smiles weren't common. Many people believed that showing big smiles wasn't appropriate. When cameras were invented, people _____ _____. They thought that only silly or *lower-class people smiled in photos. So, they kept a serious face. However, the tradition slowly began to change, and smiles became more common.

*lower-class 하층 계급, 노동자 계급

1일 1문장 ✏️

Back then, / taking a picture took much **longer** / **than** today.
　　　　　주어　　　　동사　　 수식어　　　= ~ than it takes today.
　　　　　　　　　　　　　　　　　 비교급 앞의 much는 비교급을 강조하여 '훨씬'이라는 의미를 나타내요.

해석 TIP 「A 형용사/부사의 비교급+than B」는 'A는 B보다 더 ~한/~하게'라고 해석해요. 두 대상을 비교해서 정도가 서로 차이 날 때 사용해요.

✅**해석** 그 당시에, 사진을 찍는 것은 오늘날(에 걸리는 걸리는 것)보다 시간이 훨씬 더 오래 걸렸다.

#비교 표현 #비교급 #형용사/부사의 비교급+than

1 중심 생각

글의 제목을 다음과 같이 나타낼 때, 빈칸에 알맞은 말을 본문에서 찾아 쓰세요.

Why People Didn't _____ in Photos in the Past

2 글의 흐름

글의 (a)~(e) 중, 전체 흐름과 관계<u>없는</u> 문장은?

① (a)　　　② (b)　　　③ (c)　　　④ (d)　　　⑤ (e)

3 빈칸 완성

글의 빈칸에 들어갈 말로 가장 알맞은 것은?

① made family albums
② took photos at parties
③ recorded memories easily
④ continued this tradition
⑤ started taking lots of photos

4 세부 내용

글의 내용과 일치하도록 빈칸에 알맞은 말을 〈보기〉에서 찾아 쓰세요.

보기			
common	silly	serious	still

(1) People had to sit _____ for a long time while taking photos.

(2) Big smiles weren't _____ in old paintings.

(3) In early photos, people kept a _____ face.

5 1일 1문장

다음 굵게 표시된 부분에 주의하여 문장의 해석을 완성하세요.

The bird flew **lower / than** the airplane.

→ 그 새는 _____ / _____.

W⦿rds

- **late** 형 후기의, 말기의
- **early** 형 초기의
- **century** 명 세기 ((100년))
- **event** 명 행사
- **wedding** 명 결혼(식)
- **back then** 그 당시에
- **take** 동 (시간이) 걸리다
  cf. **It takes 시간 to-v** ~하는 데
  …의 시간이 걸리다
- **today** 부 오늘날에, 요즈음
  (= nowadays)
- **unhappy** 형 불행한
- **all the time** 내내, 줄곧, 계속
- **have to** ~ 해야 한다
- **still** 형 가만히 있는
- **imagine v-ing** ~하는 것을 상상
  하다
- **moment** 명 순간; 시기, 때
- **common** 형 흔한
  (↔ rare 드문, 흔치 않은)
- **appropriate** 형 적절한
- **invent** 동 발명하다
- **silly** 형 어리석은, 바보 같은
  (= foolish)
- **serious** 형 심각한, 진지한
- **tradition** 명 전통

[문제]
1 **past** 명 과거
3 **record** 동 기록하다
　continue 동 계속하다

15

Science

단어 수 110 120 130 125

When you walk into a library, you might notice a special smell from old books. This is because of a chemical called *"lignin." Paper, ink, and glue are used to make books. These materials have many different chemicals in them, and one of the chemicals is lignin.

Lignin is a chemical found in paper. When a book gets older, lignin breaks down and makes a unique smell. In a study, many people said old books smelled like chocolate or coffee. This isn't surprising because lignin is also in chocolate and coffee!

✏ But lignin **doesn't** only **make** books **smell** good. It also turns the pages yellow. So, books today use paper with less lignin. <u>That</u> means books might not have that sweet smell in the future.

*lignin 리그닌 ((대나무 등의 식물체 속에 존재하는 고분자 화합물))

1일 1문장 ✏

But lignin **doesn't** only **make** / books **smell** good.
　　주어　　　└─동사─┘　　　A　　동사원형

해석 TIP 동사 make 뒤에 「A(목적어)+동사원형」이 오면, **'A가 ~하게 하다[만들다]'**라고 해석해요.

✔ **해석** 하지만 리그닌은 책들이 좋은 냄새가 나게 하지만은 않는다.

#문장의 구조 #주+동+목+보(동사원형)

1 글의 제목으로 가장 알맞은 것은?

① Lignin in Chocolate and Coffee

② Why Old Books Smell Special

③ Many Different Chemicals in Books

④ Why Old Paper Has Different Colors

⑤ How to Remove Bad Smells from Books

세부 내용

2 글의 내용과 일치하면 T, 그렇지 않으면 F를 쓰세요.

(1) _____ 종이, 잉크, 접착제에는 많은 화학 물질이 들어있다.

(2) _____ 리그닌은 종이의 색이 변하는 것을 막아준다.

내용 요약

3 글의 내용과 일치하도록 빈칸에 알맞은 말을 본문에서 찾아 쓰세요.

Lignin

정의	• a chemical found in **ⓐ** _____
특징	• breaks down as a book gets older • smells like chocolate or coffee • turns pages **ⓑ** _____ over time

지칭 파악

4 글의 밑줄 친 That이 의미하는 내용을 우리말로 쓰세요.

_____

1일 1문장

5 다음 굵게 표시된 부분에 주의하여 문장의 해석을 완성하세요.

The alarm clock **makes** / him **get up** early.

➔ 알람 시계는 _____ / _____.

Knowledge ➕

책이 변색되는 것을 막는 방법

1. 직사광선이 없는 곳에 보관한다.
2. 습도가 높은 곳에 보관하지 않는다.
3. 책과 책장 사이에 최소 약 8센티미터의 공간을 둔다.
   (책과 나무 책장은 유해한 가스를 방출하는 과정을 거치므로 충분한 공간이 필요하다.)
4. 이미 색이 바랜 책과 그렇지 않은 책을 분리해서 보관한다.
   (이미 색이 바랜 책을 새 책과 섞어 두면 노란빛이 더 진해지게 된다.)

Words

- **notice** 동 알아채다, 인지하다
- **smell** 명 냄새 동 냄새가 나다
  cf. **smell like** ~같은 냄새가 나다
- **because of** 전 ~ 때문에
- **chemical** 명 화학 물질
- **glue** 명 접착제, 풀
- **be used to-v** ~하는 데 사용되다
- **material** 명 물질, 재료
- **different** 형 다양한; 다른
  (↔ similar 비슷한)
- **find** 동 발견하다, 찾다
  (find-found-found)
- **break down** 분해되다
- **study** 명 연구
- **surprising** 형 놀라운
- **turn** 동 (~한 상태로) 변하게 만들다
- **less** 형 더 적은
  (↔ more 더 많은)
- **mean** 동 의미하다, ~을 뜻하다
- **in the future** 앞으로, 미래에

[문제]

1 remove 동 없애다, 제거하다

5 alarm clock 알람 시계
   get up 일어나다

영영 뜻 파악

A 다음 단어에 해당하는 알맞은 의미를 찾아 연결하세요.

1

tie
•

•
ⓐ not moving

2

still
•

•
ⓑ to attach to something with a string or rope

3

invent
•

•
ⓒ to create or produce something for the first time

어구 완성

B 다음 굵게 표시된 우리말 뜻에 맞는 영단어의 철자를 넣어 어구를 완성하세요.

1 축제 **동안** → ☐ u ☐ i ☐ ☐ the festival

2 가족 **전통** → a family ☐ ☐ a ☐ i ☐ i o ☐

3 아이들에게 **적절한** 책 → an a ☐ ☐ ☐ o ☐ ☐ i a ☐ e book for children

문장 완성

C 다음 빈칸에 알맞은 단어를 〈보기〉에서 찾아 쓰세요.

보기
common   serious   notice   stay

1 I waved at Sean, but he didn't ＿＿＿＿＿＿＿ me.

2 The people looked ＿＿＿＿＿＿＿ at the funeral.

3 Catching a cold in winter is ＿＿＿＿＿＿＿ for anyone.

A ⓑ attach 〔동〕 붙이다 string 〔명〕 끈, 줄 ⓒ create 〔동〕 만들어내다, 창조하다 produce 〔동〕 생산하다, 제조하다 **C 1** wave 〔동〕 (손을) 흔들다 **2** funeral 〔명〕 장례식
3 catch a cold 감기에 걸리다

동사 찾기

A 다음 굵게 표시된 주어에 알맞은 동사를 찾아 동그라미 해보세요.

1 **The letter** written by Joshua was really moving.

2 **This book** will make you imagine a different world.

3 **Homemade food** is usually healthier than fast food.

배열 영작

B 다음 우리말과 의미가 같도록 주어진 어구들을 올바르게 배열하세요.

1 그 영화는 내가 기대했던 것보다 훨씬 더 슬펐다.

| sadder | I expected | much | than |

→ The movie was _____ .

2 우리 선생님은 우리가 두 시간 동안 스스로 공부하게 하셨다.

| made | study | us | our teacher |

→ _____ by ourselves for two hours.

3 나의 가족은 할아버지가 지어주신 집에 산다.

| built | my grandfather | the house | by |

→ My family lives in _____ .

문장 해석

C 다음 굵게 표시된 부분에 주의하여 문장을 해석해보세요.

1 The mechanic **made** / the old car **work** / again.

→ 그 수리공은 _____ / _____ / 다시.

2 The new phone is much **lighter** / **than** my old one.

→ 그 새로운 휴대전화는 _____ / _____ .

3 The song **created** by Beethoven / is still popular today.

→ _____ / 오늘날에도 여전히 인기가 있다.

A 1 moving 형 감동적인 **2** imagine 동 상상하다 **3** homemade 형 집에서 만든 **B 1** expect 동 기대하다, 예상하다 **2** by oneself 스스로
C 1 mechanic 명 수리공, 정비사 work 동 작동되다 **3** Beethoven 베토벤 still 부 여전히, 아직 popular 형 인기 있는

Questions & Answers

History

Q 에펠탑은 항상 인기 있었나요?

A 에펠탑은 1889년 세계 박람회를 기념하기 위해 만들어졌어요. 프랑스 대혁명의 100주년 기념, 그리고 당시 프랑스 철강 산업의 기술력을 보여주고자 하는 의도가 담겨 있었어요. 그러나 건립 초, 프랑스 문화계는 에펠탑을 흉측한 새장에 비유하며 그것이 아름다운 파리의 경관을 망친다고 생각했어요. 시민들 또한 에펠탑이 무너질까 두려워했죠. 하지만 완공 후, 많은 사람이 에펠탑에 관심을 보였어요. 특히 탑 전체에 전구를 달아 파리의 밤을 화려하게 장식하자, 너도나도 에펠탑의 전망대에 오르기를 희망했어요!

Q 세계 최초의 자판기는 무엇을 팔았나요?

A 우리는 자판기에서 음료, 간식 등 다양한 것들을 뽑을 수 있어요. 하지만 세계 최초의 자판기는 콜라가 아니라 성수(holy water)를 팔았다는 것을 알고 있었나요? 기록에 의하면, 기원후 1세기 이집트에서 자판기가 처음으로 만들어졌다고 해요. 알렉산드리아 출신의 헤론(Heron)이라는 사람이 사원에서 성수를 분배하기 위해 고안한 장치로, 자판기의 구멍에 동전을 밀어 넣으면 정해진 만큼의 성수가 흘러나오는 식이었죠. 이 자판기 덕분에 한 사람이 과도한 양의 성수를 가져가는 것을 막을 수 있었다고 해요.

Q 자유의 여신상은 미국에서 만들어졌나요?

A 미국 뉴욕에 가면 청록색의 여신상이 서 있는 것을 볼 수 있어요. 횃불을 높게 들고 있는 이 자유의 여신상은 미국과 프랑스 국민들의 친목을 기념하기 위해 제작되었어요. 프랑스에서 완성된 이 여신상은 미국까지 장장 수개월간 바다를 통해 운송되었어요! 운송이 까다로웠기 때문에 프랑스에서 여신상은 350조각으로 나누어졌고, 뉴욕에 도착한 이후에 다시 조립되었다고 해요. 이 때까지만 해도 여신상은 겉면이 구리로 만들어져 갈색을 띠고 있었어요. 하지만 시간이 지남에 따라 바다의 습기와 눈, 그리고 비로 인해 구리가 산화되어 지금의 청록색으로 색이 변하게 되었답니다!

Unit 06

In Australia, there's an amazing place called Christmas Island. This island is famous for its beautiful nature, and many people love camping there. But campers need to watch out for the huge crabs known as "robber crabs." These crabs have a strong sense of smell. They sometimes take food from campers! When people start cooking, the crabs smell the food and quickly gather around. But you don't need to worry. They don't hurt people.

Smart campers usually hang their food in trees. They also set up their tents far away from their cooking spots. Then, the crabs won't come near the tents at night.

🖉 Some people think they can eat robber crabs. But, these crabs are not for eating in Australia. The people on the island look after these crabs and treat them with respect.

1일 1문장 🖉

Some people think // (that) they can eat robber crabs.
　　주어　　　동사　　　　　　　　목적어
　　　　　　　　└ 목적어절을 이끄는 접속사 that은 생략되는 경우가 많아요.

해석 TIP 동사 think 뒤에 「주어+동사 ~」가 바로 이어지면, '**~하다고 생각하다**'라고 해석해요.
이때 think의 목적어절을 이끄는 접속사 that은 생략되었어요.

✅**해석** 어떤 사람들은 그들이 강도 게를 먹어도 된다고 생각한다.

#접속사 #명사절 that #생략

1 중심 생각

글의 주제로 가장 알맞은 것은?

① how to cook crabs at camp

② the beautiful nature in Australia

③ why people protect robber crabs

④ crabs that take food from campers

⑤ how to be a smart camper on an island

2 세부 내용

강도 게에 관한 글의 내용과 일치하지 <u>않는</u> 것은?

① 야영객들의 음식을 빼앗아 간다.

② 음식 냄새를 맡으면 빠르게 모여든다.

③ 사람을 다치게 하지는 않는다.

④ 먹을 용도로 잡을 때는 주의해야 한다.

⑤ 크리스마스섬 사람들의 보살핌을 받는다.

3 내용 요약

글의 내용과 일치하도록 빈칸에 알맞은 말을 본문에서 찾아 쓰세요.

Caution for Campers
ⓐ _____ _____ for robber crabs near food!
Don't ⓑ _____ the crabs; treat them with respect.

4 1일 1문장

다음 굵게 표시된 부분에 주의하여 문장의 해석을 완성하세요.

They think // **the movie is boring.**

➜ 그들은 생각한다 // _____.

W⬤rds

- **Australia** 명 호주
- **amazing** 형 놀라운
- **be famous for** ~로 유명하다
- **nature** 명 자연
- **camp** 동 캠핑하다, 야영하다 명 야영지, 캠프
  cf. **camper** 명 캠핑객, 야영객
- **need to-v** ~해야 한다, 할 필요가 있다
- **watch out for** ~을 조심하다, 경계하다
- **huge** 형 거대한
- **crab** 명 게
- **known as** ~로 알려진
- **robber** 명 강도, 도둑
- **a sense of smell** 후각
- **gather** 동 모이다, 모으다
- **hurt** 동 다치게 하다; 아프다
- **hang** 동 매달다, 걸다
- **set up** 설치하다; 세우다
- **away from** ~에서 떨어져
- **spot** 명 장소
- **look after** 돌보다, 보살피다
- **treat** 동 대하다, 다루다
- **respect** 명 존중

[문제]
1 **protect** 동 보호하다, 지키다
3 **caution** 명 경고, 주의

These days, some artists use new technology, like AI (Artificial Intelligence), to make their art. But James Cook likes doing things in a more traditional way. He uses an old machine called a typewriter.

James usually makes pictures of buildings, landscapes, and faces of famous people. (①) But how does he make art with a typewriter? (②) He types different letters, numbers, and special marks like *punctuation to shape an image. (③) For example, he uses the **brackets to draw a curvy line. (④) In fact, one picture can take him four to five days to finish. (⑤)

James enjoys using typewriters to create his art. He believes "some technologies never die." 🖋 **His goal is to show us that old machines like typewriters can make amazing art.**

*punctuation 구두점 ((글을 마치거나 쉴 때 찍는 마침표와 쉼표))
**bracket 괄호

1일 1문장 🖉

His goal is / **to show** us that old machines like typewriters can make amazing art.
　주어　 동사　　　　　　　　　　　보어
(His goal = to show us that ~ amazing art)

해석 TIP 「to+동사원형」은 문장에서 주어를 보충 설명해 주는 보어처럼 쓰이기도 해요. 이때 '~하는 것'이라고 해석해요.

✅ **해석** 그의 목표는 타자기와 같은 오래된 기계가 놀라운 예술을 만들 수 있다는 것을 우리에게 보여주는 것이다.

#to부정사 #명사 역할 #보어

1 글의 제목으로 가장 알맞은 것은?

① How to Use a Typewriter
② Using AI to Draw Pictures
③ James Cook's Life As an Artist
④ Why We Should Keep Old Technology
⑤ An Artist Creating Art on a Typewriter

2 다음 문장이 들어갈 위치로 가장 알맞은 곳은?

> However, these pictures aren't made quickly.

①   ②   ③   ④   ⑤

3 이 글을 올바르게 이해하지 못한 사람은?

① 주원: 요즘은 AI를 이용해서 그림을 그리는 화가들이 있어.
② 하영: James Cook은 오래된 기계인 타자기로 그림을 그려.
③ 유찬: 타자기의 글자, 숫자, 마침표 같은 것들로 그림을 그릴 수 있어.
④ 해인: 타자기의 특성상 곡선을 그리기는 어려워.
⑤ 민우: 타자기로 한 작품을 완성하는 데 4~5일 정도 걸려.

4 다음 굵게 표시된 부분에 주의하여 문장의 해석을 완성하세요.

His wish is / **to meet** his favorite singer.

→ 그의 소원은 ~이다 / _____.

Knowledge ➕

타자기의 역사

타자기는 1714년 영국의 헨리 밀 (Henry Mill)이 처음 발명해, 특허를 취득하며 세상에 소개되었다. 그러나 대중이 타자기의 존재를 인지하게 된 것은 1873년 미국의 크리스토퍼 숄즈(Christopher Sholes)가 만든 타자기였다. 그는 신문 편집자로 일하며 인쇄소를 운영하면서 타자기를 만들게 되었다. 이 타자기는 현대의 키보드와 비슷한 형태를 갖게 되었는데, 바로 자판 왼쪽 상단이 쿼티(QWERTY) 순서로 배치된 것이다.

Words

- **these days** 요즘에는
- **artist** 명 화가, 예술가
- **technology** 명 기술
- **AI (artificial intelligence)** 인공지능
- **traditional** 형 전통적인
- **machine** 명 기계
- **typewriter** 명 타자기
  cf. **type** 동 (타자기 등으로) 치다, 입력하다
- **landscape** 명 풍경
- **letter** 명 글자, 문자; 편지
- **mark** 명 부호, 기호
- **shape** 동 (어떤) 모양으로 만들다
- **for example** 예를 들어
- **curvy** 형 구불구불한
- **in fact** 사실은, 실제로
- **take A 시간 to-v** A가 ~하는 데 …의 시간이 걸리다
- **enjoy v-ing** ~하는 것을 즐기다
- **create** 동 창조하다, 만들다
- **goal** 명 목표; 골, 득점

[문제]
2 **quickly** 부 빠르게, 빨리
4 **favorite** 형 가장 좋아하는

18

Universe

단어 수 110 [126] 120 130

Space is full of stars, planets, and many other things. You might think it doesn't have any smell. But astronauts say it actually smells! Then, what does space smell like?

One example is a *comet called 67P. A comet is a big icy ball of dust and rocks. (①) ✏ Scientists discovered that the cloud **around** this comet has some unique smells **like** rotten eggs and almonds! (②) As the comet gets closer to the sun, these smells can change. (③) There's also a big **space cloud named Sagittarius B2. (④) It smells like raspberries. (⑤)

A NASA researcher says, "The smell of space differs from place to place. Space might smell like a buffet restaurant with all kinds of smells."

*comet 혜성
**space cloud 성운 ((구름 모양으로 퍼져 보이는 천체))

1일 1문장 ✏

Scientists discovered // that *the cloud* [**around** this comet] / has *some unique smells* [**like** rotten eggs and almonds]!
주어   동사   목적어

해석 TIP 명사 뒤에 「전치사+명사 ~」의 형태가 오면, 형용사처럼 앞의 명사를 꾸며 줄 수 있어요.
여기서 명사 뒤에 오는 「around/like+명사 ~」는 '~ 주위의/~와 같은 (명사)'로 해석해요.

✔ **해석** 과학자들은 이 혜성 주변의 구름이 썩은 달걀과 아몬드와 같은 몇몇 독특한 냄새를 지니고 있다는 것을 발견했다!

#전치사 #전치사+명사 #형용사 역할

1 **What is the passage mainly about?**

① how the comets are made

② the unique smells of space

③ a special chemical in space

④ what space actually looks like

⑤ why space has some unique smells

2 **Where would the following sentence best fit in?**

> This sweet smell comes from a special chemical in the cloud.

①   ②   ③   ④   ⑤

3 **Write T if the statement is true or F if it is false.**

(1) _____ The cloud around comet 67P smells like roses and almonds.

(2) _____ Sagittarius B2 smells like raspberries.

(3) _____ Every place in space smells the same.

4 **What does the underlined these smells mean in the passage? Write it in Korean.**

_____

5 **Fill in the blank with the Korean translation.**

The kids **with** the red balloons / are laughing loudly.

→ _____ / 큰 소리로 웃고 있다.

W⦿rds

- **space** 명 우주 (= universe)
- **be full of** ~로 가득 차다
- **planet** 명 행성
- **other** 형 다른
- **smell** 명 냄새, 향 동 냄새가 나다
- **astronaut** 명 우주 비행사
- **actually** 부 실제로, 정말로
- **example** 명 예, 예시
- **icy** 형 얼음에 뒤덮인
- **dust** 명 먼지
- **discover** 동 발견하다
- **rotten** 형 썩은, 상한
- **almond** 명 아몬드
- **raspberry** 명 라즈베리, 산딸기
- **researcher** 명 연구원
- **differ** 동 다르다
- **from place to place** 장소마다
  cf. **from A to B** A에서 B까지
- **buffet** 명 뷔페
- **all kinds of** 온갖 종류의

[문제]

1 **chemical** 명 화학 물질
2 **come from** ~에서 나오다, ~에서 만들어지다
5 **laugh** 동 (소리 내어) 웃다

영영 뜻 파악

A 다음 단어에 해당하는 알맞은 의미를 찾아 연결하세요.

1

astronaut
•

•
ⓐ to come together, or bring people together, in one place

2

gather
•

•
ⓑ someone who travels and works in space

3

mark
•

•
ⓒ a written or printed symbol

어구 완성

B 다음 우리말 뜻에 맞게 주어진 철자를 바르게 배열한 다음, 빈칸을 완성하세요.

1 썩은 | t o n t r e | → the smell of ＿＿＿＿＿＿ fruit

2 존중 | s t e r e p c | → show ＿＿＿＿＿＿ for the elders

3 풍경 | d l s a p c a e n | → the beautiful ＿＿＿＿＿＿ of Hawaii

문장 완성

C 다음 우리말과 일치하도록 빈칸에 알맞은 표현을 써보세요.

1 걱정하지 마. 나는 내 스스로를 돌볼 수 있어.

→ Don't worry about me. I can ＿＿＿＿＿＿ ＿＿＿＿＿＿ myself.

2 그 박물관은 흥미로운 전시품으로 가득 차 있다.

→ The museum is ＿＿＿＿＿＿ ＿＿＿＿＿＿ interesting exhibits.

3 우리는 어제 파리의 상징으로 알려진 에펠탑에 갔었다.

→ We went to the Eiffel Tower, ＿＿＿＿＿＿ ＿＿＿＿＿＿ a symbol of Paris, yesterday.

A 1 ⓐ come together 모이다 ⓒ write 동 쓰다 (write-wrote-written) symbol 명 기호, 부호; 상징 **B 2** elder 명 웃어른, 나이가 많은 사람
C 2 exhibit 명 전시품 **3** the Eiffel Tower 에펠탑

동사 찾기

A 다음 굵게 표시된 주어에 알맞은 동사를 찾아 동그라미 해보세요.

1 **Some people** think seven is a lucky number.

2 **My goal** for this summer is to read ten books.

3 **The supermarket** around the corner sells fresh vegetables.

배열 영작

B 다음 우리말과 의미가 같도록 주어진 어구들을 올바르게 배열하세요.

1 나는 그 남자가 훌륭한 작가라고 생각한다.

| is | a great writer | the man | think |

→ I _____ .

2 그는 노란색이나 빨간색 같은 밝은색을 입는 것을 좋아한다.

| bright colors | yellow or red | like |

→ He likes to wear _____ .

3 나의 이번 크리스마스 소원은 가족과 함께 시간을 보내는 것이다.

| to | time | with my family | spend |

→ My wish for this Christmas is _____ .

문장 해석

C 다음 굵게 표시된 부분에 주의하여 문장을 해석해보세요.

1 Many students thought // **this exam was difficult**.

→ 많은 학생들은 생각했다 // _____ .

2 The goal of the team is / **to win** the final match.

→ 그 팀의 목표는 ~이다 / _____ .

3 The man **with** the big umbrella / is waiting for someone.

→ _____ / 누군가를 기다리고 있다.

A 1 lucky 형 행운의 2 goal 명 목표 3 corner 명 모퉁이 sell 동 팔다 B 2 bright 형 밝은 3 spend 동 (시간을) 보내다, (돈을) 쓰다
C 2 final match 결승전 3 wait for ~를 기다리다

TRUTHS & WONDERS

Art

토마스 에디슨의 특별한 음악 감상법

"나는 이빨을 통해 소리를 듣는다."

토마스 에디슨은 세계에서 가장 유명한 발명가 중 하나예요. 에디슨은 사실 고민이 있었답니다. 열두 살 때쯤 청력을 거의 다 잃은 바람에 음악을 제대로 즐길 수 없었거든요. 음악에 관심이 많았던 그는 자신만의 방법으로 음악을 즐기기 시작했어요. 바로 악기를 꽉 깨무는 것이에요! 피아노 음악을 즐기기 위해, 에디슨은 피아니스트가 연주를 시작하면 건반 위로 가까이 기대 악기를 깨물었다고 해요. 이렇게 악기를 깨무는 것은 그의 두개골로 소리의 진동을 생생히 전달했으며, 그의 말로는 음악을 "이빨을 통해 들을 수 있었다"라고 해요.

Universe

우주에도 소리가 존재하나요?

"우주는 고요한 공간이 아니에요."

여러분은 무수히 많은 별과 행성들로 가득한 아름다운 우주의 사진을 본 적이 있을 거예요. 그 사진을 보고 우주에서는 과연 소리가 나는지, 그리고 소리가 난다면 어떤 소리가 날지 의문을 가져본 적 있나요? 과학자들에 의하면 우주에서는 다양한 소리가 난다고 해요! 단, 우리가 그 소리를 듣기 위해서는 인간이 들을 수 있는 주파수로 소리를 변환해야 해요. 스미스소니언 천체물리학 관측소는 사람들이 우주를 귀로 즐길 수 있도록 우주의 소리를 변환하는 프로젝트를 진행하기도 했어요. 이 소리를 통해 시각 장애가 있는 사람들도 우주를 감상할 수 있게 되었답니다!

Unit 07

단어 수   134
    110   120   130

We use color to describe different types of noise. You may already know about white noise. But did you know about pink noise and brown noise? All these three sounds have a calming effect. So, what's the difference between them?

White noise is the most well-known. You can hear this from a fan or a vacuum. It's like a "shhh" sound and helps cover up other noise, so you can focus.

Pink noise uses lower sounds than white noise. It's similar to the sound of rain or waves on a beach. It's relaxing because it sounds like nature.

✏️ Brown noise is **the deepest** sound of the three. It's like the sound of heavy rain or a waterfall. It could help improve your thinking skills. So, which color of noise do you want to hear?

1일 1문장 ✎

Brown noise is **the deepest** sound / of the three.
    주어   동사   보어   수식어

해석 TIP 「A the+형용사+-est(+명사)+of/in ...」는 'A가 ···(중)에서 가장 ~한 (명사)'라고 해석해요.
셋 이상을 비교해서 하나가 다른 것들보다 정도가 가장 심한 것을 나타낼 때 사용해요.

✔**해석** 갈색 소음은 세 가지 중에서 가장 깊은 소리이다.

#비교 표현 #최상급 #the+형용사+-est(+명사)+of/in

Knowledge ⊕

이명 치료에 사용되는 백색 소음 (white noise)

밖에서는 아무 소리도 나지 않지만 귀 또는 머릿속에서 벌레 우는 소리, 바람 소리, 맥박 소리 등이 들리는 것을 이명(耳鳴)이라고 한다. 이명을 치료하기 위해서 백색 소음이 사용되는데, 이명이 들리는 정도와 비슷한 크기의 소음을 재생하여 귀에서 들리는 소리를 뇌가 무시하도록 훈련함으로써 더 이상 이명에 신경 쓰지 않게 된다.

중심 생각

1 글의 제목으로 가장 알맞은 것은?

① Colorful Sounds of Nature

② Helpful Noises for Focusing

③ Every Color Has Its Meaning

④ Various Colors of Calming Noises

⑤ Why Sounds Have Their Own Colors

내용 추론

2 글을 읽고 Brown noise를 추천해 주기에 가장 적절한 사람은?

① 언니와 싸우고 화가 풀리지 않는 정민

② 동생이 울음을 그치지 않아 괴로운 시은

③ 다가오는 시험으로 마음이 초조한 재환

④ 소설을 쓰는 데 새로운 아이디어가 필요한 민희

⑤ 주변 소음 때문에 공부에 집중이 되지 않는 현수

W⊙rds

- describe 통 묘사하다, 서술하다
- **different** 형 다양한; 다른
  (↔ similar 비슷한)
  cf. **difference** 명 차이
- type 명 유형, 종류 (= kind)
- noise 명 소리, 소음
- **sound** 명 소리 통 ~하게 들리다
  cf. **sound like** ~처럼 들리다
- **calming** 형 진정시키는, 마음을 가라앉히는
- effect 명 효과, 영향
- **well-known** 형 잘 알려진, 유명한 (= famous)
- **hear** 통 듣다, 들리다
- fan 명 선풍기, 환풍기
- **vacuum** 명 진공청소기
  (= vacuum cleaner)
- **cover up** ~을 덮다, 가리다
- focus 통 집중하다
- wave 명 파도
- relaxing 형 편안하게 하는, 긴장을 풀어주는
  cf. **relax** 통 편히 쉬다, 긴장을 풀다
- nature 명 자연
- heavy rain 폭우
- waterfall 명 폭포
- improve 통 향상시키다
- **thinking skill** 사고력

[문제]
1 various 형 다양한
4 hard 형 어려운, 힘든

내용 요약

3 글의 내용과 일치하도록 빈칸에 알맞은 말을 본문에서 찾아 쓰세요.

	How It Sounds	How It Helps You
White Noise	It sounds like a "shhh" sound.	It helps you ⓐ _____ .
Pink Noise	It's similar to the sound of rain or waves on a beach.	It helps you relax.
Brown Noise	It sounds like heavy rain or a waterfall.	It helps you ⓑ _____ your thinking skills.

1일 1문장

4 다음 굵게 표시된 부분에 주의하여 문장의 해석을 완성하세요.

This was **the hardest** exam / of my life.

➔ 이것은 _____ / 내 인생에서.

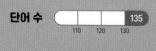

Relationship

단어 수 ⌊110 120 130⌋ 135

Dear Mom and Dad,

I hope you're doing well. I'm having so much fun here at summer camp! Something really funny happened yesterday.

We had a costume relay race. (①) In the race, we wore silly costumes, ran to a spot, and then took off the costumes for the next person. (②) When it was my turn, I had to wear a chicken costume. (③) ✏️ **As I started running, I tripped over the chicken feet.** (④) Everyone laughed a lot, including me. (⑤)

But don't worry. I'm totally fine! My friends now call me "Muddy Chicken," but it's just a funny joke. Camp has been really great, and I made lots of new friends.

I miss you both and can't wait to tell you more fun stories when I get home.

Love,

Lisa

1일 1문장 ✏️

<u>As</u> I <u>started running</u>, // I <u>tripped</u> over the chicken feet.
접속사 주어 동사   목적어

해석 TIP 접속사 as 뒤에 「주어＋동사 ～」가 오면 '～할 때[～하면서, ～하는 동안]'등으로 해석할 수 있어요.
이때 문맥에 따라 알맞은 의미로 해석하는 것이 중요해요.

✅ **해석** 제가 달리기 시작했을 때, 저는 치킨 발에 걸려 넘어졌어요.

1 중심 생각

1 글에서 주로 이야기하고 있는 내용으로 가장 알맞은 것은?

① 가족의 안부
② 가족 여행 경험
③ 여름 캠프에서의 경험
④ 릴레이 경주 게임 방법
⑤ 캠프에서 새로 사귄 친구들

감정 파악

2 글에 드러난 Lisa의 감정으로 가장 알맞은 것은?

① bored
② hopeful
③ excited
④ nervous
⑤ disappointed

세부 내용

3 글을 읽고 대답할 수 <u>없는</u> 질문을 알맞게 고른 것은?

(a) How many days has Lisa been at the camp?
(b) What costume did Lisa wear in the relay race?
(c) Who won the relay race?
(d) What nickname did Lisa get after the relay race?

① (a), (b)
② (a), (c)
③ (b), (c)
④ (b), (d)
⑤ (c), (d)

글의 흐름

4 다음 문장이 들어갈 위치로 가장 알맞은 곳은?

I fell into a big mud puddle!

① ② ③ ④ ⑤

1일 1문장

5 다음 굵게 표시된 부분에 주의하여 문장의 해석을 완성하세요.

As I was getting up, // my cat jumped onto the bed.

→ _____, // 내 고양이가 침대 위로 뛰어올랐다.

W⚬rds

- **have fun** 재미있게 보내다
  cf. **funny** 형 재미있는, 웃기는
- **happen** 동 일어나다, 발생하다 (= occur)
- **costume** 명 코스튬; 의상, 복장
- **relay race** 릴레이 경주, 계주
- **wear** 동 입고[쓰고, 착용하고] 있다 (wear-wore-worn)
- **silly** 형 우스꽝스러운; 바보 같은 (= foolish)
- **spot** 명 (특정한) 장소, 곳
- **take off** (옷 등을) 벗다 (take-took-taken)
- **turn** 명 차례
- **trip** 동 발이 걸려 넘어지다
- **including** 전 ~을 포함하여
- **totally** 부 완전히, 전적으로
- **muddy** 형 진흙투성이인
  cf. **mud** 명 진흙
- **joke** 명 농담
- **miss** 동 그리워하다
- **can't wait to-v** ~하는 것이 기대되다

[문제]
2 hopeful 형 희망에 찬
nervous 형 긴장한, 초조한
disappointed 형 실망한
3 win 동 이기다 (↔ lose 지다) (win-won-won)
nickname 명 별명
4 fall into ~에 빠지다 (fall-fell-fallen)
puddle 명 (비 온 뒤의) 물웅덩이

21

Fashion

단어 수
116
110 120 130

Did you know that people used eyeliner a long time ago? In Ancient Egypt, people used makeup called *kohl. Both men and women drew thick black lines around their eyes.

They didn't do this just to look good. It was mostly for _____. The makeup protected their eyes from the bright sun and the dusty desert wind. <u>These things</u> could hurt their eyes or give them eye diseases.

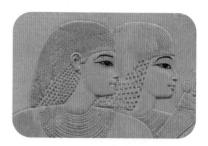

You might ask, "How could makeup protect the eyes?" Recent studies showed that kohl had special ingredients. 🖊 **One** is **zinc oxide, a powerful natural sunblock. Another** is ***neem. It helps fight harmful germs. People back then believed kohl was magical. Now we know it really helped!

*kohl 콜 ((화장용으로 눈가에 바르는 검은 가루))
**zinc oxide 산화아연
***neem 인도 멀구슬나무

1일 1문장 🖊

<u>One</u> is zinc oxide, a powerful natural sunblock. **Another** is neem.
　주어　동사　　보어　　　　　　　　　　　　　　　　　주어　동사　보어

해석 TIP 「one ~, another ....」는 '(여럿 중) 하나는 ~, 또 다른 하나는 …'으로 해석해요. 여러 개의 불특정한 명사를 나열할 때 쓰여요.

✅ **해석** 하나는 강력한 천연 자외선 차단제인 산화아연이에요. 또 다른 하나는 인도 멀구슬나무예요.

#대명사 #one ~, another ...

1 중심 생각 글의 제목으로 가장 알맞은 것은?

① How To Make Eyes Look Good

② How Kohl Stopped Eye Diseases

③ Magical Ingredients in Ancient Egypt

④ The Long History of Eyeliner in Egypt

⑤ Kohl: Ancient Egypt's Protective Eyeliner

2 빈칸 완성 글의 빈칸에 들어갈 말로 가장 알맞은 것은?

① their culture　　② their fashion

③ their eye health　④ its cheap price

⑤ its unique color

3 지칭 파악 밑줄 친 These things가 가리키는 것을 글에서 찾아 쓰세요.

(1) _____ (3 단어)

(2) _____ (4 단어)

4 세부 내용 글의 내용과 일치하면 T, 그렇지 않으면 F를 쓰세요.

(1) _____ 고대 이집트에서는 남자만 아이라인을 그릴 수 있었다.

(2) _____ kohl에는 강력한 자외선 차단 성분이 들어 있었다.

5 1일 1문장 다음 굵게 표시된 부분에 주의하여 문장의 해석을 완성하세요.

We saw birds at the park. **One** was blue, // and **another** was black.

→ 우리는 공원에서 새들을 봤다. _____, //

그리고 _____.

Knowledge ➕

축복받은 나무, 인도 멀구슬나무

인도 멀구슬나무는 강력한 항염 및 항균, 항바이러스 효과를 지닌 식물이다. 절반 이상이 인도에서 서식하며, 아열대 또는 열대 지방에서 자란다. 국내에서는 '님나무'라고 불리기도 하는데, 뿌리를 비롯해 꽃과 잎, 껍질, 열매 등이 두루 효능을 가지고 있어 '축복받은 나무', '마을 약국'이라는 별명을 갖고 있다. 인도 멀구슬나무는 민간에서 주로 약재로 널리 사용한다. 뿌리는 복용 시 독을 없애고 피를 맑게 하며, 열매는 해독작용이 뛰어나 구충제로 사용한다.

Words

- **eyeliner** 명 아이라이너 ((눈의 윤곽을 강조하는 화장품))
- **ancient** 형 고대의
- **makeup** 명 화장품; 화장, 메이크업
- **both A and B** A와 B 둘 다
- **draw** 동 그리다 (draw-drew-drawn)
- **thick** 형 두꺼운, 두툼한 (↔ thin 얇은)
- **mostly** 부 주로, 일반적으로
- **protect** 동 보호하다 *cf.* **protective** 형 보호하는, 보호용의
- **dusty** 형 먼지투성이인
- **desert** 명 사막
- **disease** 명 질병, 병
- **recent** 형 최근의
- **study** 명 연구
- **ingredient** 명 성분, 재료
- **powerful** 형 강력한
- **natural** 형 자연의, 천연의
- **sunblock** 명 자외선 차단제
- **harmful** 형 해로운, 유해한
- **germ** 명 세균
- **magical** 형 신비한, 마술의

[문제]
2 **fashion** 명 패션; 유행
　health 명 건강
　price 명 가격, 값

정답과 해설 p.43

영영 뜻 파악

A 다음 단어에 해당하는 알맞은 의미를 찾아 연결하세요.

1

desert
•

•
ⓐ to spend time resting or doing something enjoyable

2

relax
•

•
ⓑ the clothes worn to look like something or someone

3

costume
•

•
ⓒ a large area of land that is always very dry

어구 완성

B 다음 우리말 뜻에 맞게 주어진 철자를 바르게 배열한 다음, 빈칸을 완성하세요.

1 질병   a s i e d s e   → a heart _____

2 최근의   e c e t n r   → read _____ news articles

3 묘사하다   c i b e d e r s   → _____ the taste of the food

문장 완성

C 다음 빈칸에 알맞은 단어를 〈보기〉에서 찾아 쓰세요.

보기
miss   hear   natural   different

1 I will _____ my friends when I move to a new city.

2 Our opinions were _____, but we agreed in the end.

3 The restaurant uses only _____ ingredients, so the food is healthy.

A ⓐ rest 동 쉬다 enjoyable 형 즐거운, 재미있는   ⓑ wear 동 입다 (wear-wore-worn)   **B 2** article 명 (신문 등의) 기사   **C 1** move 동 이사 가다; 움직이다
2 opinion 명 의견, 견해 agree 동 합의하다; 동의하다 in the end 마침내, 결국   **3** healthy 형 건강한

A 다음 굵게 표시된 주어에 알맞은 동사를 찾아 동그라미 해보세요.

1 **The apple** was the biggest of the five in the basket.

2 As **the queen** entered the room, everyone stood up.

3 **All of us** joyfully sang a song together as Thomas played the guitar.

B 다음 우리말과 의미가 같도록 주어진 어구들을 올바르게 배열하세요.

1 Eric은 우리 반에서 가장 키가 큰 학생이다.

| student | in | tallest | the |

→ Eric is _____ our class.

2 엄마가 저녁 식사를 준비하시는 동안, 아빠와 나는 집을 청소했다.

| Mom | as | dinner | prepared |

→ _____, Dad and I cleaned the house.

3 오늘 나는 여러 벌의 드레스를 입어봤다. 하나는 흰색이었고, 또 다른 하나는 검은색이었다.

| was | white | one | another | black | was |

→ I tried on several dresses today. _____, and _____.

C 다음 굵게 표시된 부분에 주의하여 문장을 해석해보세요.

1 **As** the rain started to fall, // I was on my way home.

→ _____, // 나는 집에 가는 길이었다.

2 Luna is **the fastest** player / in her soccer team.

→ Luna는 _____ / 그녀의 축구팀에서.

3 We tasted different pies at the bakery. **One** was lemon, // and **another** was cherry.

→ 우리는 빵집에서 다양한 파이를 맛보았다.

_____, // 그리고 _____.

A 2 enter 통 들어오다　stand 통 일어서다 (stand-stood-stood)　**3** joyfully 부 기쁘게, 즐겁게　sing 통 노래하다 (sing-sang-sung)
B 2 prepare 통 준비하다　**3** try on 입어보다　several 형 몇몇의, 여럿의　**C 1** on one's way 가는[오는] 길에　**3** taste 통 맛보다

Interesting World

Fashion

동물의 희생을 반대하는 비건 패션

급스러워 보여 인기가 많다고 해요. 선인장으로 만든 가죽은 질기고 튼튼한 특징을 가지고 있으며, 심지어는 종이나 꽃잎을 활용해서도 가죽을 만들 수도 있다고 해요! 위와 같은 비건 가죽은 옷, 가방, 지갑, 신발 등 다양한 곳에서 활용되고 있어요. 더 이상 멋진 패션 아이템을 위해 동물들을 아프게 할 필요가 없을뿐더러, 비건 가죽은 소가죽보다 비교적 탄소 배출도 적어 앞으로 친환경적인 비건 가죽의 사용도가 높아질 것으로 예상된다고 해요.

최근 젊은 세대를 중심으로 자신의 가치와 신념에 맞는 제품을 소비하는 열풍이 일고 있어요. 이는 바로 환경을 생각하며 윤리적인 소비를 실천하고자 하는 인식이 늘어났기 때문이에요. 동물 복지에 대한 사람들의 관심이 높아지면서 비윤리적인 과정으로 만들어진 제품의 사용을 거부하겠다는 사람들이 많아지고 있어요. 오리털 재킷이나 부드러운 모피 제품을 만들기 위해 상당수의 동물이 살아 있는 채로 끔찍한 고통을 겪어야만 했는데, 이제는 이 동물들의 희생을 더 이상 모른 척하지 않겠다는 사람들이 늘어났어요. 이에 식물로 만든 비건 (vegan) 제품들이 큰 이목을 받고 있어요!

친환경적인 기업들은 신기한 재료들을 이용해 식물성 가죽 (vegan leather)을 만들고 있어요. 한때 파인애플을 따고 난 뒤 버려졌던 잎과 줄기는 이제 쓰레기가 아닌 가죽으로 재탄생되고 있지요. 버섯으로 만든 가죽은 특히 감촉이 부드럽고 고

Unit

08

단어 수 ▭▭▭ 134
110 120 130

There was a baby giraffe named Msituni at the San Diego Zoo Safari Park. But she had a big problem. Her front legs were bending the wrong way. This meant she couldn't stand or walk like other giraffes.

✏️ So the zookeepers **asked** Dr. Ara **to make** special *braces for Msituni. Dr. Ara had lots of experience in making braces for people. But he never worked with a giraffe before. Msituni was getting taller every day. So making her braces was a big job for Dr. Ara. To help Msituni, Dr. Ara studied all about giraffes. He then made special braces just for her.

At first, walking with braces was hard for Msituni. But after two months, she could walk by herself without <u>them</u>. Now, she loves to run and play with her giraffe friends.

*brace (부상 부위 등에 대는) 보호대, 교정기

1일 1문장 ✏️

So the zookeepers <u>asked</u> / Dr. Ara **to make** special braces / for Msituni.
　　　　주어　　　　　동사　　　　A　　 to+동사원형

해석 TIP 동사 ask 뒤에 「A(목적어)+to부정사」가 오면, 'A에게 ~해 달라고 부탁[요청]하다'라고 해석해요.

✔️**해석** 그래서 사육사들은 Ara 박사에게 Msituni를 위해 특별한 교정기를 만들어 달라고 부탁했다.

#문장의 구조 #주+동+목+보(to부정사)

중심 생각

1 글의 제목으로 가장 알맞은 것은?

① A Special Doctor for Animals

② Life of a Baby Giraffe at the Zoo

③ How Braces Can Help Sick Animals

④ Special Braces Help A Baby Giraffe Walk

⑤ Msituni and Her Special Friends at the Zoo

세부 내용

2 글을 읽고 알 수 있는 사실이 <u>아닌</u> 것은?

① Msituni가 살고 있는 동물원의 이름

② Msituni의 앞다리가 구부러진 이유

③ 사육사들이 Msituni를 돕기 위해 찾은 해결책

④ Dr. Ara가 Msituni의 교정기를 만들기 어려워했던 이유

⑤ Msituni가 교정기에 적응하는 데 걸린 시간

지칭 파악

3 밑줄 친 <u>them</u>이 가리키는 것을 글에서 찾아 쓰세요.

_____

내용 요약

4 글의 내용과 일치하도록 빈칸에 알맞은 말을 본문에서 찾아 쓰세요.

Baby Giraffe Msituni

Problem	Her front legs were bending the wrong way so she couldn't **a** _____ or walk.
Solution	Dr. Ara **b** _____ special braces for her.

1일 1문장

5 다음 굵게 표시된 부분에 주의하여 문장의 해석을 완성하세요.

My parents **asked** / me **to walk** the dog.

→ 나의 부모님은 _____ / _____.

W⊙rds

- **front** 형 앞쪽의
- **bend** 동 구부러지다, 휘다
- **way** 명 방향; 방법
- **mean** 동 ~을 의미하다, 뜻하다
  (mean-meant-meant)
- **zookeeper** 명 (동물원) 사육사
- **ask** 동 부탁하다, 요청하다
- **experience** 명 경험
- **get** 동 (~한 상태가) 되다
- **job** 명 일; 직업
- **study** 동 연구하다, 조사하다;
  공부하다
- **make** 동 만들다
  (make-made-made)
- **at first** 처음에는
- **by oneself** 혼자 힘으로
- **without** 전 ~없이

[문제]

4 solution 명 해결책

5 walk 동 산책시키다

In the early 1900s, a man named Ole Kirk Christiansen lived in Denmark. He loved making things out of wood, so he opened his own shop in 1916. He made furniture like chairs and ladders.

In 1924, a big fire destroyed his shop. But Ole saw this as a new chance. He built a bigger workshop and began making wooden toys. He even renamed the company "LEGO." Soon, his toys were a big hit.

In 1942, another fire burned down his factory. (①) ✎ **But Ole didn't let** this **stop** him. (②) Around this time, people started using plastic because it was less expensive. (③) So in 1946, Ole bought a machine to make toys out of plastic. (④) He made his first plastic toy in 1949. (⑤) That's how the famous LEGO bricks started!

1일 1문장 ✎

But Ole **didn't let** / this **stop** him.
　　주어　　　동사　　　　A　동사원형

해석 TIP 동사 let 뒤에 「A(목적어)+동사원형」이 오면, 'A가 ~하게 하다[시키다, 허락하다]'라고 해석해요.

✔**해석** 하지만 Ole는 이것이 그를 멈추게 두지 않았다.

#문장의 구조 #주+동+목+보(동사원형)

Knowledge ⊕

레고의 본고장, 빌룬(Billund)

전 세계 아이들에게 사랑받는 장난감인 '레고(LEGO)'는 덴마크어로 '재미있게 놀다'라는 뜻을 가진 'leg godt'를 줄인 말에서 유래했다. 레고는 덴마크의 작은 도시 빌룬(Billund)에서 시작했으며, 본사도 이곳에 있다. 빌룬에 방문하면 특별한 '레고 하우스'도 방문할 수 있다. 이곳에는 레고 브랜드의 탄생과 성장 과정, 그리고 미래를 가늠해 볼 수 있는 다양한 체험과 전시 공간이 있어, 레고를 좋아하는 사람이라면 방문해 보기를 추천한다.

1 중심 생각

글을 읽고 얻을 수 있는 교훈은?

① 자신이 좋아하는 일을 찾아야 한다.

② 위기를 새로운 기회로 삼아야 한다.

③ 처음부터 큰 성과를 기대하면 안 된다.

④ 혼자 하는 것보다 협력해서 하는 것이 좋다.

⑤ 새로운 것을 배울 때 열린 마음을 가져야 한다.

2 글의 흐름

다음 문장이 들어갈 위치로 가장 알맞은 곳은?

> It looked a lot like a modern LEGO brick.

①   ②   ③   ④   ⑤

3 내용 요약

글의 내용과 일치하도록 빈칸에 알맞은 말을 〈보기〉에서 찾아 쓰세요.

| 보기 |
| bought   let   furniture   built |

The Birth of LEGO Bricks

1916	Ole opened his own shop and made **ⓐ** _____.
1924	A big fire destroyed Ole's shop. But he didn't give up and **ⓑ** _____ a larger workshop for toys.
1942	Another fire burned down Ole's factory. He didn't give up this time, either.
1946	Ole **ⓒ** _____ a machine to make plastic toys.
1949	Ole made his first plastic bricks.

W⊙rds

• **make A out of B** A를 B로 만들다
• **own** 휑 자기 자신의
• **furniture** 명 가구
• **ladder** 명 사다리
• **destroy** 동 파괴하다, 손상시키다
• **see A as B** A를 B로 여기다
  (see-saw-seen)
• **chance** 명 기회
• **build** 동 (건물을) 짓다
  (build-built-built)
• **workshop** 명 작업실
• **begin v-ing** ～하기를 시작하다
  (begin-began-begun)
• **wooden** 휑 나무로 된, 목재의
• **rename** 동 이름을 다시 짓다
• **hit** 명 히트, 성공
• **burn down** 태워 버리다
• **factory** 명 공장
• **let** 동 ～하게 하다, 시키다
  (let-let-let)
• **buy** 동 사다
  (buy-bought-bought)
• **machine** 명 기계
• **brick** 명 (쌓기 놀이의) 블록
  (= block)

[문제]
2 **modern** 휑 현대의
3 **birth** 명 탄생
  give up 포기하다
  either 휑 (부정문에서) ～도 역시

4 1일 1문장

다음 굵게 표시된 부분에 주의하여 문장의 해석을 완성하세요.

Her father **didn't let** / her **go** to the concert.

→ 그녀의 아버지는 _____ / _____ .

24

Story

단어 수 136
110 120 130

Noah and his mom moved to a new city, but he felt sad and missed his old life.

One day, Noah accidentally broke his mom's favorite bowl. He felt really bad about it. But his nice neighbor, Mr. Sato, happened to see him. He said, "I can fix the bowl by using a special technique, *kintsugi*." Then, he said to Noah, "Don't worry. These things happen. Besides, this is a simple repair. Come." 🖋 Mr. Sato showed him **how to fix** the bowl: Mr. Sato glued the broken pieces together. Then he painted gold on the cracks.

When he finished fixing the bowl, it looked different. But it was even more beautiful than before. It felt like a new start for Noah. He learned that things might break, but they can be fixed and become even better.

*kintsugi 킨츠기 ((도자기의 깨진 부분을 수선하는 일본의 전통 도예 기법))

1일 1문장 🖉

Mr. Sato showed him / **how to fix** the bowl: ~.
　주어　　　동사　간접목적어　　직접목적어

해석 TIP 「how+to부정사」는 **'어떻게 ~해야 할지, ~하는 방법'**이라고 해석해요. 「의문사+to부정사」는 동사의 목적어나 직접목적어 자리에 자주 쓰여요.

✔ **해석** Sato 씨는 그에게 그릇을 고치는 방법을 보여주었다: ~.

#to부정사 #의문사+to부정사

1 **Which is the proverb that best describes the passage?**

① Love will find a way.

② There is no place like home.

③ Don't cry before you are hurt.

④ Every cloud has a silver lining.

⑤ A friend in need is a friend indeed.

2 **Choose the one that best describes Noah's emotional change.**

① sad → worried

② sad → hopeful

③ angry → nervous

④ excited → nervous

⑤ bored → hopeful

3 **Fill in the blanks with the words from the passage.**

	Noah's Life	Mom's Favorite Bowl
Before	He **a** _____ his old life.	It was accidentally broken.
After	He thinks it can be better than before.	Mr. Sato fixed it and it became more **b** _____ than before.

4 **Fill in the blank with the Korean translation.**

She showed us / **how to dive** into the water.

→ 그녀는 우리에게 보여주었다 / _____.

W⊙rds

- **move to** ～로 이사하다
- **feel** 동 느끼다 (feel-felt-felt)
- *cf.* **feel like** ～처럼 느끼다
- **accidentally** 부 실수로, 우연히; 뜻하지 않게
- **break** 동 깨다, 부수다 (break-broke-broken)
- *cf.* **broken** 형 깨진, 부서진
- **bowl** 명 (우묵한) 그릇
- **neighbor** 명 이웃
- **happen to-v** 우연히 ～하다
- *cf.* **happen** 동 일어나다, 발생하다
- **technique** 명 기술 (= skill)
- **besides** 부 게다가
- **repair** 명 수리 동 수리하다 (= fix)
- **glue A together** A를 서로 붙이다
- **crack** 명 갈라진 금

[문제]

1 **proverb** 명 속담
  silver lining 구름의 흰 가장자리
  indeed 부 정말, 확실히
2 **emotional** 형 감정의
4 **dive** 동 다이빙하다; 잠수하다

정답과 해설 **p.49**

영영 뜻 파악

A 다음 단어에 해당하는 알맞은 의미를 찾아 연결하세요.

1

furniture
•

•

ⓐ someone who lives
next to you or near you

2

repair
•

•

ⓑ to fix something that
is broken or not working
correctly

3

neighbor
•

•

ⓒ large objects such as
chairs, tables, and beds

어구 완성

B 다음 굵게 표시된 우리말 뜻에 맞는 영단어의 철자를 넣어 어구를 완성하세요.

1 **금**이 간 컵들 → cups with some ☐☐a☐☐s

2 자전거의 **앞**바퀴 → the ☐☐o☐☐ wheel of the bicycle

3 **나무로 된** 의자에 앉다 → sit on a ☐☐☐d☐☐ chair

문장 완성

C 다음 우리말과 일치하도록 빈칸에 알맞은 표현을 써보세요.

1 우리는 실패를 배울 기회로 여겨야 한다.

→ We should ＿＿＿＿＿＿＿ failure ＿＿＿＿＿＿＿ a chance to learn.

2 나의 여동생은 모형 비행기를 혼자 힘으로 만들었다.

→ My sister built the model airplane ＿＿＿＿＿＿＿ ＿＿＿＿＿＿＿.

3 그 아이들은 실수로 양초로 나무 위의 집을 태워버렸다.

→ The kids accidentally ＿＿＿＿＿＿＿(e)d ＿＿＿＿＿＿＿ the tree house with a candle.

A ⓑ correctly 뷔 제대로; 똑바로　ⓒ object 명 물건　**B 2** wheel 명 바퀴　**C 1** failure 명 실패　**3** tree house (아이들이 들어가 노는) 나무 위의 집
candle 명 양초

동사 찾기

A 다음 굵게 표시된 주어에 알맞은 동사를 찾아 동그라미 해보세요.

1 **I** asked my friend to help me move the boxes.

2 **My mom** sometimes lets me do the dishes after dinner.

3 **A woman** kindly told us how to get to the subway station.

배열 영작

B 다음 우리말과 의미가 같도록 주어진 어구들을 올바르게 배열하세요.

1 그 영상이 네게 목도리를 뜨는 방법을 가르쳐 줄 것이다.

| to | a muffler | knit | how |

→ The video will teach you _____ .

2 나의 엄마는 나에게 30분 뒤에 가스 불을 꺼달라고 부탁하셨다.

| the gas | me | asked | to turn off |

→ My Mom _____ in 30 minutes.

3 우리 부모님은 우리가 자정을 넘어 깨어있도록 허락하지 않으신다.

| don't let | stay up | us | our parents |

→ _____ past midnight.

문장 해석

C 다음 굵게 표시된 부분에 주의하여 문장을 해석해보세요.

1 She **lets** / her dog **sleep** / on the bed / with her.

→ 그녀는 _____ / _____ / 침대에서 / 그녀와 함께.

2 My grandfather taught me / **how to fish** / last summer.

→ 나의 할아버지는 나에게 가르쳐 주셨다 / _____ / 지난여름에.

3 The teacher **asked** / the students **to be** quiet / during class.

→ 그 선생님은 _____ / _____ / 수업 중에.

A 2 do the dishes 설거지를 하다   **3** kindly 〔부〕친절하게 get 〔동〕도착하다, 이르다   **B 1** muffler 〔명〕목도리 knit 〔동〕뜨다, 뜨개질을 하다
2 turn off (전기·가스 등을) 끄다   **3** stay up (잘 시간에) 자지 않고 있다 midnight 〔명〕자정   **C 2** fish 〔동〕낚시하다

POP QUIZ

Origins

Quiz #1

Q1 저작권이란 저작물을 세상에 내놓은 사람들이 법적으로 보호받을 수 있는 ☐☐를 가리켜요.

Q2 저작권자의 허락을 받지 않고 저작물을 이용하는 행동을 저작권 ☐☐라고 해요.

Q3 저작권은 저작권자가 살아있는 동안과 죽은 다음 해부터 ☐☐년 동안 보호된답니다.

Story

Quiz #2

Q4 작게는 유물을 원상태로 되돌리는 것을 말하고, 크게는 과거 문화를 재구성하는 것을 포함하는 이 개념을 무엇이라고 할까요?

ㅂ ㅇ

Animals

Quiz #3

Q5 새우의 심장은 머리에 위치해 있다. ·············· O X

Q6 코끼리는 뛰지 못하는 유일한 동물이다. ·············· O X

Q7 타조의 눈은 뇌보다 크기가 더 크다. ·············· O X

정답 **Q1** 권리 **Q2** 침해 **Q3** 70 **Q4** 복원 **Q5** ○ **Q6** ○ **Q7** ○

Unit
09

25

Food

단어 수

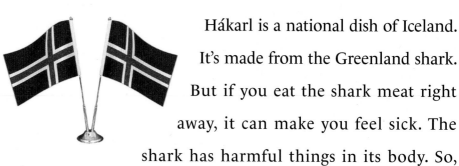

Hákarl is a national dish of Iceland. It's made from the Greenland shark. But if you eat the shark meat right away, it can make you feel sick. The shark has harmful things in its body. So, Icelanders *ferment and dry out the shark meat. This helps remove the harmful things.

To make Hákarl, people clean the shark meat and put it in boxes for several weeks. Then, they hang the meat outside to dry for four to five months. When it's ready, it has a strong smell and taste. Some people say Hákarl smells like **ammonia. Because of this, some people love it, and some don't.

🖊 **Although** it smells strong, Hákarl is a very special food for Icelanders. They're proud of it and love their tradition.

*ferment 발효하다
**ammonia 암모니아 ((자극적인 냄새가 나는 무색의 기체))

1일 1문장 🖊

Although it smells strong, // Hákarl is a very special food / for Icelanders.
　접속사　주어　동사　　　보어

해석 TIP 「although+주어+동사 ~」는 '**(비록) ~이긴 하지만**'이라고 해석해요.

✅ **해석** 비록 그것이 냄새가 강하긴 하지만, 하우카르들은 아이슬란드 사람들에게 매우 특별한 음식이다.

#접속사 #부사절 #although

1 중심 생각

1 글의 목적으로 가장 알맞은 것은?

① 아이슬란드의 식습관을 소개하려고

② 그린란드 상어의 위험성을 알리려고

③ 상어 고기 섭취의 부작용에 대해 알리려고

④ 발효 음식을 만드는 과정을 소개하려고

⑤ 아이슬란드의 독특한 전통 음식을 소개하려고

세부 내용

2 글을 읽고 대답할 수 <u>없는</u> 질문은?

① Which fish do Icelanders use to make Hákarl?

② Why can't people eat shark meat right away?

③ How long does it take to dry the shark meat?

④ How often do Icelanders eat Hákarl?

⑤ What does Hákarl smell like?

내용 요약

3 글의 내용과 일치하도록 빈칸에 알맞은 말을 본문에서 찾아 쓰세요.

Hákarl

How to Make It	• **Step 1:** Clean the shark meat and **a** _____ it in boxes for several weeks. • **Step 2:** Hang and **b** _____ the meat outside for four to five months.
Taste & Smell	Has a strong taste and **c** _____ like ammonia
Opinion	Mixed (some love it, some don't)
Importance	A proud tradition in Iceland

1일 1문장

4 다음 굵게 표시된 부분에 주의하여 문장의 해석을 완성하세요.

Although I was full, // I ate the dessert.

➜ _____, // 나는 디저트를 먹었다.

Knowledge ➕

한국의 하우카르들, 홍어

향이 독특한 한국의 대표 생선 요리에는 홍어가 있다. 홍어는 삭히면 톡 쏘는 향과 알싸한 맛이 난다. 고려 시대에 흑산도 인근에서 살고 있던 사람들이 일본의 침입으로 피난을 가면서 가지고 간 홍어가 자연스럽게 발효된 것이 계기가 되었다. 점차 그 맛을 사람들이 좋아하게 되면서 홍어를 삭혀 먹게 되었다. 홍어는 죽으면 암모니아가 분해되어, 삭히면서 썩지 않는 효과가 있다.

W⚫rds

- **national** 〔형〕 국가의
- **dish** 〔명〕 요리; 접시
- **Iceland** 〔명〕 아이슬란드
  - *cf.* **Icelander** 〔명〕 아이슬란드 사람
- **be made from** ~로 만들어지다
- **right away** 즉시, 곧바로
- **harmful** 〔형〕 해로운
- **thing** 〔명〕 것; 물건
- **dry out** 건조시키다
  - *cf.* **dry** 〔통〕 말리다
- **remove** 〔통〕 제거하다, 없애다
- **several** 〔형〕 몇몇의, 여러
- **hang** 〔통〕 매달다, 걸다
- **smell** 〔명〕 냄새 〔통〕 냄새가 나다
  - *cf.* **smell like** ~같은 냄새가 나다
- **taste** 〔명〕 맛
- **because of** 〔전〕 ~ 때문에
- **be proud of** ~을 자랑스러워하다
- **tradition** 〔명〕 전통

[문제]
3 **opinion** 〔명〕 의견, 견해
  importance 〔명〕 중요성
4 **full** 〔형〕 배부른; 가득 찬

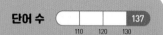

Denmark is **one of the happiest countries** in the world. They use a magic word to stay happy. The word is "pyt" in Danish. It sounds like "pit" in English. It means "don't worry about it" or "never mind."

When small things go wrong, Danish people say "pyt." If they lose a game or can't find their favorite pen, they just say "pyt." This word helps them not to worry too much about small problems. They even use this word at school. Teachers in Denmark have a "pyt" button. If a student is upset about a little thing, the teacher pushes the button. This helps students to relax.

We can also use the word "pyt" in our lives. Next time something small bothers you, try saying "pyt." You _____ _____, just like the people in Denmark!

1일 1문장

Denmark is **one [of the happiest countries]** / in the world.
주어　　　동사 보어　　　　　　　　　　　　　수식어

해석 TIP 「one of the+형용사의 최상급+복수명사」는 '가장 ~한 …중 하나'라고 해석해요.

✔**해석** 덴마크는 세계에서 가장 행복한 나라 중 하나이다.

#비교 표현 #최상급 #one of the+최상급

1 중심 생각

글의 제목으로 가장 알맞은 것은?

① How to Forget Sad Memories

② Why Danish People Rarely Worry

③ A Special Button in Danish Schools

④ How Danish Teachers Calm Upset Students

⑤ Denmark's Secret to Happiness: Just Say "Pyt"

2 빈칸 완성

글의 빈칸에 들어갈 말로 가장 알맞은 것은?

① might be upset

② will love Denmark

③ might feel happier

④ can push the button

⑤ might worry about a little thing

3 내용 요약

글의 내용과 일치하도록 빈칸에 알맞은 말을 본문에서 찾아 쓰세요.

> Danish people say "pyt" when they have small **a** _____.
> It helps them not to **b** _____ too much.

4 1일 1문장

다음 굵게 표시된 부분에 주의하여 문장의 해석을 완성하세요.

That's **one of the tallest buildings** / in the city.

→ 저것은 _____ / 그 도시에서.

Knowledge ⊕

세계에서 가장 행복한 나라

유엔(UN)은 세계행복보고서를 통해 주기적으로 세계에서 가장 행복한 나라들을 발표한다. 이 보고서에 따르면 북유럽과 서유럽 대부분의 국가가 상위권을 차지하고 있는 것을 볼 수 있다. 전 세계 137개 국가 중 가장 행복한 국가는 핀란드이며, 덴마크, 아이슬란드, 이스라엘, 네덜란드, 스웨덴, 노르웨이, 스위스, 룩셈부르크, 뉴질랜드가 그 뒤를 따른다. 미국은 15위, 한국은 59위이다. 아프가니스탄이 137위로 가장 행복하지 않은 나라의 불명예를 안게 되었다.

Words

- **Denmark** 명 덴마크
  cf. **Danish** 명 덴마크어
  형 덴마크의
- **magic** 형 마법의
- **stay** 동 ~인 채로 있다
  (= remain)
- **sound like** ~처럼 들리다
- **worry** 동 걱정하다
- **never mind** 신경 쓰지 마, 걱정 마
- **go wrong** 잘못되다
- **lose** 동 지다 (↔ win 이기다)
- **favorite** 형 가장 좋아하는
- **even** 부 심지어
- **upset** 형 속상한, 마음이 상한
- **relax** 동 진정하다
  (= calm down)
- **bother** 동 괴롭히다, 신경 쓰이게 하다
- **try v-ing** 한번 ~해 보다

[문제]
1 **rarely** 부 거의 ~하지 않는
  calm 동 진정시키다
  secret 명 비밀, 비결
  happiness 명 행복

단어 수   110   120   **129**   130

Elephant seals spend about 7 months of the year in the sea. But they sleep only about two hours a day during this time. And they don't sleep all at once.

To rest, they take "dive naps." They close their eyes and dive deep into the ocean. There, they take short naps for less than 20 minutes. These dive naps keep them safe. That's because sharks and killer whales usually stay near the surface.

During their dive naps, elephant seals enter a deep sleep **with their bodies straight up.** They then turn upside down as they go into the second stage of sleep. In this stage, they can't move and begin to sink down in a *spiral. After their short nap, they swim to the surface to find food.

*spiral 나선형

1일 1문장 ✎

During their dive naps, / elephant seals enter a deep sleep / with *their bodies* straight up.
                        주어   동사   목적어   수식어

해석 TIP 「전치사 with+A(명사)」 뒤에 형용사나 부사 등이 오면 '**A가 ~한 채로[~하면서]**'라고 해석해요.

✔**해석** 다이빙 낮잠 중에, 코끼리바다물범들은 그들의 몸을 수직으로 세운 채 깊은 수면에 들어간다.

#전치사 #표현 #with+A+형/부

Knowledge ➕

북방코끼리물범

북방코끼리물범의 이름은 수컷의 코가 코끼리의 코처럼 생긴 것에서 유래되었다. 그들은 19세기 말에 무분별한 사냥으로 인해 멸종 위기종이었으나, 현재는 개체수가 회복되었다. 북방코끼리물범은 해변에서 쉬는 동안 먹지 않고, 몸에 있는 지방을 이용한다. 심지어 그들은 대부분의 시간 동안 숨을 쉬지 않는데, 수분과 에너지를 보존하기 위함이다. 그들은 80% 이상의 시간을 바다에서 지내며 100분 이상 숨을 참을 수 있는데, 이것은 고래목과 포유류 중 가장 긴 시간이다.

1 중심 생각

글의 제목으로 가장 알맞은 것은?

① The Great Diver, The Elephant Seal
② How Sea Animals Sleep Underwater
③ Why Elephant Seals Take Short Naps
④ Elephant Seals' Special Way of Sleeping
⑤ How to Protect Elephant Seals from Sharks

2 세부 내용

코끼리바다물범에 관한 글의 내용과 일치하지 **않는** 것은?

① 바다에서 지내는 동안에는 하루에 2시간 정도만 잔다.
② 물속에서는 20분 미만의 짧은 낮잠을 잔다.
③ 상어와 범고래를 피해 깊은 바닷속에서 잔다.
④ 잘 때는 몸을 수직으로 세운 채 그대로 있는다.
⑤ 낮잠을 자고 나면 먹이를 찾아 수면 위로 헤엄친다.

3 내용 요약

글의 내용과 일치하도록 빈칸에 알맞은 말을 본문에서 찾아 쓰세요.

Stages of Elephant Seal Dive Naps

Stage 1

- They close their eyes and dive deep into the ocean.
- They go into a deep sleep with their bodies **a** ＿＿＿＿＿＿ up.

Stage 2

- They turn upside down and can't move.
- They begin to **b** ＿＿＿＿＿＿ ＿＿＿＿＿＿ in a spiral.

4 1일 1문장

다음 굵게 표시된 부분에 주의하여 문장의 해석을 완성하세요.

She slept / **with** the window open / last night.

→ 그녀는 잤다 / ＿＿＿＿＿＿＿＿＿＿＿＿＿＿＿＿ / 어젯밤에.

Words

- **elephant seal** 명 코끼리바다물범
- **spend** 동 (시간을) 보내다, (돈을) 쓰다
- **during** 전 ~ 동안
- **all at once** 한꺼번에, 모두 함께
- **rest** 동 쉬다
- **dive** 명 다이빙, 잠수 동 잠수하다, 다이빙하다
  - *cf.* **diver** 명 다이버, 다이빙 선수
- **nap** 명 낮잠
  - *cf.* **take a nap** 낮잠 자다
- **deep** 부 깊이 형 깊은
- **ocean** 명 바다, 대양
- **less than** ~보다 적은
- **killer whale** 명 범고래
- **surface** 명 표면, 수면
- **enter** 동 ~에 들어가다
- **straight** 형 곧은, 똑바른
- **upside down** 부 거꾸로, 뒤집혀
- **stage** 명 단계 (= step)
- **sink** 동 가라앉다

[문제]

1 **underwater** 부 물속에서, 수중에서
  protect 동 보호하다, 지키다

단어 Review

정답과 해설 p.55

영영 뜻 파악

A 다음 단어에 해당하는 알맞은 의미를 찾아 연결하세요.

1

favorite

•

•

ⓐ to not win a game or competition

2

lose

•

•

ⓑ to go down below the surface of water

3

sink

•

•

ⓒ liked more than others of the same kind

어구 완성

B 다음 우리말 뜻에 맞도록 주어진 철자를 바르게 배열한 다음, 빈칸을 완성하세요.

1 국가의　　　　niatlnao　　→ a ＿＿＿＿＿＿＿＿ holiday

2 곧은, 똑바른　　hratisgt　　→ keep your back ＿＿＿＿＿＿＿＿

3 몇몇의　　　　verasel　　→ ＿＿＿＿＿＿＿＿ books on the shelf

문장 완성

C 다음 빈칸에 알맞은 단어를 〈보기〉에서 찾아 쓰세요.

보기			
spend	bother	nap	relax

1 I can't ＿＿＿＿＿＿＿＿ any more money this week.

2 My dog likes to take a ＿＿＿＿＿＿＿＿ on the sofa.

3 Please don't ＿＿＿＿＿＿＿＿ me while I'm studying.

A ⓐ competition 명 대회, 시합　ⓑ below 전 아래에　ⓒ kind 명 종류, 유형　**B 1** holiday 명 휴일, 공휴일　**3** shelf 명 책꽂이; 선반
C 3 while 접 ~하는 동안

1일 1문장 〉 Review

동사 찾기

A 다음 굵게 표시된 주어에 알맞은 동사를 찾아 동그라미 해보세요.

1 My sister usually studies with music on.

2 Mr. Brown is one of the richest businessmen in the country.

3 Although **the movie** was quite long, we watched it until the end.

배열 영작

B 다음 우리말과 의미가 같도록 주어진 어구들을 올바르게 배열하세요.

1 화가는 그 그림의 배경이 비어있는 상태로 두었다.

| empty | the background | with |

→ The artist left the painting _____ .

2 에베레스트 산은 세계에서 가장 높은 산 중 하나이다.

| mountains | the | one | highest | of |

→ Mount Everest is _____ in the world.

3 비록 그 시험이 어렵긴 했지만, 몇몇 학생들이 만점을 받았다.

| difficult | the test | although | was |

→ _____ , some students got a perfect score.

문장 해석

C 다음 굵게 표시된 부분에 주의하여 문장을 해석해보세요.

1 He waited for the fireworks / **with** his camera ready.

→ 그는 불꽃놀이를 기다렸다 / _____ .

2 The blue whale is **one of the largest animals** / in the ocean.

→ 대왕고래는 _____ / 바다에서.

3 Although Thomas and Jane often fight, // they are still good friends.

→ _____ , // 그들은 여전히 좋은 친구이다.

A 2 businessman 명 사업가　**3** quite 부 꽤, 상당히　**B 1** background 명 배경　leave 동 (어떤 상태) 그대로 두다 (leave-left-left)
2 Mount Everest 에베레스트 산　**C 1** fireworks 명 불꽃놀이　**2** blue whale 명 대왕고래

Questions & Answers

Food

Q 하와이안 피자는 하와이에서 만들어졌나요?

A 하와이안 피자는 짭조름한 햄과 달콤한 파인애플 토핑이 올라간 피자예요. 하지만 그 이름과는 다르게 하와이에서 만들어진 음식은 아니에요! 하와이안 피자는 1962년 캐나다에서 그리스 이민자인 샘 파노파울로스(Sam Panopoulos)에 의해 만들어졌어요. 샘은 자신의 식당에서 새로운 레시피를 시도해 보는 것을 좋아했는데, 하루는 피자 위에 통조림 파인애플을 올려보았어요. 짠맛과 단맛의 조화로움은 금세 식당 손님들의 입맛을 사로잡았어요. 피자의 이름은 샘이 이용했던 파인애플 통조림 브랜드, 하와이안(Hawaiian)에서 따온 것이라 해요.

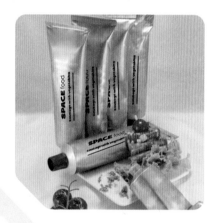

Q 우주에서 처음 먹은 음식은 무엇이었을까요?

A 우주에서는 중력이 존재하지 않기 때문에 쉽게 먹을 수 있는 형태의 음식이 필요해요. 우주 음식은 가볍고 먹기 쉬우면서, 부스러기나 쓰레기가 남지 않아야 한다는 까다로운 조건을 충족해야 하지요. 초기 우주 음식은 주로 한입 크기의 큐브나 튜브 형태로 구성되었어요. 1962년, 미국 우주비행사 존 글렌(John Glenn)은 인류 최초로 우주에서 음식을 먹었고, 이는 알루미늄으로 만들어진 튜브에 담긴 사과 소스였어요! 초기 우주 음식은 맛이 없고 먹기 번거로워 악명이 높았지만, 최근에는 음식의 종류가 훨씬 다양해져 우주비행사의 국적과 취향에 맞게 식단이 구성된다고 해요.

Q 무화과는 정말 꽃이 없나요?

A 무화과는 성경에 등장할 정도로 인류 역사상 아주 오래전부터 재배된 식물이에요. 그 특이한 맛과 향으로 현대에도 많은 사람의 사랑을 받고 있죠. 무화과(無花果)는 꽃이 피지 않는다(無花무화)고 하여 그 이름을 얻었어요. 하지만 실제로는 꽃이 과실 안에 피어 보이지 않을 뿐이에요! 무화과의 꽃받침과 꽃자루는 꽃보다 크기가 훨씬 더 커서, 수많은 작은 꽃들을 주머니처럼 감싸버려요. 여러분은 사실 한 열매가 아닌 수많은 꽃을 먹고 있었던 거예요!

Unit 10

When new products fail, companies often try to forget ⓐ them fast. But the Museum of Failure never forgets.

The museum started in Sweden in 2017 and traveled around the world. Here, you can see examples of more than 150 failed products. Some funny examples are *lasagna from a toothpaste brand, coffee-flavored Coca-Cola, and unique Oreo flavors like jelly donut.

A man named Samuel West made this museum. He thinks _____. He says that even big companies like Coca-Cola and Pepsi made mistakes. But they learned and improved.

At the end of the museum's tour, there is a "Share Your Failure" wall. Any visitors can write their own mistakes on sticky notes and put ⓑ them on a wall. 🖉 Samuel's message is clear: making mistakes is just a way **to become** better.

*lasagna 라자냐 ((파스타·치즈·토마토 소스 등으로 만드는 이탈리아 요리))

1일 1문장 🖉

Samuel's message is clear: // making mistakes is / just *a way* [to become better].
　　　　　　　　　　　　　　주어　　　　동사　　　보어

해석 TIP 「to+동사원형」이 (대)명사 바로 뒤에 쓰여 명사를 꾸며 주는 형용사 역할을 할 때, '~하는[~할] (명사)'라고 해석해요.

✅ **해석** Samuel의 메시지는 명확하다: 실수를 하는 것은 더 나아지게 되는 하나의 방법일 뿐이다.

#to부정사 #형용사 역할 #명사 수식

정답과 해설 **p.56**

1 빈칸 완성

글의 빈칸에 들어갈 말로 가장 알맞은 것은?

① we never make mistakes

② many companies don't fail

③ we learn from our mistakes

④ everyone should visit the museum

⑤ big companies forget their failures

2 세부 내용

실패 박물관에 관한 글의 내용과 일치하지 <u>않는</u> 것은?

① 2017년 스웨덴에서 시작되었다.

② 150개 이상의 실패한 제품이 전시되어 있다.

③ 치약 브랜드에서 나온 라자냐는 재미있는 전시품 중 하나이다.

④ 박물관을 만든 사람의 이름은 Samuel West이다.

⑤ 일부 방문객들만 'Share Your Failure' 벽에 참여할 수 있다.

3 지칭 파악

밑줄 친 ⓐ them과 ⓑ them이 각각 가리키는 것을 글에서 찾아 우리말로 쓰세요.

ⓐ: _____

ⓑ: _____

4 1일 1문장

다음 굵게 표시된 부분에 주의하여 문장의 해석을 완성하세요.

He's looking for / a way **to travel** cheaply.

→ 그는 찾고 있다 / _____.

W🙂rds

- **product** 명 상품, 제품
- **fail** 동 실패하다
- *cf.* **failure** 명 실패
  failed 형 실패한
- **company** 명 회사
- **try to-v** ~하려고 노력하다
- **forget** 동 잊다
  (↔ remember 기억하다)
- **travel** 동 이동하다; 여행하다
- **example** 명 예, 예시
- **toothpaste** 명 치약
- **brand** 명 상표; 브랜드
- **flavored** 형 ~의 맛이 나는
- *cf.* **flavor** 명 맛
- **mistake** 명 실수, 잘못
- **improve** 동 향상시키다,
  개선하다
- **tour** 명 방문, 관광
- **share** 동 나누다, 공유하다
- **visitor** 명 방문객, 손님
- **sticky note** 포스트잇, 접착식
  메모지
- **message** 명 메시지
- **clear** 형 명확한, 분명한
- **way** 명 방법, 방식

[문제]
4 **look for** ~을 찾다
  cheaply 부 싸게, 저렴하게

We're Looking for a Candy Taste Tester

Do you love candy? Do you often dream about yummy sweets? Are you looking for a fun job? If so, we have the perfect job for you. Our company is looking for people to try new candies. Become a candy taste tester at Candy House!

Job Details

• You will taste new candies like chocolate and gummy candies and share your thoughts about them — how they taste, feel, and smell.

• You can choose to work full-time or part-time.

• You can earn $30 an hour.

Who Can Apply?

• 🖊 Anyone **who** has a sweet tooth for candy can apply.

• You must live in the United States and be 18 years or older.

• You must not have any food allergies.

To apply, please send us an email to:
jobs@candyhouse.com by February 15.

1일 1문장 🖊

Anyone [**who** has a sweet tooth for candy] can apply.
주어   동사
who는 선행사가 '사람'일 때 쓰여요.

해석 TIP 명사 뒤에 「who+동사 ~」가 오면 '~하는[~한] (명사)'라고 해석하면 돼요. 이때, who는 주격 관계대명사로 앞의 명사(선행사)를 꾸며 주는 절을 이끌어요.

✅ **해석** 단것을 좋아하는 사람은 누구나 지원할 수 있습니다.

#관계대명사 #주격 #who

세부 내용

1 Candy House의 채용 공고에 대해 올바르게 이해하지 <u>못한</u> 사람은?

① 세현: 새로 나온 초콜릿이나 젤리를 맛볼 수 있어.

② 민아: 풀타임이나 파트타임 중에 고를 수 있어.

③ 준우: 시간당 30달러를 받을 수 있어.

④ 아윤: 어떤 음식에도 알레르기가 있으면 안 돼.

⑤ 한결: 2월 15일까지 회사에 직접 방문해서 지원해야 해.

세부 내용

2 Candy House의 채용 공고에서 언급되지 <u>않은</u> 것은?

① 업무 내용   ② 지원 조건

③ 지원 방법   ④ 회사의 위치

⑤ 지원 마감일

세부 내용

3 다음 Eddy의 정보 중, Candy House의 지원 자격 요건에 적합하지 <u>않은</u> 것은?

Eddy Harrison

① Age: 19 years old

② Address: 305 Linden Avenue,
    Orlando, Florida, United States

③ Likes to try new food

④ Doesn't have a sweet tooth

⑤ Doesn't have any food allergies

1일 1문장

4 다음 굵게 표시된 부분에 주의하여 문장의 해석을 완성하세요.

Anyone **who** has allergies / must not eat this food.

➔ _____ / 이 음식을 먹으면 안 된다.

W●rds

- **candy** 명 캔디 ((젤리, 사탕 등 설탕이나 초콜릿으로 만든 단 과자류를 뜻함))
- **taste** 명 맛 동 맛보다
- **tester** 명 시험 사용자, 테스터
- **dream** 동 꿈꾸다
- **yummy** 형 맛있는
- **sweet** 명 단것, 사탕 및 초콜릿류 (= candy)
- **perfect** 형 완벽한, 완전한
- **detail** 명 상세한 정보; 세부 사항
- **gummy candy** 젤리
- **thought** 명 생각, 사고 (= idea)
- **choose to-v** ~하기를 선택하다, 정하다
- **full-time** 부 풀타임의, 상근의 (↔ part-time 파트타임인, 시간제의)
- **earn** 동 (돈을) 벌다
- **apply** 동 지원하다
- **have a sweet tooth** 단것을 좋아하다
- **allergy** 명 알레르기
- **send** 동 보내다, 발송하다 (↔ receive 받다)

[문제]

3 address 명 주소

Technology

단어 수 110 120 **125** 130

Riding a motorcycle is much more dangerous than driving a car. Motorcycle riders can have serious accidents. But now, there's good news for riders: special jeans called "airbag jeans."

Many injuries from serious motorcycle accidents happen to the lower body. So, most motorcycle pants usually protect the knees and hips. But the airbag jeans help protect new areas on the lower body, especially the *tailbone.

These jeans are made from the strongest denim in the world. And here's the best part: They have airbags inside! If a rider falls off his motorcycle, the airbags blow up. These airbags protect the rider from getting hurt. 🖊 The airbag jeans help keep riders safe, and are **as comfortable as** regular pants. Riders can also use them many times!

*tailbone 꼬리등뼈 ((등뼈의 가장 아랫부분에 있는 뾰족한 뼈))

1일 1문장 🖉

The airbag jeans help keep riders safe, / and are **as comfortable** / **as** regular pants.
주어　　　　동사1　목적어1　　　동사2　　보어2　　= ~ as regular pants are comfortable.

해석 TIP 「A as+형용사/부사+as B」는 'A는 B만큼 ~한/~하게'라고 해석해요. A와 B 두 대상을 비교해서 서로 정도가 비슷하거나 같을 때 쓰여요.

✅ **해석** 에어백 청바지는 운전자들을 안전하게 유지하도록 도와주고, 일반 바지만큼 편하다.

#비교 표현 #원급 #as ~ as

1 **What is the passage mainly about?**

① the world's strongest denim

② the dangers of riding motorcycles

③ how often motorcycle accidents happen

④ how airbags protect riders during accidents

⑤ special jeans to keep motorcycle riders safe

2 **Write T if the statement is true or F if it is false.**

(1) _____ Most motorcycle pants usually protect the whole body.

(2) _____ You can only use the airbag jeans once.

3 **Fill in the blanks with the words from the passage.**

Airbag Jeans

What They Do	They ⓐ _____ the riders from getting hurt.
How They Work	The airbags inside the jeans ⓑ _____ _____ when accidents happen.

4 **Fill in the blank with the Korean translation.**

This apple is **as sweet** / **as** honey.

→ 이 사과는 _____ / _____.

단어 Review

정답과 해설 **p.61**

영영 뜻 파악

A 다음 단어에 해당하는 알맞은 의미를 찾아 연결하세요.

1

earn
•

•
ⓐ a visit to a place or area

2

tour
•

•
ⓑ to get money for work that you do

3

forget
•

•
ⓒ to not remember

어구 완성

B 다음 굵게 표시된 우리말 뜻에 맞는 영단어의 철자를 넣어 어구를 완성하세요.

1 흥미로운 **생각** → an interesting ☐☐ou☐☐☐

2 우유에 **알레르기**가 있다 → have an a☐☐e☐☐☐ to milk

3 신기에 **편한** 신발 → ☐o☐ or ☐a☐e shoes to wear

문장 완성

C 다음 빈칸에 알맞은 단어를 〈보기〉에서 찾아 쓰세요.

보기
serious   apply   dangerous   fail

1 Don't touch the stove. It's _____ when it's hot.

2 My older brother is planning to _____ to medical school next year.

3 Unfortunately, the player _____(e)d to score a goal during the game.

C 1 stove 몡난로, 스토브 **2** medical school 의과 대학 **3** unfortunately 뵈유감스럽게도 score 통득점하다

동사 찾기

A 다음 굵게 표시된 주어에 알맞은 동사를 찾아 동그라미 해보세요.

1 **The water** in the lake was as clear as crystal.

2 **Anyone** who knows the answer can raise his or her hand.

3 **My brother and I** have some old toys to donate to the children's hospital.

배열 영작

B 다음 우리말과 의미가 같도록 주어진 어구들을 올바르게 배열하세요.

1 네 손은 얼음만큼 차가워.

| cold | as | ice | as | feel |

→ Your hands _____.

2 나는 기차를 타는 동안 읽을 책을 가지고 왔다.

| a book | brought | to read |

→ I _____ during the train ride.

3 프랑스어를 가르치는 그 여자는 10년 동안 파리에서 살았다.

| who | the woman | French | teaches |

→ _____ lived in Paris for ten years.

문장 해석

C 다음 굵게 표시된 부분에 주의하여 문장을 해석해보세요.

1 I don't have / any pens **to take** notes with.

→ 나는 가지고 있지 않다 / _____.

2 My brother's room is always **as messy** / **as** a garbage dump.

→ 내 남동생의 방은 항상 _____ / _____.

3 The man **who** works at the supermarket / is always friendly.

→ _____ / 항상 친절하다.

A 1 crystal 명 크리스털, 수정 **3** donate 동 기부하다 **B 2** bring 동 가져오다 (bring-brought-brought) ride 명 타기, 타고 가기 **3** French 명 프랑스어
C 1 take notes 필기하다, 메모하다 **2** messy 형 지저분한, 엉망인 garbage dump 쓰레기장 **3** friendly 형 친절한

반려동물의 사료를 맛보는 직업이 있다고요?

반려동물들을 위한 사료를 먹어보는 직업(pet food taster)이라니, 상상하기 어려울 수 있지만, 이 일은 실제로 매우 숙련된 직업이며, 연구원과 시식가의 조합이라고 볼 수 있어요. 주된 업무는 사료를 맛보는 것이 아니라 테스트하는 것이에요. 사료의 영양성분 평가, 보고서 작성, 사료 질을 개선하는 방법을 찾는 일 등을 해요. 물론, 사료를 맛보는 것도 업무에 포함되는데, 사료를 입에 넣기 전에 일단 냄새부터 맡아보아요. 반려동물들이 좋아하는 냄새이면서도, 사람들이 싫어해서는 안 되거든요.

냄새를 평가한 후에는, 사료를 조금 입에 넣어 맛과 질감을 평가해요. 다행히 사료는 삼키지 않고 뱉어낸다고 해요!

일본 동물원에서는 왜 술래잡기를 하나요?

일본 히타치(Hitachi)시에 위치한 카미네(Kamine) 동물원에서는 동물 탈을 쓴 사람이 동물원 직원들에게 쫓기는 특이한 장면을 볼 수 있어요! 도망가기 위해 달리는 동물 연기자와 이를 잡기 위해 열심히 달리는 동물원 직원들의 영상은 인터넷에도 올라와 많은 사람에게 큰 웃음을 주었어요. 하지만 카미네 동물원은 도대체 왜 이런 행사를 했을까요?

바로 지진이 자주 나는 일본이기에 혹시 모를 상황에 대비하기 위해서예요. 동물들이 지진에 놀라서 우리를 탈출하면 동물들을 안전하게 제압하고 다시 우리에 돌려보내기 위해 동물원 직원들은 히타치 경찰서와 소방서와 협업하여 정기적인 훈련을 하고 있어요. 훈련할 때마다 탈출하는 동물을 바꾸어 많은 이들의 이목을 끌기도 하죠. 이전에는 사자, 얼룩말, 흑곰 탈을 쓴 연기자들이 박진감 넘치는 탈출을 보여주었어요. 다음에는 어떤 동물이 카미네 동물원에서 탈출할까요?

Unit
11

31

Places

Black Rock City Airport is a special airport in the desert of Nevada, U.S. It only shows up for one week every year. Then, it disappears! Unlike other airports, it doesn't have big buildings or a *control tower. This airport only has a simple runway.

Why would there be an airport for just a week? It started because of a festival called "Burning Man." (a) This is a huge festival of art, music, and culture. (b) About 70,000 people from all over the world come to join. (c) Some visitors come in cars, but they can get stuck in heavy traffic. (d) Mornings always bring heavy traffic in big cities. (e) So, some people fly to the desert with small jets! 🖋 **That's why** they need an airport.

When the festival is over, the airport _____ like magic. But it'll show up again next year for more fun and adventure!

*control tower (항공) 관제탑

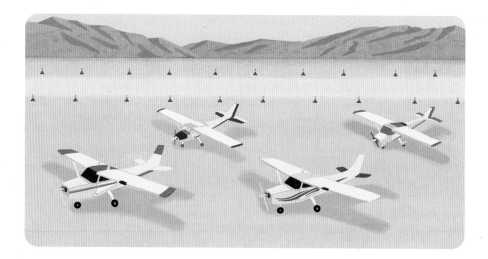

1일 1문장 🖉

That's why <u>they</u> <u>need</u> <u>an airport</u>.
　　　　　　　주어　동사　　목적어

해석 TIP 「That's why+주어+동사 ~」는 '**그것이 ~한 이유이다**'라고 해석해요. 앞 문장에는 이유가 나오고 That's why를 사용해 결과를 나타내요. '**그래서 ~이다**'라고도 해석할 수 있어요.

✅**해석** 그것이 그들이 공항을 필요로 하는 이유이다.

#표현 #That's why

중심 생각

1 글의 제목으로 가장 알맞은 것은?

① The World's Smallest Airport

② The Burning Man Festival in Nevada

③ Adventure in the Desert of Nevada

④ Heavy Traffic in the Burning Man Festival

⑤ One-Week Airport for the Festival in the Desert

글의 흐름

2 글의 (a)~(e) 중, 전체 흐름과 관계없는 문장은?

① (a)　　② (b)　　③ (c)　　④ (d)　　⑤ (e)

세부 내용

3 글에 따르면, Black Rock City 공항이 생기는 이유는?

① 네바다주에 더 큰 공항이 필요해서

② Burning Man 축제에 필요한 물품을 운송하기 위해

③ 공항 건설로 일자리를 창출하기 위해

④ 제트기로 Burning Man 축제에 방문하는 사람들을 위해

⑤ Burning Man 축제에 전 세계 사람들을 초청하기 위해

W❂rds

- desert 명 사막
- **show up** 나타나다
- **disappear** 통 사라지다
  (↔ appear 나타나다)
- **unlike** 전 ~와는 달리
- other 형 (그 밖의) 다른
- simple 형 단순한, 간소한
- **runway** 명 활주로
- **because of** 전 ~ 때문에
- **festival** 명 축제
- huge 형 거대한
- **culture** 명 문화
- about 부 약, ~쯤
- **all over the world** 전 세계에
- **join** 통 참가하다
- **visitor** 명 방문객, 손님
- **get stuck** (교통체증에) 꼼짝
  못하게 되다
- **heavy traffic** 교통 혼잡
- **bring** 통 일으키다, 초래하다
- **jet** 명 제트기
- **be over** 끝나다
- adventure 명 모험

빈칸 완성

4 글의 빈칸에 알맞은 한 단어를 본문에서 찾아 쓰세요.

_____

1일 1문장

5 다음 굵게 표시된 부분에 주의하여 문장의 해석을 완성하세요.

I was hungry. **That's why** I ate two sandwiches.

→ 나는 배가 고팠다. 그것이 _____.

Can you imagine playing music with instruments made of ice? A Swedish ice artist, Tim Linhart, turned this dream into a reality!

Tim first got the idea from a friend who makes guitars. He wondered **how** music would sound on ice instruments. So, in order to make them, he used ice and a special mix of snow and water. (①)

Now, Tim's orchestra has many ice instruments like violins, cellos, drums, and so on. (②) He loves the unique, sharp sound of ice music. (③) Ice instruments can break easily. (④) They can even melt from people's body heat or breath. (⑤)

Are you ready for an amazing and cool musical experience? Put on your warmest clothes and enjoy Tim's ice music orchestra!

1일 1문장 ✏️

He wondered // **how** music would sound on ice instruments.
주어　동사　　　　　　　　　　　　　목적어
(← **How would music** sound on ice instruments?)

해석 TIP 「how+주어+동사 ~」가 동사의 목적어 자리에 오면 '**어떻게 …가 ~하는지(를)**'라고 해석해요.
의문사 의문문은 다른 문장의 일부가 되어 목적어와 같은 명사 역할을 할 수 있어요.

✅**해석** 그는 얼음 악기에서는 어떻게 음악 소리가 들릴지 궁금했어요.

#접속사 #간접의문문 #how

1 글의 제목으로 가장 알맞은 것은?

① The Swedish Musician's Dream

② Tim Linhart's Icy Cold Orchestra

③ Different Kinds of Ice Instruments

④ The Difficulties of Playing Ice Instruments

⑤ How to Make Instruments from Ice and Snow

2 다음 문장이 들어갈 위치로 가장 알맞은 곳은?

> However, the players need to be careful.

①　　　　②　　　　③　　　　④　　　　⑤

3 이 글을 바탕으로 다음과 같이 초대장을 만들 때, 빈칸에 알맞은 말을 〈보기〉에서 찾아 쓰세요.

| 보기 |

| put on | turn | melt | made of |

Invitation to Tim's Ice Orchestra
Free Entrance!

Where: North harbor, Lulea

When: Friday, February 10

Instruments: Violins, cellos, drums, and so on.

They're all **a** _____ _____ ice.

Please Note: The ice instruments can **b** _____ easily,

so the concert hall will be very cold. Please **c** _____

_____ warm clothes when you come.

---

4 다음 굵게 표시된 부분에 주의하여 문장의 해석을 완성하세요.

I wondered // **how** she knew my name.

➜ 나는 궁금했다 // _____.

33

Culture

단어 수 ────────── 134
110 120 130

Every *St. Patrick's Day, something magical happens in Chicago, U.S.  For over 60 years, the city's river **has turned** green!

In the 1960s, the city used green **dye to trace where wastewater was coming from. (A) That's because green is the special color for the holiday. (B) In 1962, the mayor of Chicago saw the green water and got an idea. (C) He thought of dyeing Lake Michigan green for St. Patrick's Day. But his close friend suggested dyeing the Chicago River instead. And so, the fun tradition began!

Now, on a Saturday near St. Patrick's Day, people put a special orange powder into the river. When this powder touches the water, it turns bright green! The river keeps its green color for only a few hours. But the memories of the green river last much longer!

*St. 성인 (Saint의 약어) ((가톨릭에서 성덕이 뛰어난 사람으로 선포한 사람))
**dye 염료; 염색하다

1일 1문장 ✎

For over 60 years, / the city's river **has turned** green!
　　수식어　　　　　　　주어　　　　동사　　보어

해석 TIP 「have/has＋과거분사(p.p.)」가 'for＋기간'과 함께 쓰이면 **(지금까지) 쭉 ~해왔다**'라는 '계속'의 의미를 나타내요.

✅ 해석 60년 이상 동안, 그 도시의 강은 초록색으로 변해왔다!

#시제 #현재완료 #계속

Knowledge ➕

성 패트릭의 날(St. Patrick's Day)

매년 3월 17일은 영국과 아일랜드에서 기독교를 전도한 아일랜드의 수호성인인 성 패트릭을 기념하는 날이다. 성 패트릭의 날에 사람들은 초록색 옷을 입고 얼굴에 초록색 분장을 하는데, 이것은 아일랜드와 관련 있다. 18세기에 아일랜드의 국화로 토끼풀이 선정되었고, 이는 성 패트릭 축제에 소개되었다. 그 후 높아진 토끼풀의 인기 덕분에 지금까지도 성 패트릭의 날은 초록색과 매우 연관 깊은 날로 인식되고 있다.

중심 생각

1 글의 제목으로 가장 알맞은 것은?

① St. Patrick: Who Was He?

② The Story Behind St. Patrick's Day

③ Memories of St. Patrick's Day in Chicago

④ Chicago's Green River on St. Patrick's Day

⑤ Why Green is important on St. Patrick's Day

글의 흐름

2 문장 (A)~(C)를 글의 흐름에 알맞게 배열한 것은?

① (A) - (B) - (C) ② (B) - (A) - (C)

③ (B) - (C) - (A) ④ (C) - (A) - (B)

⑤ (C) - (B) - (A)

세부 내용

3 글의 내용을 올바르게 이해하지 <u>못한</u> 사람은?

① 유진: 매년 성 패트릭의 날을 맞이해 시카고 강의 색이 변해.

② 성훈: 1960년대에는 하수의 원천을 찾기 위해 초록색 염료를 사용했어.

③ 예은: 시카고 시장의 첫 번째 아이디어는 시카고 강을 물들이는 거였어.

④ 규민: 시카고 강에 뿌려지는 가루는 주황색이야.

⑤ 다슬: 초록색 강은 몇 시간 동안만 색을 유지해.

Words

- **magical** 형 신비한; 마법의
- **happen** 동 일어나다
  (= occur)
- **turn** 동 변하다, ~되다
- **trace** 동 추적하다, 찾아내다
- **wastewater** 명 하수, 폐수
- **come from** ~에서 나오다
- **holiday** 명 축제일; 휴일
- **mayor** 명 (시·군 등의) 시장
- **think of** ~을 생각해 내다
  (think-thought-thought)
- **close** 형 가까운, 친밀한
- **suggest v-ing** ~하는 것을 제안하다
- **instead** 부 대신에
- **tradition** 명 전통
- **begin** 동 시작하다
  (begin-began-begun)
- **put** 동 넣다 (put-put-put)
- **powder** 명 가루, 분말
- **touch** 동 닿다, 접촉하다
- **bright** 형 선명한, 밝은
- **keep** 동 (계속) 가지고 있다
- **memory** 명 기억, 추억
- **last** 동 계속하다, 지속하다

내용 요약

4 글의 내용과 일치하도록 빈칸에 알맞은 말을 본문에서 찾아 쓰세요.

> For St. Patrick's Day, the Chicago River turns ⓐ _____ every year. This fun ⓑ _____ began in the 1960s.

1일 1문장

5 다음 굵게 표시된 부분에 주의하여 문장의 해석을 완성하세요.

He **has played** soccer / for ten years.

➡ _____ / 10년 동안.

정답과 해설 **p.67**

정답과 해설 **p.67**

영영 뜻 파악

A 다음 단어에 해당하는 알맞은 의미를 찾아 연결하세요.

1

instrument
•

•
ⓐ to put your hand or finger on someone or something

2

trace
•

•
ⓑ an object used for producing music

3

touch
•

•
ⓒ to find the cause of something

어구 완성

B 다음 우리말 뜻에 맞게 주어진 철자를 바르게 배열한 다음, 빈칸을 완성하세요.

1 밝은 ｜ b r t i h g ｜ → a ＿＿＿＿＿＿＿ red car

2 기억, 추억 ｜ r o m e y m ｜ → a childhood ＿＿＿＿＿＿＿

3 사라지다 ｜ a p r i s e p a d ｜ → ＿＿＿＿＿＿＿ from sight

문장 완성

C 다음 우리말과 일치하도록 빈칸에 알맞은 표현을 써보세요.

1 여기 물은 산속에 있는 샘에서 나온다.

→ The water here ＿＿＿＿＿＿＿(e)s ＿＿＿＿＿＿＿ a mountain spring.

2 나의 아빠는 다락방을 자신의 서재로 바꾸셨다.

→ My dad ＿＿＿＿＿＿＿(e)d the attic ＿＿＿＿＿＿＿ his study room.

3 그 가게는 옷, 신발, 액세서리 기타 등등을 판다.

→ The store sells clothes, shoes, accessories, ＿＿＿＿＿＿＿ ＿＿＿＿＿＿＿

＿＿＿＿＿＿＿ .

A ⓑ object 몡 물건, 물체 produce 동 만들어 내다 ⓒ cause 몡 원인 **B 2** childhood 몡 어린 시절 **3** sight 몡 시야 **C 1** spring 몡 샘
2 attic 몡 다락(방) study room 몡 서재 **3** accessory 몡 액세서리

정답과 해설 p.67

동사 찾기

A 다음 굵게 표시된 주어에 알맞은 동사를 찾아 동그라미 해보세요.

1 **Oliver and I** have waited for the bus for thirty minutes.

2 **Ms. White** has taught English in Korea for over 20 years.

3 **My parents** always wonder how I can type so fast on the phone.

배열 영작

B 다음 우리말과 의미가 같도록 주어진 어구들을 올바르게 배열하세요.

1 그 남자는 세 달 동안 다이어트를 해왔다.

| on a diet | been | for three months | has |

→ The man _____ .

2 그녀는 채식주의자이다. 그것이 그녀가 고기를 먹지 않는 이유이다.

| why | doesn't eat | she | meat | that's |

→ She's a vegetarian. _____ .

3 나는 Aaron이 어떻게 그렇게 기타를 잘 치는지 궁금했다.

| how | plays | Aaron | the guitar |

→ I wondered _____ so well.

문장 해석

C 다음 굵게 표시된 부분에 주의하여 문장을 해석해보세요.

1 My dad worked late last night. **That's why** he looks tired.

→ 나의 아빠는 어젯밤에 늦게까지 일하셨다. _____ .

2 My best friend and I **have lived** here / for our entire lives.

→ 내 가장 친한 친구와 나는 _____ / 평생 동안.

3 I wondered // **how** she made those delicious cupcakes.

→ 나는 궁금했다 // _____ .

A **2** teach 동 가르치다 (teach-taught-taught) **3** type 동 입력하다. 타자를 치다 **B** **1** be on a diet 다이어트를 하고 있다 **2** vegetarian 명 채식주의자
C **2** entire 형 전체의

Interesting World

Places

시카고 강의 특별한 여행: 거꾸로 흐르는 강이라고요?

시카고 강은 시카고 도시를 관통하는 큰 강이에요. 성 패트릭의 날(St. Patrick's Day)이면 초록색으로 물들여져 장관을 이루는 것으로 유명해요. 하지만 이 강은 사실 거꾸로 흐르고 있어요! 원래 시카고 강은 시카고 중심부를 지나 미시간 호수로 흐르는 강이었어요. 오늘날에는 미시간 호수에서 물이 흘러 시카고 중심부를 지나 미시시피 강으로 흐르고 있지요.

어떻게 된 일일까요? 시카고 사람들은 미시간 호수의 물을 식수로 마셨는데, 사람들이 생활 오수나 하수, 쓰레기들을 시카고 강에 마구 버리면서 강과 호수가 오염되고 심지어 콜레라 같은 바이러스의 온상이 되었어요. 이에 시카고 사람들은 강을 역류시켜 오염된 물을 미시시피 강으로 대신 흘려보내기로 결정했어요. 시카고 강물이 미시간 호수로 빠져나가지 않게 하기 위해서 시카고 강 하구에 운하를 건설해 운하의 바닥이 호수 수면보다 낮아지게 했어요. 그 결과 물의 흐름은 거꾸로 바뀌었지요!

운하 건설은 장장 8년에 걸쳐 1900년 1월 2일에 공사가 완료되었어요. 이 공사는 장기간의 계획과 엄청난 공학 기술이 필요해서, 시카고 강의 수로 시스템은 '새 천 년의 토목건축물'이라는 명성을 얻기도 했어요.

Unit 12

34

Culture

In Ethiopia, people have a special way of counting days and time. The Ethiopian calendar has 13 months in a year instead of 12! The first 12 months each have 30 days. The 13th month is a little special. It only has five or six days. 🖉 So unlike us, they don't have to remember **how many days** each month has.

They have their own way of counting time as well. They divide the day into two parts, each with 12 hours. They start counting time from 6:00 a.m., not 12:00 a.m. This means that noon and midnight are both 6 o'clock in Ethiopian time. So, if a friend in Ethiopia wants to meet you at 10 o'clock, they might actually mean 4 o'clock in the afternoon!

1일 1문장 🖉

So unlike us, / they don't have to remember // **how many *days*** each month has.
　　　　　주어　　　동사　　　　　　　　　　　목적어
　　　　　　　　　　　　　　　　　　　　　(← **How many days does each month** have?)

해석 TIP 「how many+명사+주어+동사 ~」는 '**몇[얼마나 많은] …이 ~하는지(를)**'라고 해석해요. remember, wonder, know와 같은 동사의 목적어 자리에 자주 쓰여요.

✅ **해석** 그래서 우리와 달리, 그들은 달마다 며칠이 있는지 기억할 필요가 없다.

#접속사 #간접의문문 #how many

Knowledge ⊕

7년 느린 나라, 에티오피아

전 세계 대부분의 나라에서는 그레고리력을 사용하여 1년이 365일이고, 4년마다 한 번 윤년으로 366일이 된다. 윤년은 2월에 적용하여 4년에 한 번씩 29일이 있는 날이 생긴다. 그러나 에티오피아에서는 독특한 에티오피아력을 사용하여 매년 2월도 30일까지 있다. 또한 에티오피아력은 그레고리력보다 7년 늦으며, 새해는 1월 1일이 아닌 9월 11일 혹은 9월 12일에 시작한다.

1 〔중심 생각〕 글의 주제로 가장 알맞은 것은?

① 에티오피아 시계의 역사

② 1년이 12개의 달로 나뉜 이유

③ 에티오피아에서의 날짜와 시간 계산법

④ 에티오피아의 달력이 우리나라와 다른 점

⑤ 에티오피아 사람들에게 특별한 의미를 지닌 숫자

2 〔내용 추론〕 에티오피아 시간으로 오전 5시는 우리나라에서 몇 시를 나타낼까요?
(단, 시차는 고려하지 않음)

①  ②  ③

3 〔내용 요약〕 글의 내용과 일치하도록 빈칸에 알맞은 말을 본문에서 찾아 쓰세요.

Ethiopian ⓐ _____	• Has 13 months in a year • The 1st to 12th months: 30 days each • The 13th month: 5 or 6 days
Ethiopian Time	• Divides a day into two parts • Each part: 12 hours • Starts ⓑ _____ from 6:00 a.m.

W⊙rds

• Ethiopia 몡 에티오피아 ((이집트 남쪽의 공화국))
  cf. Ethiopian 헝 에티오피아의
• way 몡 방법, 방식
• count 통 수를 세다, 계산하다
• calendar 몡 달력
• instead of 젼 ~대신에
• each 덴 각각 헝 각각의
• unlike 젼 ~와는 달리
• remember 통 기억하다
  (↔ forget 잊다, 잊어버리다)
• own 헝 자신만의, 고유의
• as well 또한, 역시
• divide A into B A를 B로 나누다
• mean 통 ~을 의미하다, 뜻하다
• noon 몡 정오, 낮 12시
• midnight 몡 자정, 밤 12시
• might 조 ~일지도 모른다

[문제]
4 many times 여러 번

4 〔1일 1문장〕 다음 굵게 표시된 부분에 주의하여 문장의 해석을 완성하세요.

He forgot // **how many times** he watched the movie.

→ 그는 잊어버렸다 // _____.

35
Society

단어 수 ▭▭▭▭ 135
110 120 130

In the U.K., there are many red phone boxes. Now, people don't use them for calls. Instead, they found new ways to use these old phone boxes. Here are some of their new uses:

Mini Medical Centers

Some phone boxes now have special machines called *defibrillators. These machines can help save people when they have a heart attack. ✏ Since phone boxes are easy **to find** and have electricity, they're perfect for these machines.

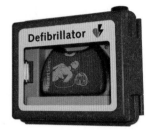

Mini Libraries

Lots of phone boxes turned into small libraries. This is great for people living far from big libraries. There's one special phone box named the Martin Gallery. In this phone box, people can borrow books and enjoy the artwork. There's also a sign requesting a donation for each book. The money collected goes to an organization called Cancer Research UK.

*defibrillator 제세동기 ((심장 박동을 정상화시키기 위해 전기 충격을 가하는 의료 장비))

1일 1문장 ✏

Since <u>phone boxes</u> <u>are</u> easy [<u>to find</u>] / and <u>have</u> <u>electricity</u>, // they're perfect for these machines.
　　　주어　　　동사1　보어 1　　　　　　　　동사2　　목적어2

해석 TIP 「to+동사원형」이 뒤에서 형용사를 꾸며 주는 부사 역할을 할 때, '~하기에 …인[…한]'이라고 해석해요.

✔해석 공중전화 박스는 찾기 쉽고 전기가 있기 때문에, 이 기계들을 두기에 완벽하다.

#to부정사 #부사 역할 #형용사 수식

1 글의 목적으로 가장 알맞은 것은?

① 영국의 독특한 기부 방식을 알리기 위해

② 제세동기가 어떻게 작동하는지 설명하기 위해

③ 영국의 다양한 공중전화 박스 디자인을 소개하기 위해

④ 영국 공중전화 박스의 새로운 쓰임에 관해 설명하기 위해

⑤ 영국과 우리나라의 공중전화 박스의 차이점을 설명하기 위해

세부 내용

2 글에서 영국의 공중전화 박스가 Mini Medical Center로 적합한 이유 **두 가지**를 찾아 그대로 쓰세요.

(1) _____ (3 단어)

(2) _____ (2 단어)

내용 요약

3 글의 내용과 일치하도록 빈칸에 알맞은 말을 〈보기〉에서 찾아 쓰세요.

| 보기 |
| far   ways   donation   machines |

Uses of Red Phone Boxes in the U.K.

Mini Medical Centers	• have special ⓐ _____ called defibrillators • can help when people have a heart attack
Mini Libraries	• small libraries for borrowing books • great for people living ⓑ _____ from big libraries • have a sign requesting a ⓒ _____ for books

1일 1문장

4 다음 굵게 표시된 부분에 주의하여 문장의 해석을 완성하세요.

The park is beautiful **to visit** / in the spring.

→ 그 공원은 _____ / 봄에.

W⊙rds

- **use** 동 사용하다, 이용하다
  명 사용, 이용
- **call** 명 전화 동 전화하다; ~라고 부르다
- **find** 동 찾다, 발견하다 (find-found-found)
- **mini** 형 작은, 소형의
- **medical** 형 의료의, 의학의
- **machine** 명 기계
- **save** 동 구하다
- **heart attack** 명 심장마비
- **since** 접 ~이기 때문에 (= because)
- **electricity** 명 전기, 전력
- **perfect** 형 완벽한, 꼭 맞는
- **turn into** ~로 바뀌다, 변하다
- **far** 부 멀리, 멀리 떨어져
- **artwork** 명 예술품, 미술품
- **sign** 명 표지판, 간판
- **request** 동 요청하다
- **donation** 명 기부, 기증
- **collect** 동 모으다
- **organization** 명 단체, 기구
- **cancer** 명 암
- **research** 명 연구, 조사

During *the Middle Ages, a purple-blue color called folium was popular. (①) This color **was used to paint** images on the pages of books. (②) It eventually disappeared. (③)

Later on, scientists tried to find the source of this lost color. (④) They thought this could help **restore old paintings. (⑤) So they looked into old books from the 1400s for hints. Luckily, in one book, they found the plant used to make the color. Then, they discovered that plant in a village in Portugal.

In their labs, the scientists did many experiments with old recipes from the books. Finally, they succeeded in recreating the color! Now, we can enjoy this color just like people did hundreds of years ago.

*the Middle Ages 중세 ((유럽 역사에서 약 1100–1500년의 시기))
**restore 복원[복구]하다

1일 1문장

This color **was used** / **to paint** images on the pages of books.
　주어　　　　동사　　　　　　　　　수식어

해석 TIP 「be used to+동사원형」은 '**~하는 데 사용되다**'라고 해석해요. 이때 to부정사는 '목적'을 나타내는 부사적 역할로 쓰였어요.

✔**해석** 이 색은 책의 페이지에 있는 그림들을 그리는 데 사용되었다.

　　　　　　　　　　　　　　　#수동태 #be used to-v

1 Where would the following sentence best fit in?

> But as time went by, people stopped using this color.

①   ②   ③   ④   ⑤

2 Write T if the statement is true or F if it is false.

(1) _____ The color folium was used to paint walls.

(2) _____ Scientists found hints about the color folium in books from the 1400s.

(3) _____ The plant used to make folium was found in Portugal.

3 Fill in the blanks with the words from the box.

source	disappeared	discovered	popular

During the Middle Ages, a special purple-blue color called folium was **a** _____ . But it **b** _____ over time. Later, scientists looked in old books and found the **c** _____ of this color.

4 Fill in the blank with the Korean translation.

The app **was used** / **to search for** good restaurants.

→ 그 앱은 _____ / _____ .

Words

- popular 형 인기 있는
- paint 통 (물감으로) 그리다; 페인트칠하다
- *cf.* painting 명 그림
- eventually 부 결국 (= finally)
- disappear 통 사라지다 (↔ appear 나타나다)
- try to-v ~하려고 노력하다
- source 명 출처, 원천
- lost 형 잃어버린, 없어진
- look into ~에 대해 조사하다, 자세히 알아보다
- hint 명 힌트, 암시
- luckily 부 다행히도
- discover 통 발견하다
- village 명 마을
- Portugal 명 포르투갈
- lab 명 실험실 (= laboratory)
- experiment 명 실험
- recipe 명 조리법, 제조법
- succeed in v-ing ~하는 데 성공하다
- recreate 통 되살리다, 재현하다

[문제]
1 as time goes by 시간이 지나면서 (= over time)
4 search for ~을 찾다

단어 Review

정답과 해설 p.73

영영 뜻 파악

A 다음 단어에 해당하는 알맞은 의미를 찾아 연결하세요.

1

lab

•

•

ⓐ money or goods that are given to help a person or organization

2

DONATION

donation

•

•

ⓑ a room or building with special equipment for doing scientific tests

3

count

•

•

ⓒ to find the total number of people, things, etc.

어구 완성

B 다음 굵게 표시된 우리말 뜻에 맞는 영단어의 철자를 넣어 어구를 완성하세요.

1 오래된 레코드판을 **모으다** → ☐ o ☐ ☐ e ☐ ☐ old records

2 십 대들 사이에서 **인기 있는** 노래 → a ☐ o ☐ u ☐ a ☐ song among teenagers

3 **전기**로 작동되는 자동차 → cars powered by e ☐ e ☐ ☐ ☐ ☐ i ☐ i ☐ ☐

문장 완성

C 다음 빈칸에 알맞은 단어를 〈보기〉에서 찾아 쓰세요.

┌─ 보기 ├─
| way   request   source   save |

1 The new medicine will _____ many people.

2 To _____ more information, please visit our website.

3 They looked for the _____ of the water leak.

A ⓐ goods 몡 상품, 제품   ⓑ equipment 몡 장비, 용품 scientific 혱 과학의   ⓒ total 혱 전체의 etc. 붠 …등   **B 1** record 몡 음반, 레코드
2 among 젠 ~사이에   **3** power 동 작동시키다   **C 1** medicine 몡 약   **2** information 몡 정보   **3** leak 몡 새는 곳[틈]

1일 1문장

Review

정답과 해설 p.73

동사 찾기

A 다음 굵게 표시된 주어에 알맞은 동사를 찾아 동그라미 해보세요.

1 **The problems** on the math test were difficult to solve.

2 **The cameras** on the road are used to sense the speed of the car.

3 Mom asked how many friends **I**'m inviting to my birthday party.

배열 영작

B 다음 우리말과 의미가 같도록 주어진 어구들을 올바르게 배열하세요.

1 오늘 날씨는 도보 여행을 가기에 완벽했다.

| perfect | was | to hike |

→ Today's weather _____ .

2 이 오래된 배들은 사람들을 섬으로 데려다주는 데 사용되었다.

| used | were | to bring | people |

→ These old boats _____ to the island.

3 Nate는 우리가 오늘 밤 영화에 몇 장의 표가 필요한지 물어보았다.

| we | tickets | how | need | many |

→ Nate asked _____ for tonight's movie.

문장 해석

C 다음 굵게 표시된 부분에 주의하여 문장을 해석해보세요.

1 For children, / this storybook is fun **to read**.

→ 아이들에게, / 이 이야기책은 _____ .

2 This big cake **will be used** / **to celebrate** their wedding.

→ 이 큰 케이크는 _____ / _____ .

3 Grandma asked // **how many eggs** we have / in the refrigerator.

→ 할머니가 물어보셨다 // _____ / 냉장고에.

A 1 problem 명 문제 solve 동 풀다, 해결하다 **2** sense 동 감지하다, 느끼다 **B 1** hike 동 하이킹하다, 도보 여행을 하다 **2** bring 동 데려가다, 데려오다
island 명 섬 **C 1** storybook 명 동화책, 이야기 책 **2** celebrate 동 축하하다, 기념하다 **3** refrigerator 명 냉장고

TRUTHS & WONDERS

Society

'셜록 홈스'는 이제 자유로워요!

"저작권 보호 기간이 끝나, 공유 재산이 되었어요."

'명탐정'이라는 단어를 보면 자연스레 생각나는 한 캐릭터가 있어요. 바로 작가 아서 코난 도일의 베스트셀러 시리즈의 주인공, '셜록 홈스'예요! '셜록 홈스'는 1927년에 발표된 이후 2022년까지 총 95년 동안 저작권법의 보호를 받았어요. 하지만 이제, 보호 기간이 끝나 23년 1월 1일부터 누구나 자유롭게 셜록 홈스의 이야기를 사용할 수 있게 되었답니다. 이렇게 저작권의 보호에서 벗어나 국가나 공공 단체가 소유하게 된 재산을 우리는 '공유재산'이라고 불러요. 셜록 홈스에 이어 미키마우스 또한 24년 1월 1일부터 공유재산이 되었어요! 이 캐릭터들로 만들어진 새로운 창작물을 우리는 곧 볼 수 있을지도 몰라요.

Art

세계에서 단 하나뿐인 풍차

"세상에서 단 하나뿐인 특별한 곳이에요."

1850년대에 물감이 산업화되기 전, 물감은 풍차로 돌을 갈아 만들어졌어요. 물감이 대량 생산되기 시작하며 풍차의 수요는 낮아졌고, 자연스레 하나둘씩 사라지기 시작했죠. 이제 물감 풍차는 전 세계 중 네덜란드에 딱 하나 남아 있다고 해요! 이곳은 네덜란드의 유명한 화가 요하네스 페르메이르(Johannes Vermeer)가 좋아하던 파란색 물감을 얻을 수 있는 유일한 곳이기도 해요. 청금석이라는 광물을 갈아서 만들어야 하거든요! 미술 전문가들은 이 풍차를 '물감을 만드는 정통 방법과의 마지막 연결고리'라고 말해요. 꼭 사라지지 않고, 물감 만들기의 전통적인 방법을 그대로 이어 나가길 바라요.

Reading Graphy Online Resources

Level 1

01. Culture

과테말라에만 있어요!

02. Fun Facts

거대 호박의 놀라운 변신

03. Story

이 음식 덕분에 살아남았어요

04. Animals

푸르면 푸를수록 매력이 쑥쑥

05. People

여러분도 모험을 떠나보세요!

06. Nature

나비는 왜 그런 행동을 할까?

07. Food

카카오 빈이 없는 초콜릿

08. Nature

밀렵꾼에서 보호자로…

09. Fun Facts

엉덩이에 왜 눈이 필요할까요?

10. Environment

이메일을 지우면…

11. Body & Health

레몬을 조심하세요!

12. Plants

알프스의 불청객이 된 식물

13. Story

추울 땐 누구나 가져가세요

14. History

왜 모두 무표정일까요?

15. Science

오래된 책에서 나는 향기

16. Nature

크리스마스섬에서는 조심하세요!

17. Art

대체 무엇으로 그린 그림일까요?

18. Universe

썩은 달걀에서 라즈베리까지

19. Science

눈에 보이진 않지만 색깔이 있어요

21. Fashion

고대 이집트의 화장법

22.Animals

앞다리가 구부러진 아기 기린

23. Origins

레고 블록에 숨겨진 이야기

24. Story

변화가 나쁜 것만은 아니에요

25. Food

냄새는 지독해도 맛있어요!

26. Psychology

번역 불가능한 마법의 한 단어

27. Animals

나선형으로 돌며 잠을 잔다고요?

28. Places

실패해도 괜찮아요!

29. Jobs

사탕 테스터라는 꿈의 직업

30. Technology

오토바이 운전자의 새로운 친구

32. Music

세상에서 가장 차가운 음악

33. Culture

시카고 강의 특별한 전통

34. Culture

이 나라에는 13월이 있어요!

35. Society

오래되어도 쓸모가 있어요

36. Art

중세 시대에만 있던 특별한 색

1 구문   판매 1위 '천일문' 콘텐츠를 활용하여 정확하고 다양한 구문 학습

끊어읽기   해석하기   문장 구조 분석   해설·해석 제공   단어 스크램블링   영작하기

2 문법·서술형   쎄듀의 모든 문법 문항을 활용하여 내신까지 해결하는 정교한 문법 유형 제공

객관식과 주관식의 결합   문법 포인트별 학습   보기를 활용한 집합 문항   내신대비 서술형   어법+서술형 문제

3 어휘   초·중·고·공무원까지 방대한 어휘량을 제공하며 오프라인 TEST 인쇄도 가능

영단어 카드 학습   단어 ↔ 뜻 유형   예문 활용 유형   단어 매칭 게임

4 선생님 보유 문항 이용

Online Test   OMR Test

☕ cafe.naver.com/cedulearnteacher

쎄듀런 학습 정보가 궁금하다면?

쎄듀런 Cafe

· 쎄듀런 사용법 안내 & 학습법 공유
· 공지 및 문의사항 QA
· 할인 쿠폰 증정 등 이벤트 진행

EGU
THE EASIEST GRAMMAR & USAGE

EGU 시리즈 소개

EGU
서술형 기초 세우기

영단어&품사

서술형·문법의 기초가 되는
영단어와 품사 결합 학습

문장 형식

기본 동사 32개를 활용한
문장 형식별 학습

동사 써먹기

기본 동사 24개를 활용한
확장식 문장 쓰기 연습

EGU
서술형·문법 다지기

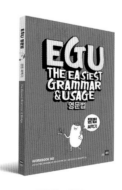

문법 써먹기

개정 교육 과정
중1 서술형·문법 완성

구문 써먹기

개정 교육 과정
중2, 중3 서술형·문법 완성

Reading Graphy

리딩그라피

쎄듀

Lexile® 500L-700L

| Level |

1

WORKBOOK

쎄듀

독해를 바라보는 재미있는 시각

리딩그라피

Reading
Graphy

| Level |

1

WORKBOOK

O1 과테말라에만 있어요!

직독직해가 쉬워지는 **구문**

☑ Reading의 필수 구문 3개를 확인한 후, 각 문장의 해석을 완성하세요.

1일 1문장 구문 **'목적'**을 나타내는 「**to + 동사원형**」: ~하기 위해

TIP 이때 to부정사는 동사가 나타내는 동작의 '목적'을 나타내요.

We went to the library **to borrow** some books.

우리는 책을 좀ＬＬＬＬＬＬＬＬＬＬＬＬＬＬＬＬＬＬＬＬＬＬＬ 도서관에 갔다.

구문 Plus 1 「**There be동사 + 명사**」: ~가[이] 있다

TIP 이때 There는 '거기에'라고 해석하지 않으므로 주의하세요.

There are many books on the shelf.

선반에ＬＬＬＬＬＬＬＬＬＬＬＬＬＬＬＬＬＬＬＬＬＬＬ.

구문 Plus 2 주어 역할을 하는 「**동사원형 + -ing**」: ~하는 것은, ~하기는

TIP 동명사 주어는 단수로 취급하기 때문에 그 뒤에도 단수동사가 쓰여요.

Writing a diary helps to improve your writing skills.

ＬＬＬＬＬＬＬＬＬＬＬＬＬＬＬＬＬＬＬＬＬ 글쓰기 실력을 향상하는 데 도움이 된다.

직독직해 Practice

☑ 각 문장의 주어에는 밑줄을, 동사에는 동그라미 해보세요.

☑ 그다음 끊어 읽기한 부분에 주의하여 빈칸에 해석을 써보세요.

1 So many people use them / to go to work, school, and other places.

➔ ＬＬＬＬＬＬＬＬＬＬＬＬＬＬＬＬＬ / ＬＬＬＬＬＬＬＬＬＬＬＬＬＬＬＬＬＬＬ.

2 In Guatemala, / there are special colorful buses / called "chicken buses."

➔ ＬＬＬＬＬＬＬＬ, / ＬＬＬＬＬＬＬＬＬＬＬＬ / ＬＬＬＬＬＬＬＬＬＬＬＬ.

3 Riding a chicken bus / is also very cheap.

➔ ＬＬＬＬＬＬＬＬＬＬＬＬＬＬＬＬＬ / ＬＬＬＬＬＬＬＬＬＬＬＬＬＬＬＬＬＬＬ.

 내신 맛보기

어휘 Practice

1 다음 단어의 우리말 뜻이 <u>잘못된</u> 것은?

① without: ~ 없이   ② imagine: 상상하다

③ still: 여전히, 아직   ④ price: 가격, 값

⑤ once: 나중에, 언젠가

2 다음 빈칸에 들어갈 단어로 가장 알맞은 것은?

> Please _____ these boxes to the truck.

① paint   ② need   ③ carry   ④ catch   ⑤ run

3 다음 밑줄 친 단어와 반대 의미의 단어는?

> The flowers in the garden are <u>bright</u> and colorful.

① other   ② unique   ③ special   ④ cheap   ⑤ dark

서술형 Practice

[4-5] 배열 영작 다음 우리말과 의미가 같도록 주어진 단어를 올바르게 배열하세요.

4 많은 차가 있었다 / 도로 위에 / 오늘 저녁에.
↳ 오늘 저녁에 도로 위에 차가 많았다.

(cars / there / a lot of / were)

→ _____ on the road this evening.

5 그는 일찍 일어난다 / 조깅하러 가기 위해 / 매일 아침.
↳ 그는 매일 아침 조깅하러 가기 위해 일찍 일어난다.

(early / go jogging / he / to / gets up)

→ _____ every morning.

6 조건 영작 다음 우리말과 의미가 같도록 주어진 단어를 사용하여 문장을 완성하세요.

> 과일을 먹는 것은 여러분의 건강에 좋습니다. (fruits, eat)

→ _____ _____ is good for your health.

○2 거대 호박의 놀라운 변신

직독직해가 쉬워지는 **구문**

☑ Reading의 필수 구문 3개를 확인한 후, 각 문장의 해석을 완성하세요.

1일 1문장 구문 「**like v-ing**」: ~하는 것을 좋아하다

TIP 동사 like는 목적어로 v-ing와 to-v를 모두 쓸 수 있어요.

My mom **likes drinking** coffee in the morning.
나의 엄마는 아침에 커피를 _____.

구문 Plus 1 「**A(동사구) and B(동사구)**」: A하고 B하다

TIP 접속사 and는 문법적인 성격이 같은 단어, 어구, 문장 등을 연결해요.

I **cleaned** my room **and read** a book.
나는 _____ 책을 읽었다.

구문 Plus 2 명사처럼 쓰이는 「**to + 동사원형**」: ~하는 것, ~하기

TIP to부정사는 문장에서 명사처럼 쓰여 주어, 목적어, 보어 역할을 할 수 있어요.

His plan is **to travel** around the country.
그의 계획은 전국을 _____.

직독직해 Practice

☑ 각 문장의 주어에는 밑줄을, 동사에는 동그라미 해보세요.

☑ 그다음 끊어 읽기한 부분에 주의하여 빈칸에 해석을 써보세요.

1 He likes / growing huge pumpkins.

→ _____ / _____.

2 And you won't believe this // — he made a boat / out of a really big pumpkin / and went out / on a river! Hint 주어 2개, 동사 3개

→ _____ // — _____ /

_____ / _____ / _____!

3 So, / he thought of a fun idea: / to make his pumpkin into a boat / and ride it / down the Missouri River.

→ _____, / _____ : / _____ /

_____ / _____.

 내신 맛보기

어휘 Practice

1 다음 빈칸에 들어갈 단어로 가장 알맞은 것은?

The bananas _____ more than the apples.

① ride   ② make   ③ weigh   ④ get   ⑤ cut

2 다음 우리말과 의미가 같도록 빈칸에 알맞은 단어를 〈보기〉에서 찾아 쓰세요.

| 보기 |
| of   travel   spend   out of   into |

(1) 그림을 그리는 데 시간을 보내다: _____ time painting

(2) 더 좋은 계획을 생각해 내다: think _____ a better plan

(3) 딸기로 잼을 만들다: make jam _____ strawberries

3 다음 영영 풀이가 설명하는 단어로 가장 알맞은 것은?

very great in size, amount, or degree

① almost   ② wave   ③ super   ④ huge   ⑤ far

서술형 Practice

[4-5] 배열 영작 다음 우리말과 의미가 같도록 주어진 단어를 올바르게 배열하세요.

4 그는 끝마쳤다 / 그의 숙제를 / 그리고 했다 / 컴퓨터 게임을.
↳ 그는 숙제를 끝마치고 컴퓨터 게임을 했다.

(homework / played / his / computer games / finished / and)

→ He _____.

5 그녀의 꿈은 ~이다 / 되는 것 / 음악가가.
↳ 그녀의 꿈은 음악가가 되는 것이다.

(a musician / to / is / dream / become / her)

→ _____.

6 조건 영작 다음 우리말과 의미가 같도록 주어진 단어를 사용하여 문장을 완성하세요.

나의 고양이는 내 무릎 위에 앉아있는 것을 좋아한다. (sit, like)

→ My cat _____ on my lap.

○3 이 음식 덕분에 살아남았어요

직독직해가 쉬워지는 **구문**

☑ Reading의 필수 구문 3개를 확인한 후, 각 문장의 해석을 완성하세요.

1일 1문장 구문 「was/were＋동사의 -ing형」: ~하는 중이었다

I **was reading** a book when you called.
네가 전화했을 때 _____.

구문 Plus 1 「by+v-ing」: ~함으로써, ~해서
TIP 이때 전치사 by는 '수단, 방법'을 나타내요.

He learned Spanish **by watching** movies in Spanish.
그는 스페인어로 된 _____ 스페인어를 배웠다.

구문 Plus 2 「feel＋형용사」: ~한 느낌[기분]이 들다
TIP 우리말 해석 '~하게'를 보고 형용사 대신 부사를 쓰지 않도록 주의하세요.

We **felt relaxed** after finishing all our work.
우리는 모든 일을 마친 후에 _____.

직독직해 Practice

☑ 각 문장의 주어에는 밑줄을, 동사에는 동그라미 해보세요.

☑ 그다음 끊어 읽기한 부분에 주의하여 빈칸에 해석을 써보세요.

1 One day, / Elvis Francois was fixing his boat.

→ _____, / _____.

2 After 24 days, / he finally saw a plane / and sent a signal / by using a mirror. **Hint** 주어 1개, 동사 2개

→ _____, / _____ / _____ /

_____.

3 They felt touched / and wanted to give him / a new boat. **Hint** 주어 1개, 동사 2개

→ _____ / _____ /

_____.

어휘 Practice

1 다음 빈칸에 들어갈 단어로 가장 알맞은 것은?

> _____ the butter and egg together. Then add sugar.

① Hear   ② Send   ③ Notice   ④ Mix   ⑤ Drink

2 다음 영영 풀이가 설명하는 단어로 가장 알맞은 것은?

> It's a piece of glass. You can look and see yourself in it.

① ocean   ② rainwater   ③ wave   ④ navy   ⑤ mirror

3 다음 우리말과 의미가 같도록 빈칸에 주어진 철자로 시작하는 단어를 쓰세요.

> 당신이 위험한 상황이라면, 언제나 도움을 요청하세요.

→ If you're in danger, always c_____ f_____ h_____.

서술형 Practice

[4-5] (배열 영작) 다음 우리말과 의미가 같도록 주어진 단어를 올바르게 배열하세요.

4 그는 긴장감을 느꼈다 / 인터뷰 전에.
   ↳ 그는 인터뷰 전에 긴장감을 느꼈다.

(the interview / nervous / he / before / felt)

→ _____ .

5 그녀는 돈을 절약했다 / 집에서 요리함으로써 / 외식하는 대신에.
   ↳ 그녀는 외식하는 대신 집에서 요리함으로써 돈을 절약했다.

(cooking / she / money / by / saved / at home)

→ _____ instead of eating out.

6 (조건 영작) 다음 우리말과 의미가 같도록 주어진 단어를 사용하여 문장을 완성하세요.

> 내가 Jenny를 봤을 때 그녀는 전화 통화를 하고 있었다. (talk)

→ Jenny _____ _____ on the phone when I saw her.

○4 푸르면 푸를수록 매력이 쑥쑥

직독직해가 쉬워지는 구문

✓ Reading의 필수 구문 3개를 확인한 후, 각 문장의 해석을 완성하세요.

1일 1문장 구문 「turn+A(목적어)+형용사」: A를 (~한 상태로) 변하게 하다[만들다]

TIP 여기서 형용사는 '목적어(A)'의 상태를 보충 설명해요.

The heat **turned** the butter **soft**.

열기가 버터를 _____.

구문 Plus 1 「turn+형용사」: (~한 상태로) 변하다, ~되다[~해지다]

TIP 여기서 형용사는 '주어'의 상태를 보충 설명해요.

In fall, the leaves **turn orange** and **yellow**.

가을에, 잎들은 _____.

구문 Plus 2 「when+주어+동사 ~」: ~하면, ~할 때는

TIP 접속사 when이 무조건 '~할 때'라고 해석되는 것은 아니에요. 문맥상 '~하면'으로 해석해야 더 자연스러운 경우도 있어요.

When the cat is hungry, it meows loudly.

_____, 그것은 크게 울어댄다.

직독직해 Practice

✓ 각 문장의 주어에는 밑줄을, 동사에는 동그라미 해보세요.

✓ 그다음 끊어 읽기한 부분에 주의하여 빈칸에 해석을 써보세요.

1 These turn their feet blue.

→ _____.

2 But as they grow up, // their feet turn blue! **Hint** 주어 2개, 동사 2개

→ _____, // _____!

3 When a male booby has bluer feet, // it's more attractive / to the female. **Hint** 주어 2개, 동사 2개

→ _____, // _____ /

_____.

어휘 Practice

1 다음 짝지어진 단어끼리 같은 관계가 되도록 빈칸에 알맞은 단어를 쓰세요.

importance : important = health : _____

2 다음 우리말과 의미가 같도록 빈칸에 알맞은 단어를 〈보기〉에서 찾아 쓰세요.

| 보기 |

come   lift   show   grow

(1) 새 신발을 자랑하다: _____ off new shoes

(2) 팔을 들어 올리다: _____ arms up

3 다음 빈칸에 들어갈 수 없는 것을 모두 고르세요.

- The bird's _____ is colorful.
- There was no _____ of rain today.
- We saw a beautiful _____ yesterday evening.

① sign   ② attract   ③ sunset   ④ feather   ⑤ then

서술형 Practice

[4-5] 배열 영작 다음 우리말과 의미가 같도록 주어진 단어를 올바르게 배열하세요.

4 더운 날씨는 / (~한 상태로) 만들었다 / 우유를 / 상한.
↳ 더운 날씨는 우유를 상하게 했다.

(the milk / turned / the hot weather / sour)

→ _____.

5 그가 오면 / 집에, / 그는 휴식을 취한다 / 소파에서.
↳ 그는 집에 오면, 소파에서 휴식을 취한다.

(home / when / comes / he)

→ _____, he relaxes on the sofa.

6 조건 영작 다음 우리말과 의미가 같도록 주어진 단어를 사용하여 문장을 완성하세요.

비가 오면 도로가 미끄러워진다. (when, turn, slippery)

→ Roads _____ _____ _____ it rains.

05 여러분도 모험을 떠나 보세요!

직독직해가 쉬워지는 구문

✓ Reading의 필수 구문 3개를 확인한 후, 각 문장의 해석을 완성하세요.

1일 1문장 구문 「**believe that+주어+동사 ~**」: ~하다고 믿다

TIP 접속사 that이 이끄는 절은 동사의 목적어로 쓰이는 경우가 많아요.

She **believes that** cats are great pets.

그녀는 _____.

구문 Plus 1 「**after+주어+동사 ~**」: ~한 후에, ~한 뒤에

TIP 접속사 after가 이끄는 절이 문장 앞에 오면 절 뒤에 콤마(,)를 쓰지만, 문장 뒤에 오면 없어도 돼요.

After the rain stopped, a rainbow appeared.

_____, 무지개가 나타났다.

구문 Plus 2 「**get+형용사**」: ~이 되다, ~해지다

TIP 이때 get 뒤에 오는 형용사는 주어의 '상태 변화'를 나타내요.

The weather **got cold** very quickly.

날씨가 매우 빠르게 _____.

직독직해 Practice

✓ 각 문장의 주어에는 밑줄을, 동사에는 동그라미 해보세요.

✓ 그다음 끊어 읽기한 부분에 주의하여 빈칸에 해석을 써보세요.

1 Can you believe // that he traveled / through 14 countries / on his trip? Hint 주어 2개, 동사 2개

→ _____ // _____ / _____ /

_____ ?

2 After Liam finished high school, // he wanted / to do something exciting. Hint 주어 2개, 동사 2개

→ _____, // _____ / _____

_____.

3 He got very sick / more than once.

→ _____ / _____.

어휘 Practice

1 다음 단어의 우리말 뜻이 <u>잘못된</u> 것은?

① ride: 타다   ② even: 심지어   ③ accident: 사고

④ encourage: 방해하다   ⑤ inspire: 영감을 주다

2 다음 영영 풀이가 설명하는 단어로 가장 알맞은 것은?

> someone who is between 13 and 19 years old

① travel   ② country   ③ teenager   ④ trip   ⑤ adventure

3 다음 우리말과 의미가 같도록 빈칸에 알맞은 단어를 〈보기〉에서 찾아 쓰세요.

보기
give up   exciting   journey   go on   experience

(1) 여행을 떠나다: _____ _____ a _____

(2) 절대 포기하지 않다: never _____ _____

(3) 매우 신나는 경험: a very _____ _____

서술형 Practice

[4-5] 　배열 영작　 다음 우리말과 의미가 같도록 주어진 단어를 올바르게 배열하세요.

4 우리는 믿는다 / 교육이 중요하다고 / 모든 사람에게.

↳ 우리는 모든 사람에게 교육이 중요하다고 믿는다.

(is / we / education / that / important / believe)

→ _____ for everyone.

5 아이들은 매우 신이 나게 된다 / 눈 오는 날에.

↳ 아이들은 눈 오는 날에 매우 신이 난다.

(get / very / children / excited)

→ _____ on snowy days.

6 　조건 영작　 다음 우리말과 의미가 같도록 주어진 단어를 사용하여 문장을 완성하세요.

> 그들은 박물관에 방문한 후에, 점심을 먹으러 갔다. (visit, the museum)

→ _____, they went to have lunch.

06 나비는 왜 그런 행동을 할까?

정답과 해설 **p.77**

직독직해가 쉬워지는 구문

✓ Reading의 필수 구문 3개를 확인한 후, 각 문장의 해석을 완성하세요.

1일 1문장 구문 「**give＋A(간접목적어)＋B(직접목적어)**」: A에게 B를 주다

TIP 동사 give의 목적어 A에는 주로 사람이, B에는 주로 사물이 쓰여요.

He **gave his dog a new toy**.

그는 _____.

구문 Plus 1 「**think＋(that)＋주어＋동사 ~**」: ~하다고 생각하다

TIP 목적어 자리에 쓰인 that절의 접속사 that은 생략되는 경우가 많아요.

Many people **think** pollution is a big problem.

많은 사람들은 오염이 _____.

구문 Plus 2 「**am/are/is＋동사의 -ing형**」: ~하고 있다, ~하는 중이다

TIP 현재진행형은 '지금 이 순간에 진행 중인 일'을 나타내요.

He **is washing** the dishes in the kitchen.

그는 부엌에서 _____.

직독직해 Practice

✓ 각 문장의 주어에는 밑줄을, 동사에는 동그라미 해보세요.

✓ 그다음 끊어 읽기한 부분에 주의하여 빈칸에 해석을 써보세요.

1 Our sweat can also give them / minerals and proteins.

→ _____ / _____.

2 Many people think // butterflies only eat / nectar from flowers. **Hint** 주어 2개, 동사 2개 *nectar 꿀

→ _____ // _____ / _____.

3 They're actually getting salt / from our sweat!

→ _____ / _____!

어휘 Practice

1 다음 단어의 우리말 뜻이 <u>잘못된</u> 것은?

① tear: 눈물 ② land: 내려앉다 ③ sweat: 땀
④ surprise: 놀라운 일 ⑤ tasty: 맛보다

2 다음 빈칸에 알맞은 단어를 〈보기〉에서 찾아 쓰세요.

보기
close different reason skin

(1) My _____ gets so dry in the winter.
(2) He sat _____ to the fire to keep warm.

3 다음 우리말과 의미가 같도록 빈칸에 주어진 철자로 시작하는 단어를 쓰세요.

제 고양이 찾는 것을 도와주시겠어요?

→ Could you help me l_____ f_____ my cat?

서술형 Practice

[4-5] 배열 영작 다음 우리말과 의미가 같도록 주어진 단어를 올바르게 배열하세요.

4 나는 줄 수 있다 / 너에게 / 몇몇 조언을 / 그 주제에 대해.
  ↳ 나는 네게 그 주제에 대해 조언을 좀 줄 수 있어.
  (some / give / advice / can / you / I)
  → _____ on that topic.

5 우리는 생각한다 / 이 레스토랑이 제일 좋다고 / 동네에서.
  ↳ 우리는 이 레스토랑이 동네에서 제일 좋다고 생각한다.
  (the best / think / is / we / this restaurant)
  → _____ in town.

6 조건 영작 다음 우리말과 의미가 같도록 주어진 단어를 사용하여 문장을 완성하세요.

그들은 운동장에서 배드민턴을 치고 있다. (play)

→ They _____ _____ badminton on the playground.

07 카카오빈이 없는 초콜릿

직독직해가 쉬워지는 구문

✓ Reading의 필수 구문 3개를 확인한 후, 각 문장의 해석을 완성하세요.

1일 1문장 구문 「if+주어+동사 ~」: (만약) ~한다면

If they don't understand, I will explain again.

_____, 제가 다시 설명할게요.

구문 Plus 1 「promise to-v」: ~하기로 약속하다

TIP 동사 promise는 목적어로 to부정사를 취할 수 있어요.

He **promised to keep** the secret.

그는 _____.

구문 Plus 2 「look/taste like+명사(구)」: ~처럼 보이다/~와 같은 맛이 나다

TIP look, taste 등과 같이 감각을 나타내는 동사가 전치사 like(~처럼)와 함께 쓰이면 뒤에 명사가 와야 해요.

That cloud **looks like** a rabbit.

저 구름은 _____.

직독직해 Practice

✓ 각 문장의 주어에는 밑줄을, 동사에는 동그라미 해보세요.

✓ 그다음 끊어 읽기한 부분에 주의하여 빈칸에 해석을 써보세요.

1 But if more people buy it, // the dark side of the chocolate industry / might become brighter!

Hint 주어 2개, 동사 2개

➔ _____, // _____ /

_____!

2 Big chocolate companies / promised to solve these problems, // but not much changed.

Hint 주어 2개, 동사 2개

➔ _____ / _____, //

_____.

3 It looks and tastes / like regular chocolate. Hint 주어 1개, 동사 2개

➔ _____ / _____.

1 다음 단어의 우리말 뜻이 <u>잘못된</u> 것은?

① industry: 산업   ② company: 회사

③ instead: 포함하다   ④ plus: 게다가, 덧붙여

⑤ solve: 해결하다, 풀다

2 다음 밑줄 친 단어와 반대 의미의 단어는?

> Fresh seafood is <u>expensive</u> in this city.

① fake   ② dark   ③ sweet   ④ regular   ⑤ cheap

3 다음 빈칸에 공통으로 들어갈 단어로 가장 알맞은 것은?

> • The living room has enough _____ for a big sofa.
> • The telescope helps us see stars in _____.

① side   ② million   ③ taste   ④ space   ⑤ solution

[4-5] 배열 영작 다음 우리말과 의미가 같도록 주어진 단어를 올바르게 배열하세요.

4 만약 우리가 도착한다면 / 일찍, / 우리는 찾을 수도 있다 / 좋은 자리를.
↳ 만약 우리가 일찍 도착한다면, 우리는 좋은 자리를 찾을 수도 있다.

(we / early / arrive / if)

→ _____, we might find a good seat.

5 그 케이크는 ~한 맛이 난다 / 초콜릿과 딸기 같은.
↳ 그 케이크는 초콜릿과 딸기 같은 맛이 난다.

(like / the cake / strawberries / chocolate / tastes / and)

→ _____.

6 조건 영작 다음 우리말과 의미가 같도록 주어진 단어를 사용하여 문장을 완성하세요.

> 내 남동생은 우리 개를 매일 산책시키기로 약속했다. (walk, promise)

→ My brother _____ _____ _____ our dog every day.

○8 밀렵꾼에서 보호자로…

직독직해가 쉬워지는 **구문**

✅ Reading의 필수 구문 3개를 확인한 후, 각 문장의 해석을 완성하세요.

1일 1문장 구문 「**명사+v-ing ~**」: ~하는, ~하고 있는 (명사)

My dad reads a book **providing** tips on gardening.

아빠는 정원 가꾸기에 대한 조언들을 ＿＿＿＿＿＿＿＿＿＿＿＿＿＿＿＿＿ 읽으신다.

구문 Plus 1 보어 역할을 하는 「**to+동사원형**」: ~하는 것

TIP to부정사는 주어를 설명하는 보어로 쓰일 수 있는데, 주로 be동사의 보어로 쓰여요.

Her plan is **to study** law at university.

그녀의 계획은 ＿＿＿＿＿＿＿＿＿＿＿＿＿＿＿＿＿＿＿＿＿＿＿.

구문 Plus 2 동사의 목적어로 쓰이는 「**that+주어+동사 ~**」: ~하다는 것을

TIP 접속사 that이 이끄는 절은 동사 know, learn 등의 목적어로 쓰일 수 있어요. 이때 that은 생략되는 경우가 많아요.

We didn't know **that** the museum is free.

우리는 ＿＿＿＿＿＿＿＿＿＿＿＿＿＿＿＿＿＿＿＿＿＿＿.

직독직해 Practice

✅ 각 문장의 주어에는 밑줄을, 동사에는 동그라미 해보세요.

✅ 그다음 끊어 읽기한 부분에 주의하여 빈칸에 해석을 써보세요.

1 But you can also start a new career / saving sea turtles.

→ ＿＿＿＿＿＿＿＿＿＿＿＿＿＿＿＿＿＿＿＿＿ / ＿＿＿＿＿＿＿＿＿＿＿＿＿.

2 My job was to hunt sea turtle eggs / for money.

→ ＿＿＿＿＿＿＿＿＿＿＿＿＿＿＿＿＿＿＿ / ＿＿＿＿＿＿＿＿＿＿＿.

3 At first, / I didn't know // that poaching was illegal. **Hint** 주어 2개, 동사 2개 ＿＿＿ *poaching 밀렵

→ ＿＿＿＿＿＿＿＿＿, / ＿＿＿＿＿＿＿＿＿ // ＿＿＿＿＿＿＿＿＿＿＿.

1 다음 영영 풀이가 설명하는 단어로 가장 알맞은 것은?

> a job that you do for a long period of your life

① tale   ② career   ③ message   ④ protection   ⑤ organization

2 다음 빈칸에 들어갈 단어로 가장 알맞은 것은?

> Firefighters _____ people from burning buildings.

① learn   ② collect   ③ hunt   ④ save   ⑤ thank

3 다음 우리말과 의미가 같도록 빈칸에 주어진 철자로 시작하는 단어를 쓰세요.

> 그는 여러 나라에서 살아본 경험을 나누었다.

→ He shared his e_____ of living in different countries.

[4-5] 배열 영작 다음 우리말과 의미가 같도록 주어진 단어를 올바르게 배열하세요.

4 그룹 프로젝트로부터, / 우리는 배웠다 / 팀워크가 중요하다는 것을.
> ↳ 우리는 그룹 프로젝트로부터 팀워크가 중요하다는 것을 배웠다.

(that / is / learned / important / we / teamwork)

→ From a group project, _____ .

5 그의 직업은 / 새로운 조리법을 만드는 것이다 / 레스토랑을 위한.
> ↳ 그의 직업은 레스토랑을 위한 새로운 조리법을 만드는 것이다.

(job / to create / his / for the restaurant / new recipes / is)

→ _____ .

6 조건 영작 다음 우리말과 의미가 같도록 주어진 단어를 사용하여 문장을 완성하세요.

> 만화책을 읽고 있는 그 남자아이는 내 남동생이다. (read, the boy)

→ _____ _____ _____ a comic book is my brother.

O9 엉덩이에 왜 눈이 필요할까요?

직독직해가 쉬워지는 구문

✓ Reading의 필수 구문 3개를 확인한 후, 각 문장의 해석을 완성하세요.

1일 1문장 구문 「used to＋동사원형」: ~하곤 했다 (과거의 습관, 반복된 행동)

Chris **used to** play basketball in middle school.

Chris는 중학교에서 _____.

구문 Plus ① 「may not＋동사원형」: ~하지 않을지도 모른다 (추측, 가능성)

TIP 조동사 may는 '허락(~해도 된다)'의 의미 외에 '추측이나 가능성'의 의미로도 쓰일 수 있어요.
부정형은 may 뒤에 not을 붙여요.

She **may not** be at home right now.

그녀는 지금 _____.

구문 Plus ② 「help to-v」: ~하는 것을 돕다, ~하는 데 도움이 되다

TIP 동사 help는 「to＋동사원형」을 목적어로 취할 수 있는데, 미국 영어에서는 to를 생략한 「help＋동사원형」의
형태로도 자주 쓰여요.

Her advice **helped to solve** the problem.

그녀의 조언이 문제를 _____.

직독직해 Practice

✓ 각 문장의 주어에는 밑줄을, 동사에는 동그라미 해보세요.

✓ 그다음 끊어 읽기한 부분에 주의하여 빈칸에 해석을 써보세요.

1 So farmers used to worry / about their cows' safety, / but not anymore!

→ _____ / _____, /

_____!

2 So if they think / the cows can see them, // they may not attack. **Hint** 주어 3개, 동사 3개

→ _____ / _____, //

_____.

3 These fake eyes / help to scare away / their enemies, / like birds.

→ _____ / _____ / _____, /

_____.

어휘 Practice

1 다음 단어의 우리말 뜻이 <u>잘못된</u> 것은?

① be born: 태어나다   ② scare away: 쫓아가다

③ sneak up: 살금살금 다가가다   ④ attack enemies: 적들을 공격하다

⑤ make a difference: 변화를 가져오다

2 다음 빈칸에 들어갈 단어로 가장 알맞은 것은?

> The treasure was hidden _____ the rocks.

① away   ② to   ③ since   ④ about   ⑤ among

3 다음 우리말과 의미가 같도록 빈칸에 주어진 철자로 시작하는 단어를 쓰세요.

> 그 가짜 모피 코트는 매우 진짜처럼 보였다.

→ The f_____ fur coat looked very real.

서술형 Practice

[4-5] 배열 영작 다음 우리말과 의미가 같도록 주어진 단어를 올바르게 배열하세요.

4 그 버스는 / 도착하지 않을지도 모른다 / 제시간에 / 날씨 때문에.

↳ 그 버스는 날씨 때문에 제시간에 도착하지 않을지도 모른다.

(arrive / the bus / not / on time / may)

→ _____ due to the weather.

5 이 책은 도와준다 / 이해하는 것을 / 다른 사람들의 마음을.

↳ 이 책은 다른 사람들의 마음을 이해하는 것을 도와준다.

(the minds of other people / understand / helps / this book / to)

→ _____ .

6 조건 영작 다음 우리말과 의미가 같도록 주어진 단어를 사용하여 문장을 완성하세요.

> 언니와 나는 주말마다 함께 영화를 보곤 했다. (watch)

→ My sister and I _____ _____ _____ movies together every weekend.

10 이메일을 지우면…

☑ Reading의 필수 구문 3개를 확인한 후, 각 문장의 해석을 완성하세요.

1일 1문장 구문 **주어 역할을 하는 「동사원형＋-ing」**: ∼하는 것은, ∼하기는

TIP 동명사 주어는 단수로 취급하기 때문에 그 뒤에도 단수동사가 쓰여요.

Listening to music calms my mind.

_____ 내 마음을 진정시킨다.

구문 Plus 1 **수동태 「am/are/is＋과거분사(p.p.)」**: ∼되다[∼당하다, ∼받다]

TIP turn on과 같이 두 개 이상의 단어가 합쳐져 하나의 동사처럼 쓰이는 구동사의 수동태는
⟨am/are/is p.p.＋나머지 부분⟩의 형태가 돼요. (turn on → **be turned** on)

The dishes **are washed up** after dinner.

저녁 식사 후에는 그릇들이 _____.

구문 Plus 2 **「if＋주어＋동사 ∼」**: (만약) ∼한다면

TIP 접속사 if가 이끄는 부사절은 문장의 앞이나 뒤에도 올 수 있어요.

If you read books, you can learn new things.

_____, 새로운 것들을 배울 수 있다.

☑ 각 문장의 주어에는 밑줄을, 동사에는 동그라미 해보세요.

☑ 그다음 끊어 읽기한 부분에 주의하여 빈칸에 해석을 써보세요.

1 Storing lots of emails means // that these centers use more energy. **Hint** 주어 2개, 동사 2개

→ _____ // _____.

2 These data centers use a lot of power // because they are always turned on. **Hint** 주어 2개, 동사 2개

→ _____ // _____.

3 If you delete your old emails, // you can save energy. **Hint** 주어 2개, 동사 2개

→ _____, // _____.

 내신 맛보기

어휘 Practice

1 다음 단어의 의미에 해당하는 것을 찾아 연결하세요.

(1) various •　　　　　　• ⓐ a part within a larger place

(2) store　•　　　　　　• ⓑ many different

(3) area　•　　　　　　• ⓒ to keep for future use

2 다음 단어의 우리말 뜻이 <u>잘못된</u> 것은?

① reason: 이유　　　　② save: 절약하다, 아끼다　　　　③ activity: 활동

④ mean: 의미하다　　　　⑤ including: ~을 제외하고

3 다음 우리말과 의미가 같도록 빈칸에 알맞은 단어를 〈보기〉에서 찾아 쓰세요.

┌─ 보기 ┐

　　　　　　　as　　　out　　　of　　　find　　　think

(1) 그들은 내일 시험 결과를 알게 될 것이다.

→ They will _____ _____ the results of the test tomorrow.

(2) 나는 방학을 모험을 위한 시간으로 여긴다.

→ I _____ _____ vacations _____ a time for adventure.

서술형 Practice

[4-5] 배열 영작 다음 우리말과 의미가 같도록 주어진 단어를 올바르게 배열하세요.

4 숙제는 / 제출된다 / 수업의 시작에.

↳ 숙제는 수업 시작 시에 제출된다.

(in / handed / the homework / is)

→ _____ at the start of class.

5 만약 당신이 원한다면 / 배달 서비스를, / 당신은 주문할 수 있습니다 / 온라인으로.

↳ 배달 서비스를 원하신다면, 온라인으로 주문하실 수 있습니다.

(you / a delivery service / want / if)

→ _____, you can order online.

6 조건 영작 다음 우리말과 의미가 같도록 주어진 단어를 사용하여 문장을 완성하세요.

┌───┐
│ 알록달록한 나뭇잎들을 모으는 것은 내 취미이다. (colorful, collect, leaves) │
└───┘

→ _____ _____ _____ is my hobby.

11 레몬을 조심하세요!

직독직해가 쉬워지는 구문

✓ Reading의 필수 구문 3개를 확인한 후, 각 문장의 해석을 완성하세요.

1일 1문장 구문 「It(가짜 주어) ~ to+동사원형(진짜 주어) ...」: ⋯하는 것은 ~하다

TIP 가주어 It은 따로 해석하지 않으며, It 다음에는 「be동사+important, difficult, easy 등」의 형태로 쓰여요.

It's important **to be** kind to others.

_____ 중요하다.

구문 Plus 1 「**need to-v**」: ~해야 한다, ~할 필요가 있다

She **needs to return** the library books.

그녀는 도서관 책들을 _____.

구문 Plus 2 「**might+동사원형**」: ~일[할]지도 모른다 (추측)

TIP might는 may보다 좀 더 가능성이 적은 일을 추측할 때 사용해요.

The glacier **might** melt in a few years.

빙하는 몇 년 안에 _____.

직독직해 Practice

✓ 각 문장의 주어에는 밑줄을, 동사에는 동그라미 해보세요.

✓ 그다음 끊어 읽기한 부분에 주의하여 빈칸에 해석을 써보세요.

1 After doing this, / it's very important / to wash our hands well. **Hint** 주어 2개, 동사 1개

→ _____, / _____ / _____.

2 But we need to be careful // when we make lemonade. **Hint** 주어 2개, 동사 2개

→ _____ // _____.

3 If we don't and go out / in the sun, // we might get a sunburn! **Hint** 주어 2개, 동사 3개

→ _____ / _____, // _____

_____!

 내신 맛보기

어휘 Practice

1 다음 밑줄 친 단어와 반대 의미의 단어는?

> Be careful on the <u>wet</u> floor in the kitchen.

① hot   ② mild   ③ cool   ④ dry   ⑤ few

2 다음 우리말과 의미가 같도록 빈칸에 주어진 철자로 시작하는 단어를 쓰세요.

(1) 물은 어떻게 얼음으로 변할 수 있나요?

→ How can water t_____ i_____ ice?

(2) 햇볕에 나갈 때는 선크림을 바르세요.

→ Wear sunscreen when you g_____ o_____ in the sun.

(3) 나는 주말 동안 네 개를 돌봐줄 수 있어.

→ I can t_____ c_____ o_____ your dog during the weekend.

서술형 Practice

[3-4] 배열 영작 다음 우리말과 의미가 같도록 주어진 단어를 올바르게 배열하세요.

3 너는 볼 수 있을지도 모른다 / 별들을 / 더 선명하게 / 네가 간다면 / 도시 밖으로.

↪ 도시를 벗어나면 별들이 더 선명하게 보일지도 모른다.

(might / clearly / stars / see / more / you)

→ _____ if you go outside the city.

4 어렵지 않다 / 배우는 것은 / 기본적인 요리 기술을.

↪ 기본적인 요리 기술을 배우는 것은 어렵지 않다.

(it / not / to learn / basic cooking skills / is / difficult)

→ _____ .

5 조건 영작 다음 우리말과 의미가 같도록 주어진 단어를 사용하여 문장을 완성하세요.

> 너는 자전거를 탈 때 헬멧을 착용해야 한다. (need, wear)

→ You _____ _____ _____ a helmet when you ride a bike.

12 알프스의 불청객이 된 식물

정답과 해설 p.79

직독직해가 쉬워지는 구문

✓ Reading의 필수 구문 3개를 확인한 후, 각 문장의 해석을 완성하세요.

1일 1문장 구문 「allow+A(목적어)+to부정사」: A가 ~하도록 허락하다[~하게 두다]

TIP 이때 'A(목적어)-to부정사'는 의미상 '주어-동사'의 관계가 돼요.

The teacher **allows** us **to eat** snacks during break.

그 선생님은 쉬는 시간 동안 _____.

구문 Plus 1 「am/are/is+동사의 -ing형」: ~하고 있다, ~하는 중이다

TIP 현재진행형은 '지금 이 순간에 진행 중인 일'을 나타내요.

The cat **is sleeping** on the sofa.

고양이는 소파 위에서 _____.

구문 Plus 2 '목적'을 나타내는 「to+동사원형」: ~하기 위해

TIP to부정사는 문장의 동사가 나타내는 동작의 '목적'을 나타낼 수 있어요.

They're saving money **to travel** to Europe.

그들은 _____ 돈을 모으고 있다.

직독직해 Practice

✓ 각 문장의 주어에는 밑줄을, 동사에는 동그라미 해보세요.

✓ 그다음 끊어 읽기한 부분에 주의하여 빈칸에 해석을 써보세요.

1 When the cactuses grow, // they don't allow / anything else to grow / around them.

Hint 주어 2개, 동사 2개

→ _____, // _____ / _____

_____ / _____.

2 As a result, / these cactuses are growing / more and more / even in Switzerland.

→ _____, / _____ / _____ /

_____.

3 So, / people in Valais are working hard / to stop these cactuses / from spreading.

→ _____, / _____ / _____ /

_____.

 **맛보기**

어휘 Practice

1 다음 밑줄 친 단어와 비슷한 의미의 단어는?

Closing the window <u>prevents</u> bugs from coming in.

① solves   ② allows   ③ spreads   ④ stops   ⑤ covers

2 다음 대화의 빈칸에 들어갈 단어로 가장 알맞은 것은?

A: It's really cold in here.
B: I can bring you a(n) _____, if you want.

① cactus   ② place   ③ problem   ④ soil   ⑤ blanket

3 다음 우리말과 의미가 같도록 빈칸에 알맞은 표현을 쓰세요.

그녀는 일주일에 적어도 네 번 운동한다.

➔ She exercises _____ _____ four times a week.

서술형 Practice

[4-5] 배열영작 다음 우리말과 의미가 같도록 주어진 단어를 올바르게 배열하세요.

4 지난달에, / 우리는 자원봉사를 했다 / 집이 없는 개들을 돕기 위해.
↳ 지난달에, 우리는 집이 없는 개들을 돕기 위해 자원봉사를 했다.

(help / we / homeless dogs / volunteered / to)

➔ Last month, _____.

5 학교는 허락한다 / 학생들이 / 책을 빌리도록 / 일주일 동안.
↳ 학교는 학생들이 일주일간 책을 빌리도록 허락한다.

(students / allows / books / the school / to borrow)

➔ _____ for a week.

6 조건영작 다음 우리말과 의미가 같도록 주어진 단어를 사용하여 문장을 완성하세요.

그녀는 지금 공부를 위해 해야 할 일 목록을 만들고 있다. (make)

➔ She _____ _____ a to-do list for her studies right now.

13 추울 땐 누구나 가져가세요

Reading의 필수 구문 3개를 확인한 후, 각 문장의 해석을 완성하세요.

1일 1문장 구문 「**명사+과거분사(p.p.) ~** 」: ~하게 된, ~된 (명사)

TIP 분사 뒤에 딸린 어구가 있을 때는 명사 뒤에서 명사를 꾸며 주게 돼요.

The picture **painted** by her won the contest.

그녀에 의해 _____ 대회에서 우승했다.

구문 Plus ① '목적'을 나타내는 「**to+동사원형**」: ~하기 위해

TIP to부정사가 문장의 동사를 꾸며 주는 부사의 역할을 해요.

We studied together **to prepare** for the test.

우리는 시험에 _____ 함께 공부했다.

구문 Plus ② 「**ask+A(목적어)+to부정사**」: A에게 ~해 달라고 부탁[요청]하다

TIP 이때 'A(목적어)-to부정사'는 의미상 '주어-동사'의 관계가 돼요.

We **asked** the teacher **to explain** the problem again.

우리는 선생님께 _____.

각 문장의 주어에는 밑줄을, 동사에는 동그라미 해보세요.

그다음 끊어 읽기한 부분에 주의하여 빈칸에 해석을 써보세요.

1 In Halifax, Canada, / people saw something interesting: / coats tied to the poles of street lamps.

→ _____, / _____: /

_____.

2 So, / during the cold winter in Canada, / she works / to help the homeless.

→ _____, / _____, / _____ /

_____.

3 Then, / she asks local children / to come and help her.

→ _____, / _____ / _____.

어휘 Practice

1 다음 단어의 우리말 뜻이 잘못된 것은?

① pole: 기둥, 막대   ② local: 도시의   ③ community: 지역 사회

④ closely: 자세히   ⑤ interesting: 흥미로운

2 다음 빈칸에 공통으로 들어갈 단어로 가장 알맞은 것은?

> • When you are in trouble, _____ for my help.
> • You can _____ a question anytime.

① attend   ② stay   ③ ask   ④ forget   ⑤ donate

3 다음 밑줄 친 부분의 쓰임이 자연스러우면 ○, 그렇지 않으면 ×로 표시하세요.

(1) The homeless need warm clothing in winter. _____

(2) She wrapped the gift and tied the ribbon on it. _____

(3) The writer's name remains a mystery. Everyone knows him. _____

서술형 Practice

[4-5] 배열 영작 다음 우리말과 의미가 같도록 주어진 단어를 올바르게 배열하세요.

4 우리는 방문했다 / 박물관에 / 지난달에 지어진.
↳ 우리는 지난달에 지어진 박물관에 방문했다.

(built / visited / last month / we / the museum)

➔ _____ .

5 지난 일요일, / 그는 기차를 탔다 / 가기 위해 / 부산에.
↳ 지난 일요일, 그는 부산에 가기 위해 기차를 탔다.

(to / a train / go / took / to Busan / he)

➔ Last Sunday, _____ .

6 조건 영작 다음 우리말과 의미가 같도록 주어진 단어를 사용하여 문장을 완성하세요.

> 그는 종업원에게 물을 더 가져다 달라고 부탁했다. (the waiter, ask, bring)

➔ He _____ _____ _____ _____

more water.

14 왜 모두 무표정일까요?

정답과 해설 p.80

직독직해가 쉬워지는 구문

✓ Reading의 필수 구문 3개를 확인한 후, 각 문장의 해석을 완성하세요.

1일 1문장 구문 「**A 형용사/부사+-er than B**」: A는 B보다 더 ~한/하게

TIP 비교급 앞에 비교급을 강조하는 부사 much, even 등을 쓰면 '훨씬 더'라는 의미를 나타내요.

The roller coaster was **scarier than** I thought.

롤러코스터는 내가 생각했던 것보다 _____.

구문 Plus 1 「**It takes+A(목적어)+시간+to-v**」: A가 ~하는 데 …(의 시간)이 걸리다

TIP 이때 It은 뜻이 없으므로 '그것'이라고 해석하지 않아요.

It takes her 15 minutes **to walk** to school.

그녀가 학교까지 _____.

구문 Plus 2 「**imagine v-ing**」: ~하는 것을 상상하다

TIP 동명사(v-ing)가 동사의 목적어로 쓰이는 경우, '~하는 것을, ~하기로'라고 해석해요.

I sometimes **imagine swimming** with dolphins.

나는 가끔 _____.

직독직해 Practice

✓ 각 문장의 주어에는 밑줄을, 동사에는 동그라미 해보세요.

✓ 그다음 끊어 읽기한 부분에 주의하여 빈칸에 해석을 써보세요.

1 Back then, / taking a picture / took much longer / than today.

→ _____, / _____ / _____ /

_____.

2 It took about 20 minutes / to take one picture!

→ _____ / _____!

3 Imagine / trying to keep a smile / for 20 minutes!

→ _____ / _____ / _____!

1 다음 단어의 우리말 뜻이 <u>잘못된</u> 것은?

① tradition: 전통　　　② event: 행사　　　③ century: 세기

④ still: 움직이는　　　⑤ moment: 순간

2 다음 〈보기〉에 있는 두 단어와 같은 관계로 짝지어진 것은?

┌─ 보기 ┐

today : nowadays

① late : early　　　② common : rare　　　③ silly : foolish

3 다음 빈칸에 들어갈 수 <u>없는</u> 것을 <u>모두</u> 고르세요.

- He wants to _____ a new type of bicycle.
- She's looking for a dress for her _____.
- The camera will _____ everything in the store.

① wedding　　② smile　　③ serious　　④ record　　⑤ invent

[4-5] 배열 영작 다음 우리말과 의미가 같도록 주어진 단어를 올바르게 배열하세요.

4 이 스마트폰은 / 훨씬 빠르다 / 나의 오래된 것보다.
　↳ 이 스마트폰은 내 오래된 것보다 훨씬 빠르다.

(than / much / my old one / is / this smartphone / faster)

→ _____ .

5 ~이 걸렸다 / 그들이 / 3일의 시간이 / 그 집을 페인트칠하는 데.
　↳ 그들이 그 집을 페인트칠하는 데 3일이 걸렸다.

(them / the house / three days / took / to paint / it)

→ _____ .

6 조건 영작 다음 우리말과 의미가 같도록 주어진 단어를 사용하여 문장을 완성하세요.

눈을 감고 하늘을 나는 걸 상상해 보세요. (fly, imagine)

→ Close your eyes and _____ _____ through the sky.

15 오래된 책에서 나는 향기

정답과 해설 p.81

직독직해가 쉬워지는 구문

☑ Reading의 필수 구문 3개를 확인한 후, 각 문장의 해석을 완성하세요.

1일 1문장 구문 「**make + A(목적어) + 동사원형**」: A가 ~하게 하다[만들다]

TIP 이때 'A(목적어)-동사원형'은 의미상 '주어-동사'의 관계가 돼요.

Spicy food **makes** me **drink** more water.

매운 음식은 _____.

구문 Plus 1 「**smell like + 명사(구)**」: ~ 같은 냄새가 나다

TIP 동사 smell 뒤에 형용사가 올 경우에는, '~한 냄새가 나다'라고 해석해요.

The candle **smelled like** strawberries.

그 양초는 _____.

구문 Plus 2 「**because + 주어 + 동사 ~**」: ~ 때문에, ~해서

TIP because가 이끄는 절은 '이유'를 나타내며, 문장의 앞이나 뒤에 모두 올 수 있어요.

I am tired **because** I didn't sleep well.

나는 _____ 피곤하다.

직독직해 Practice

☑ 각 문장의 주어에는 밑줄을, 동사에는 동그라미 해보세요.

☑ 그다음 끊어 읽기한 부분에 주의하여 빈칸에 해석을 써보세요.

1 But lignin doesn't only make / books smell good.   *lignin 리그닌

→ _____ / _____.

2 In a study, / many people said // old books smelled / like chocolate or coffee.   **Hint** 주어 2개, 동사 2개

→ _____, / _____ // _____ /

_____.

3 This isn't surprising // because lignin is also in chocolate and coffee!   **Hint** 주어 2개, 동사 2개

→ _____ // _____!

1 다음 밑줄 친 단어와 반대 의미의 단어는?

> The colors of the paint were all <u>different</u>.

① surprising   ② more   ③ unique   ④ less   ⑤ similar

2 다음 영영 풀이가 설명하는 단어로 가장 알맞은 것은?

> to see, hear, or feel something and know it is there

① smell   ② turn   ③ notice   ④ remove   ⑤ mean

3 다음 우리말과 의미가 같도록 빈칸에 알맞은 단어를 〈보기〉에서 찾아 쓰세요.

보기
future   past   break   get   used

(1) 분해되다: _____ down

(2) 자르는 데 사용되다: be _____ to cut

(3) 미래에: in the _____

[4-5] 배열 영작 다음 우리말과 의미가 같도록 주어진 단어를 올바르게 배열하세요.

4 그 정원은 냄새가 났다 / 장미 같은 / 여름에.

  ↳ 그 정원은 여름에 장미 같은 냄새가 났다.

(roses / smelled / the garden / like)

→ _____ in the summer.

5 나는 걷고 있다 / 천천히 / 내 다리가 아파서.

  ↳ 나는 다리가 아파서 천천히 걷고 있다.

(my leg / am walking / because / slowly / hurts)

→ I _____ .

6 조건 영작 다음 우리말과 의미가 같도록 주어진 단어를 사용하여 문장을 완성하세요.

> 그 영화는 매번 나를 웃게 한다. (the movie, laugh, make)

→ _____ every time.

16 크리스마스섬에서는 조심하세요!

정답과 해설 p.81

직독직해가 쉬워지는 구문

✅ Reading의 필수 구문 3개를 확인한 후, 각 문장의 해석을 완성하세요.

1일 1문장 구문 「**think**+(that)+주어+동사 ~」: ~하다고 생각하다

TIP 목적어 자리에 쓰인 that절의 that은 생략되는 경우가 많아요.

Some people **think** winter is the best season.
어떤 사람들은 _____.

구문 Plus 1 「**명사**+과거분사(p.p.) ~ 」: ~하게 된, ~된 (명사)

TIP 분사 뒤에 딸린 어구가 있을 때는 명사 뒤에서 명사를 꾸며 주게 돼요.

They picked up the leaves **fallen** from the tree.
그들은 나무에서 _____ 주웠다.

구문 Plus 2 「**for**+v-ing」: ~하는 것을 위한[위해]

TIP 전치사 뒤에는 (대)명사 또는 동명사가 쓰이고, to부정사는 올 수 없어요.

The test is **for checking** students' math skills.
그 시험은 학생들의 수학 기량을 _____ 것이다.

직독직해 Practice

✅ 각 문장의 주어에는 밑줄을, 동사에는 동그라미 해보세요.

✅ 그다음 끊어 읽기한 부분에 주의하여 빈칸에 해석을 써보세요.

1 Some people think // they can eat robber crabs. **Hint** 주어 2개, 동사 2개

→ _____ // _____.

2 But campers need to watch out for / the huge crabs / known as "robber crabs."

→ _____ / _____ /

_____.

3 But, / these crabs are not for eating / in Australia.

→ _____, / _____ / _____.

1 다음 단어의 우리말 뜻이 <u>잘못된</u> 것은?

① spot: 장소   ② respect: 존중   ③ amazing: 놀라운

④ huge: 매우 작은   ⑤ treat: 대하다, 다루다

2 다음 빈칸에 들어갈 단어로 가장 알맞은 것은?

> People will _____ around the park to see the concert.

① hurt   ② need   ③ gather   ④ caution   ⑤ protect

3 다음 밑줄 친 부분의 쓰임이 <u>어색한</u> 것은?

① Always <u>watch out for</u> cars.

② They <u>set up</u> the tent to go home.

③ We <u>look after</u> the elderly in our town.

④ Switzerland <u>is famous for</u> its chocolate.

⑤ Put the hot water far <u>away from</u> the baby.

서술형 Practice

[4-5] [배열 영작] 다음 우리말과 의미가 같도록 주어진 단어를 올바르게 배열하세요.

4 우리는 생각한다 / 그 시험은 매우 어려웠다고.

↳ 우리는 그 시험이 매우 어려웠다고 생각한다.

(think / very / we / was / difficult / the test)

→ _____ .

5 Olivia는 샀다 / 새 진공청소기를 / 이탈리아에서 만들어진.

↳ Olivia는 이탈리아에서 만들어진 새 진공청소기를 샀다.

(bought / in Italy / Olivia / made / a new vacuum cleaner)

→ _____ .

6 [조건 영작] 다음 우리말과 의미가 같도록 주어진 단어를 사용하여 문장을 완성하세요.

> 이 모임은 새로운 아이디어를 논의하기 위한 것이다. (for, discuss)

→ The meeting is _____ _____ new ideas.

17 대체 무엇으로 그린 그림일까요?

직독직해가 쉬워지는 구문

✓ Reading의 필수 구문 3개를 확인한 후, 각 문장의 해석을 완성하세요.

1일 1문장 구문 보어 역할을 하는 「to+동사원형」: ~하는 것

TIP to부정사가 be동사 뒤에서 주어를 보충 설명하는 보어로 쓰이면, 〈주어 = to부정사(~하는 것)〉를 의미해요.

The project's goal is **to help** the homeless.
그 프로젝트의 목표는 _____.

구문 Plus 1 '목적'을 나타내는 「to+동사원형」: ~하기 위해

TIP 이때 to부정사는 문장의 동사를 꾸며 주는 부사의 역할을 해요.

She woke up early **to study** for the exam.
그녀는 _____ 일찍 일어났다.

구문 Plus 2 「take+A(목적어)+시간+to-v」: A가 ~하는 데 …의 시간이 걸리다

TIP 이때 to부정사는 부사 역할을 하며 '~하는 데'라고 해석해요.

A meal **can take him an hour to cook**.
한 끼 식사는 _____ 있다.

직독직해 Practice

✓ 각 문장의 주어에는 밑줄을, 동사에는 동그라미 해보세요.

✓ 그다음 끊어 읽기한 부분에 주의하여 빈칸에 해석을 써보세요.

1 His goal is / to show us // that old machines like typewriters / can make amazing art.

(Hint) 주어 2개, 동사 2개

→ _____ / _____ // _____ /

_____.

2 For example, / he uses the brackets / to draw a curvy line.   *bracket 괄호

→ _____, / _____ / _____.

3 In fact, / one picture can take him / four to five days / to finish.

→ _____, / _____ / _____ /

_____.

어휘 Practice

1 다음 단어의 우리말 뜻이 <u>잘못된</u> 것은?

① landscape: 풍경 ② favorite: 가장 좋아하는 ③ traditional: 현대의

④ create: 창조하다, 만들다 ⑤ shape: (어떤) 모양으로 만들다

2 다음 빈칸에 공통으로 들어갈 알맞은 단어를 〈보기〉에서 찾아 쓰세요.

┌─ 보기 ├─

artists   letters   marks   goals

(1)
• There are 26 _____ in the English alphabet.
• The singer received many _____ from his fans.

(2)
• He writes down his _____ every year.
• He scored two _____ in the soccer match.

서술형 Practice

[3-4] 배열 영작 다음 우리말과 의미가 같도록 주어진 단어를 올바르게 배열하세요.

3 내 꿈은 ~이다 / 세계를 여행하는 것 / 20대에.
↳ 내 꿈은 20대에 세계를 여행하는 것이다.

(to / the world / is / travel / my dream)

→ _____ in my twenties.

4 나는 수업을 듣고 있다 / 배우기 위해 / 사진 기술을.
↳ 나는 사진 기술을 배우기 위해 수업을 듣고 있다.

(photography skills / a class / to learn / I'm taking)

→ _____ .

5 조건 영작 다음 우리말과 의미가 같도록 주어진 단어를 사용하여 문장을 완성하세요.

┌───┐
│ 한 곡은 그들이 녹음하는 데 이틀이 걸릴 수 있다. (they, record) │
└───┘

→ One song can take _____ two days _____ .

18 썩은 달걀에서 라즈베리까지

직독직해가 쉬워지는 구문

✅ Reading의 필수 구문 3개를 확인한 후, 각 문장의 해석을 완성하세요.

1일 1문장 구문 「명사＋[around/like 등＋명사 ～]」: ～ 주위의/～와 같은 (명사)

> **TIP** 「전치사＋명사」는 형용사처럼 앞의 명사를 꾸며 줄 수 있어요.

The flowers **around** the pond are beautiful.

_____ 아름답다.

구문 Plus 1 「as＋주어＋동사 ～」: ～하면서, ～함에 따라

> **TIP** 접속사 as는 다양한 의미로 쓰이므로 문맥에 따라 알맞게 해석해야 해요.

As he grew older, he traveled to many countries.

_____, 많은 나라로 여행했다.

구문 Plus 2 「smell like＋명사(구)」: ～같은 냄새가 나다

> **TIP** 「smell＋형용사」는 '～한 냄새가 나다'라고 해석하므로 구분해서 알아두어야 해요.

Her hair **smells like** vanilla shampoo.

그녀의 머리카락은 _____.

직독직해 Practice

✅ 각 문장의 주어에는 밑줄을, 동사에는 동그라미 해보세요.

✅ 그다음 끊어 읽기한 부분에 주의하여 빈칸에 해석을 써보세요.

1 Scientists discovered // that the cloud around this comet / has some unique smells / like rotten eggs and almonds! **Hint** 주어 2개, 동사 2개

*comet 혜성

➔ _____ // _____ / _____

_____ / _____!

2 As the comet gets closer / to the sun, // these smells can change. **Hint** 주어 2개, 동사 2개

➔ _____ / _____, // _____.

3 Space might smell / like a buffet restaurant / with all kinds of smells.

➔ _____ / _____ / _____.

어휘 Practice

1 다음 단어와 의미가 올바르게 짝지어진 것을 〈보기〉에서 모두 고른 것은?

┤ 보기 ├
ⓐ dust: 얼음으로 뒤덮인
ⓑ planet: 우주에서 별 주변을 도는 크고 둥근 물체
ⓒ example: 말하고 있는 것을 설명하기 위해 언급되는 것
ⓓ icy: 매우 작은 흙이나 모래 입자로 이루어진 미세한 가루
ⓔ rotten: 썩거나 부패하여 더 이상 사용하거나 먹을 수 없는 상태

① ⓐ, ⓑ, ⓒ ② ⓐ, ⓒ, ⓓ ③ ⓑ, ⓒ, ⓔ ④ ⓑ, ⓓ, ⓔ ⑤ ⓒ, ⓓ, ⓔ

2 다음 우리말과 같은 뜻이 되도록 빈칸에 알맞은 단어를 〈보기〉에서 골라 쓰세요.

┤ 보기 ├
differ   discover   kinds   researchers

(1) 온갖 종류의 음악: all _____ of music
(2) 장소마다 다르다: _____ from place to place

서술형 Practice

[3-4] [배열 영작] 다음 우리말과 의미가 같도록 주어진 단어를 올바르게 배열하세요.

3 그는 과일들을 재배한다 / 포도와 체리 같은 / 그의 정원에서.
↳ 그는 포도와 체리 같은 과일들을 그의 정원에서 재배한다.

(and / grapes / he / fruits / cherries / grows / like)

→ _____ in his garden.

4 그가 더 다가감에 따라 / 무대에, / 그는 긴장감을 느꼈다.
↳ 그는 무대에 점점 다가감에 따라 더 긴장했다.

(closer / he / as / to the stage / got)

→ _____ , he felt nervous.

5 [조건 영작] 다음 우리말과 의미가 같도록 주어진 단어를 사용하여 문장을 완성하세요.

그 수프는 마늘과 양파 같은 냄새가 난다. (smell)

→ The soup _____ _____ garlic and onions.

19 눈에 보이진 않지만 색깔이 있어요

직독직해가 쉬워지는 구문

✓ Reading의 필수 구문 3개를 확인한 후, 각 문장의 해석을 완성하세요.

1일 1문장 구문 「A the＋형용사＋-est(＋명사)＋of/in ...」: A가 ···(중)에서 가장 ～한 (명사)

TIP 최상급 뒤에는 범위를 나타내는 ⟨in/of＋장소/그룹⟩이 쓰여요.

Yellow is **the brightest** color **of** the rainbow.
노란색은 무지개 중에서 _____.

구문 Plus 1 「형용사＋-er＋명사＋than ...」: ···보다 더 ～한 (명사)

TIP 형용사의 비교급 뒤에 명사가 함께 쓰이는 구조예요.

The new TV has a **clearer** screen **than** the old one.
새 TV는 예전 것보다 _____ 가지고 있다.

구문 Plus 2 「전치사 like＋명사」: ～와 같은

TIP 「전치사 like＋명사」는 앞의 명사를 뒤에서 꾸며 주기도 하지만, be동사 뒤에 쓰여 주어를 설명해 주기도 해요.

Rome is **like** a big museum.
로마는 _____.

직독직해 Practice

✓ 각 문장의 주어에는 밑줄을, 동사에는 동그라미 해보세요.

✓ 그다음 끊어 읽기한 부분에 주의하여 빈칸에 해석을 써보세요.

1 Brown noise is the deepest sound / of the three.

➜ _____ / _____.

2 Pink noise uses lower sounds / than white noise.

➜ _____ / _____.

3 It's like the sound / of heavy rain or a waterfall.

➜ _____ / _____.

내신 맛보기

어휘 Practice

1 다음 단어의 의미에 해당하는 것을 찾아 연결하세요.

(1) noise •　　　　• ⓐ a tool that cleans floors by sucking up dirt and dust

(2) wave •　　　　• ⓑ a sound that someone or something makes

(3) vacuum •　　　　• ⓒ an area of moving water that goes up and down on the ocean or a lake

2 다음 빈칸에 들어갈 단어로 가장 알맞은 것은?

> I want to _____ my drawing skills.

① relax　　　　② hear　　　　③ focus　　　　④ improve　　　　⑤ sound

3 다음 밑줄 친 단어와 비슷한 의미의 단어는?

> The actress is <u>well-known</u> all over the world.

① different　　　　② similar　　　　③ famous　　　　④ various　　　　⑤ hard

서술형 Practice

[4-5] 배열 영작 다음 우리말과 의미가 같도록 주어진 단어를 올바르게 배열하세요.

4 경치는 / 산꼭대기에서의 / 그림 같다.
↳ 산꼭대기에서 보는 경치는 그림 같았다.

(like / from the mountaintop / was / the view / a painting)

→ _____ .

5 이것은 ~이다 / 가장 오래된 건물 / 그 도시에서.
↳ 이것은 그 도시에서 가장 오래된 건물이다.

(oldest / in the city / is / building / this / the)

→ _____ .

6 조건 영작 다음 우리말과 의미가 같도록 주어진 단어를 사용하여 문장을 완성하세요.

> 그녀는 나보다 더 높은 성적을 받았다. (grade, high)

→ She received a _____ _____ _____ me.

20 Muddy Chicken이라고 불러 줘

정답과 해설 p.83

직독직해가 쉬워지는 구문

✓ Reading의 필수 구문 3개를 확인한 후, 각 문장의 해석을 완성하세요.

1일 1문장 구문　「**as + 주어 + 동사 ~**」: ~할 때, ~하면서[하는 동안]

TIP as로 시작하는 부사절이 문장 앞으로 올 때는 콤마(,)가 있어야 해요.

As the rain stopped, we went for a walk.

_____, 우리는 산책하러 갔다.

구문 Plus 1　「**A(동사구), B(동사구), and C(동사구)**」: A, B, 그리고 C

TIP 접속사 and는 문법적인 성격이 같은 단어, 구, 문장 등을 연결해요.

She **read** the book, **wrote** a review, **and** then **posted** it online.

그녀는 _____, _____, 그다음에 그것을 온라인에 게시했다.

구문 Plus 2　「**call + A(목적어) + B(명사 보어)**」: A를 B라고 부르다

TIP 이때 B는 A가 '누구' 또는 '무엇'인지를 나타내므로, 〈A = B〉의 관계예요.

The students **call their teacher a genius**.

그 학생들은 _____.

직독직해 Practice

✓ 각 문장의 주어에는 밑줄을, 동사에는 동그라미 해보세요.

✓ 그다음 끊어 읽기한 부분에 주의하여 빈칸에 해석을 써보세요.

1 As I started running, // I tripped over the chicken feet. (Hint) 주어 2개, 동사 2개

→ _____, // _____.

2 In the race, / we wore silly costumes, / ran to a spot, / and then took off the costumes / for the next person. (Hint) 주어 1개, 동사 3개

→ _____, / _____, / _____, /

_____ / _____.

3 My friends now call me / "Muddy Chicken," // but it's just a funny joke. (Hint) 주어 2개, 동사 2개

→ _____ / _____, //

_____.

내신 맛보기

어휘 Practice

1 다음 영영 풀이가 설명하는 단어를 〈보기〉에서 찾아 쓰세요.

| 보기 |

muddy   silly   joke   miss   spot

(1) playful and funny: _____

(2) a particular space or area: _____

(3) a funny story or sentence that makes people laugh: _____

2 다음 우리말과 의미가 같도록 빈칸에 알맞은 단어를 〈보기〉에서 찾아 쓰세요.

| 보기 |

take   wait   happen   turn

(1) 너는 줄을 서서 네 차례를 기다려야 한다.

→ You should wait your _____ in line.

(2) 그녀는 생일 선물들을 열어보는 것이 기대된다.

→ She can't _____ to open her birthday presents.

서술형 Practice

[3-4] 배열 영작 다음 우리말과 의미가 같도록 주어진 단어를 올바르게 배열하세요.

3 영화가 시작했을 때, / 모두 조용해졌다.
  ↳ 영화가 시작하자, 모두 조용해졌다.

(started / the movie / as)

→ _____, everyone became quiet.

4 사람들은 부른다 / 그 야구선수를 / 그들의 영웅이라고.
  ↳ 사람들은 그 야구선수를 그들의 영웅이라고 부른다.

(call / the baseball player / people / their hero)

→ _____.

5 조건 영작 다음 우리말과 의미가 같도록 주어진 단어를 사용하여 문장을 완성하세요.

그는 일찍 일어나, 침대를 정리하고, 세수를 했다. (get, make, wash)

→ He _____ up early, _____ his bed, and _____ his face.

21 고대 이집트의 화장법

직독직해가 쉬워지는 구문

✔ Reading의 필수 구문 3개를 확인한 후, 각 문장의 해석을 완성하세요.

1일 1문장 구문 「one ~, another ...」: (여럿 중) 하나는 ~, 또 다른 하나는 …

TIP 여러 개의 불특정한 사람이나 사물을 나열할 때 사용해요.

He has some cats. **One** is black, **another** is white.

그는 고양이 몇 마리를 키운다. _____ 검은색이고, _____ 흰색이다.

구문 Plus 1 「both A and B」: A와 B 둘 다

TIP 접속사 and가 연결하는 A와 B는 문법적으로 성격이 같아야 해요.

Both pizza **and** pasta are popular Italian dishes.

_____ 인기 있는 이탈리아 요리이다.

구문 Plus 2 「조동사＋동사원형1＋or＋(조동사＋)동사원형2」

TIP 접속사 or도 문법적으로 성격이 같은 어구를 연결하는데, 위 구조에서 or 뒤에 반복되는 조동사는 주로 생략되어 바로 동사원형이 이어져요.

You **can sing or dance** at the talent show.

너는 장기 자랑에서 _____.

직독직해 Practice

✔ 각 문장의 주어에는 밑줄을, 동사에는 동그라미 해보세요.

✔ 그다음 끊어 읽기한 부분에 주의하여 빈칸에 해석을 써보세요.

1 One is zinc oxide, / a powerful natural sunblock. Another is neem.

*zinc oxide 산화아연 **neem 인도 멀구슬나무

→ _____ , / _____ . _____

_____ .

2 Both men and women / drew thick black lines / around their eyes.

→ _____ / _____ / _____ .

3 These things could hurt their eyes / or give them eye diseases. **Hint** 주어 1개, 동사 2개

→ _____ / _____ .

 내신 맛보기

어휘 Practice

1 다음 단어의 우리말 뜻이 <u>잘못된</u> 것은?

① fashion: 유행 ② powerful: 강력한 ③ desert: 디저트

④ magical: 신비한 ⑤ recent: 최근의

2 다음 밑줄 친 단어와 반대 의미의 단어는?

The book had a <u>thick</u> cover.

① fat ② old ③ bright ④ thin ⑤ long

3 다음 우리말과 의미가 같도록 빈칸에 주어진 철자로 시작하는 단어를 쓰세요.

(1) 그녀는 아름다운 풍경을 그릴 수 있다.

→ She can d＿＿＿＿＿＿＿ beautiful landscapes.

(2) 헬멧은 네가 자전거를 탈 때 네 머리를 보호해 준다.

→ Helmets p＿＿＿＿＿＿＿ your head when you ride a bike.

서술형 Practice

[4-5] 배열 영작 다음 우리말과 의미가 같도록 주어진 단어를 올바르게 배열하세요.

4 Andy와 Kate는 둘 다 / 스키를 타러 간다 / 많이 / 겨울에.
　↳ Andy와 Kate는 둘 다 겨울에 스키를 많이 타러 간다.

(go / and / both / Kate / skiing / Andy)

→ ＿＿＿＿＿＿＿＿＿＿＿＿＿＿＿＿＿＿＿ a lot in winter.

5 몇몇 상자들이 있다 / 선반에. 하나는 무겁다, / 그리고 또 다른 하나는 가볍다.
　↳ 선반에 몇몇 상자들이 있다. 하나는 무겁고, 또 다른 하나는 가볍다.

(is / is / and / another / light / one / heavy)

→ There are some boxes on the shelf. ＿＿＿＿＿＿＿, ＿＿＿＿＿＿＿.

6 조건 영작 다음 우리말과 의미가 같도록 주어진 단어를 사용하여 문장을 완성하세요.

우리는 밖에서 놀거나 영화를 볼 수 있어. (play outside, watch a movie, can)

→ ＿＿＿＿＿＿＿＿＿＿＿＿＿＿＿＿＿＿＿.

22 앞다리가 구부러진 아기 기린

정답과 해설 p.84

직독직해가 쉬워지는 구문

☑ Reading의 필수 구문 3개를 확인한 후, 각 문장의 해석을 완성하세요.

1일 1문장 구문 「ask＋A(목적어)＋to부정사」: A에게 ～해 달라고 요청[부탁]하다

She **asked** her brother **to clean** his room.

그녀는 오빠에게 _____.

구문 Plus 1 「was/were getting＋형용사의 비교급」: 점점 더 (어떤 상태가) 되고 있었다

TIP 「get＋형용사」에 진행형과 형용사의 비교급이 함께 쓰여 '점점' 어떤 상태가 되어 가고 있다는 것을 강조해요.

It was **getting darker**, so we went back home.

_____, 그래서 우리는 집에 돌아갔다.

구문 Plus 2 「could/couldn't＋동사원형」: ～할 수 있었다/없었다

TIP 조동사 could는 can의 과거형으로 쓰여 '과거의 능력, 가능'을 나타낼 수 있어요.

When I was younger I **could** run fast.

내가 더 어렸을 때 나는 _____.

직독직해 Practice

☑ 각 문장의 주어에는 밑줄을, 동사에는 동그라미 해보세요.

☑ 그다음 끊어 읽기한 부분에 주의하여 빈칸에 해석을 써보세요.

1 So the zookeepers asked / Dr. Ara to make special braces / for Msituni.　　　*brace 교정기

→ _____ / _____ /

_____.

2 Msituni was getting taller / every day.

→ _____ / _____.

3 But after two months, / she could walk / by herself / without them.

→ _____, / _____ / _____ /

_____.

 **내신** 맛보기

어휘 Practice

1 다음 단어의 우리말 뜻이 <u>잘못된</u> 것은?

① front: 앞쪽의　　　　　　　　　② without: ~없이

③ ask: 부탁하다, 요청하다　　　　④ mean: ~을 의미하다, 뜻하다

⑤ bend: 펴다

2 다음 빈칸에 공통으로 들어갈 단어로 가장 알맞은 것은?

> • He has a lot of ＿＿＿＿＿＿＿＿ in teaching.
> • Traveling gives you valuable ＿＿＿＿＿＿＿.

① way　　　　② solution　　　　③ job　　　　④ zookeeper　　　　⑤ experience

3 다음 우리말과 의미가 같도록 빈칸에 알맞은 표현을 쓰세요.

> 처음에는, 나는 물을 무서워했다. 하지만 지금은 수영하는 것을 정말 좋아한다.

➜ ＿＿＿＿＿＿＿＿＿ ＿＿＿＿＿＿＿＿＿, I was scared of the water. But now, I love swimming.

서술형 Practice

[4-5] 배열 영작 다음 우리말과 의미가 같도록 주어진 단어를 올바르게 배열하세요.

4 바람이 점점 더 강해지고 있었다 / 폭풍 때문에.
　↳ 폭풍 때문에 바람이 점점 더 강해지고 있었다.

(stronger / the winds / getting / were)

➜ ＿＿＿＿＿＿＿＿＿＿＿＿＿＿＿＿＿＿＿ because of the storm.

5 우리는 부탁했다 / 우리 이웃에게 / 조용히 해달라고 / 밤에.
　↳ 우리는 우리 이웃에게 밤에 조용히 해달라고 부탁했다.

(our neighbors / quiet / asked / we / to be)

➜ ＿＿＿＿＿＿＿＿＿＿＿＿＿＿＿＿＿＿＿ at night.

6 조건 영작 다음 우리말과 의미가 같도록 주어진 단어를 사용하여 문장을 완성하세요.

> 그는 그 웹사이트의 비밀번호를 기억할 수 없었다. (remember)

➜ He ＿＿＿＿＿＿＿＿＿ ＿＿＿＿＿＿＿＿＿ the password to the website.

23 레고 블록에 숨겨진 이야기

정답과 해설 p.84

직독직해가 쉬워지는 구문

✓ Reading의 필수 구문 3개를 확인한 후, 각 문장의 해석을 완성하세요.

1일 1문장 구문　「let+A(목적어)+동사원형」: A가 ~하게 하다[시키다]

TIP 이때 'A(목적어)-동사원형'은 의미상 '주어-동사'의 관계가 돼요.

His parents **don't let** him **play** online games.

그의 부모님은 _____.

구문 Plus 1　「begin/start v-ing」: ~하는 것을[~하기] 시작하다

TIP begin, start 등과 같은 동사는 목적어로 v-ing와 to-v를 모두 쓸 수 있어요.

I **began jogging** every morning.

나는 매일 아침 _____.

구문 Plus 2　「That's how+주어+동사 ~」: 그것이 ~하는 방식[방법]이다, 그렇게 ~하는[~한] 것이다

TIP 이때 That은 주로 앞 문장의 내용 전체를 가리켜요.

I saved money every month. **That's how** I bought a new bike.

나는 매달 돈을 저축했다. 그것이 내가 _____.

직독직해 Practice

✓ 각 문장의 주어에는 밑줄을, 동사에는 동그라미 해보세요.

✓ 그다음 끊어 읽기한 부분에 주의하여 빈칸에 해석을 써보세요.

1 But Ole didn't let this stop him.

→ _____.

2 He built a bigger workshop / and began making wooden toys.　**Hint** 주어 1개, 동사 2개

→ _____ / _____.

3 That's how the famous LEGO bricks started!　**Hint** 주어 2개, 동사 2개

→ _____!

어휘 Practice

1 다음 단어의 우리말 뜻이 <u>잘못된</u> 것은?

① chance: 기회　　　　② hit: 히트, 성공　　　　③ destroy: 짓다

④ own: 자기 자신의　　⑤ wooden: 나무로 된, 목재의

2 다음 우리말과 의미가 같도록 빈칸에 알맞은 단어를 〈보기〉에서 찾아 쓰세요.

| 보기 |
| ladder　　factory　　brick　　machine　　furniture |

(1) 그 기계를 수리하기 위해, 그는 사다리를 타고 올라갔다.

→ To fix the ＿＿＿＿＿＿＿＿, he climbed up the ＿＿＿＿＿＿＿＿.

(2) 그 공장은 대형 매장을 위해 가구를 생산한다.

→ The ＿＿＿＿＿＿＿＿ produces ＿＿＿＿＿＿＿＿ for large stores.

3 다음 우리말과 의미가 같도록 빈칸에 주어진 철자로 시작하는 단어를 쓰세요.

| 그들은 종이로 모형 비행기를 만든다. |

→ They m＿＿＿＿＿＿＿ model airplanes o＿＿＿＿＿＿＿ o＿＿＿＿＿＿＿ paper.

서술형 Practice

[4-5] 배열 영작 다음 우리말과 의미가 같도록 주어진 단어를 올바르게 배열하세요.

4 그녀는 ~하게 했다 / 그녀의 개가 놀게 / 공원에서.
↳ 그녀는 그녀의 개를 공원에서 놀게 했다.

(play / let / in the park / her dog / she)

→ ＿＿＿＿＿＿＿＿＿＿＿＿＿＿＿＿＿＿＿＿＿＿＿＿＿＿.

5 그렇게 ~한 것이다 / 그들은 지었다 / 그들의 꿈의 집을.
↳ 그렇게 해서 그들은 꿈의 집을 짓게 되었다.

(their / how / dream house / built / that's / they)

→ ＿＿＿＿＿＿＿＿＿＿＿＿＿＿＿＿＿＿＿＿＿＿＿＿＿＿.

6 조건 영작 다음 우리말과 의미가 같도록 주어진 단어를 사용하여 문장을 완성하세요.

| 우리는 올봄에 정원에 꽃을 심기 시작했다. (plant, begin) |

→ We ＿＿＿＿＿＿＿＿ ＿＿＿＿＿＿＿＿ flowers in the garden this spring.

24 변화가 나쁜 것만은 아니에요

정답과 해설 p.85

직독직해가 쉬워지는 구문

✓ Reading의 필수 구문 3개를 확인한 후, 각 문장의 해석을 완성하세요.

1일 1문장 구문 「**how+to부정사**」: 어떻게 ~해야 할지, ~하는 방법

I want to know **how to bake** chocolate cookies.

나는 _____ 알고 싶다.

구문 Plus 1 「**feel+형용사**」: ~한 느낌[기분]이 들다

TIP 우리말 해석 '~하게'를 보고 형용사 대신 부사를 쓰지 않도록 주의하세요.

We **feel relaxed** on the weekend.

우리는 주말에 _____ .

구문 Plus 2 「**more+형용사/부사+than ~**」: ~보다 더 …한/…하게

TIP 형용사/부사가 2음절 이상인 경우, 앞에 more를 붙여 비교급을 나타내요.

This pasta is even **more delicious than** that one.

이 파스타는 저것보다 훨씬 _____ .

직독직해 Practice

✓ 각 문장의 주어에는 밑줄을, 동사에는 동그라미 해보세요.

✓ 그다음 끊어 읽기한 부분에 주의하여 빈칸에 해석을 써보세요.

1 Mr. Sato showed him / how to fix the bowl: // Mr. Sato glued the broken pieces together.

Hint 주어 2개, 동사 2개

→ _____ / _____ : // _____

_____ .

2 Noah and his mom moved / to a new city, // but he felt sad / and missed his old life.

Hint 주어 2개, 동사 3개

→ _____ / _____ , // _____ /

_____ .

3 But it was even more beautiful / than before.

→ _____ / _____ .

 맛보기

어휘 Practice

1 다음 밑줄 친 단어와 비슷한 의미의 단어는?

(1)
> My uncle will <u>repair</u> my computer for me.

　① feel　　　② break　　　③ fix　　　④ dive　　　⑤ become

(2)
> She learned a new painting <u>technique</u> in class.

　① bowl　　　② neighbor　　　③ miss　　　④ skill　　　⑤ crack

2 다음 우리말과 의미가 같도록 빈칸에 알맞은 단어를 〈보기〉에서 찾아 쓰세요.

보기
happen　　use　　move　　glue　　show

(1) 새 도시로 이사하다: _____ to a new city

(2) 종이를 서로 붙이다: _____ paper together

(3) 우연히 만나다: _____ to meet

서술형 Practice

[3-4] 배열 영작 다음 우리말과 의미가 같도록 주어진 단어를 올바르게 배열하세요.

3 이 휴대전화는 / 더 비싸다 / 다른 모델보다.
　↪ 이 휴대전화는 다른 모델보다 더 비싸다.

(than / more / the other model / is / expensive)

→ This phone _____ .

4 우리는 신이 났다 / 우리가 들었을 때 / 그 소식을.
　↪ 우리는 그 소식을 들었을 때 신이 났다.

(excited / the news / we / when / heard / felt)

→ We _____ .

5 조건 영작 다음 우리말과 의미가 같도록 주어진 단어를 사용하여 문장을 완성하세요.

> 누나는 나에게 그 수학 문제를 푸는 방법을 가르쳐 주었다. (solve)

→ My sister taught me _____ _____ _____ the math problem.

25 냄새는 지독해도 맛있어요!

정답과 해설 p.85

직독직해가 쉬워지는 구문

✓ Reading의 필수 구문 3개를 확인한 후, 각 문장의 해석을 완성하세요.

1일 1문장 구문 「although+주어+동사 ~」: (비록) ~이긴 하지만

TIP 접속사 although는 앞뒤 문장이 대조되는 내용을 나타낼 때 사용해요.

Although it was snowing, he decided to walk his dog.

_____, 그는 개를 산책시키기로 했다.

구문 Plus 1 「make+A(목적어)+동사원형」: A가 ~하게 하다[만들다]

TIP 이때 'A(목적어)-동사원형'은 의미상 '주어-동사'의 관계가 돼요.

Listening to loud music **can make** your ears **hurt**.

큰 소리의 음악을 듣는 것은 _____.

구문 Plus 2 '목적'을 나타내는 「to+동사원형」: ~하기 위해

TIP to부정사가 부사 역할 중 '목적'을 나타낼 때 문장 앞이나 뒤에 모두 올 수 있어요.

To learn a new language, practice every day.

_____, 매일 연습하세요.

직독직해 Practice

✓ 각 문장의 주어에는 밑줄을, 동사에는 동그라미 해보세요.

✓ 그다음 끊어 읽기한 부분에 주의하여 빈칸에 해석을 써보세요.

1 Although it smells strong, // Hákarl is a very special food / for Icelanders. Hint 주어 2개, 동사 2개

*Hákarl 하우카르들

→ _____, // _____ /

_____.

2 But if you eat the shark meat / right away, // it can make you feel sick. Hint 주어 2개, 동사 2개

→ _____ / _____, // _____.

3 To make Hákarl, / people clean the shark meat / and put it in boxes / for several weeks.

Hint 주어 1개, 동사 2개

→ _____, / _____ / _____

_____ / _____.

1 다음 빈칸에 들어갈 단어로 가장 알맞은 것은?

> He opened the windows to _____ the cooking smell.

① make ② hang ③ dry ④ remove ⑤ full

2 다음 영영 풀이가 설명하는 단어로 가장 알맞은 것은?

> what someone thinks about a particular thing

① tradition ② meat ③ opinion ④ dish ⑤ outside

3 다음 우리말과 의미가 같도록 빈칸에 알맞은 표현을 쓰세요.

> 나는 내 나라의 역사를 자랑스러워한다.

→ I _____ _____ _____ my country's history.

[4-5] 배열 영작 다음 우리말과 의미가 같도록 주어진 단어를 올바르게 배열하세요.

4 좋은 책은 / ~하게 할 수 있다 / 당신이 잊게 / 당신의 걱정들을.
↳ 좋은 책은 당신이 걱정을 잊게 만들 수 있다.

(you / make / your worries / a good book / can / forget)

→ _____ .

5 그는 조리법을 따른다 / 주의 깊게 / 만들기 위해 / 맛있는 식사를.
↳ 그는 맛있는 식사를 만들기 위해 조리법을 주의 깊게 따른다.

(to / a delicious meal / cook)

→ He follows the recipe carefully _____ .

6 조건 영작 다음 우리말과 의미가 같도록 주어진 단어를 사용하여 문장을 완성하세요.

> 비록 우리는 늦게 도착했지만, 기차를 놓치지 않았다. (although, arrive, late)

→ _____ , we didn't miss the train.

26 번역 불가능한 마법의 한 단어

직독직해가 쉬워지는 구문

☑ Reading의 필수 구문 3개를 확인한 후, 각 문장의 해석을 완성하세요.

1일 1문장 구문 「one of the + 형용사의 최상급 + 복수명사」: 가장 ~한 … 중 하나

She is **one of the smartest students** in her class.

그녀는 반에서 _____.

구문 Plus 1 「go + 형용사」: ~이 되다, ~해지다

TIP 이때 go 뒤에 오는 형용사는 주어의 '상태 변화'를 나타내요.

The computer screen **went dark** suddenly.

컴퓨터 화면이 갑자기 _____.

구문 Plus 2 「help + A(목적어)(+ not) + to부정사」: A가 ~하도록/~하지 않도록 돕다

TIP to부정사 앞에 not을 붙이면 부정의 의미를 나타내요.

The teacher **helps students not to stress** about exams.

그 선생님은 학생들이 시험에 대해 _____.

직독직해 Practice

☑ 각 문장의 주어에는 밑줄을, 동사에는 동그라미 해보세요.

☑ 그다음 끊어 읽기한 부분에 주의하여 빈칸에 해석을 써보세요.

1 Denmark is / one of the happiest countries / in the world.

→ _____ / _____ / _____.

2 When small things go wrong, // Danish people say "pyt." **Hint** 주어 2개, 동사 2개

→ _____, // _____.

3 This word helps them / not to worry too much / about small problems.

→ _____ / _____ / _____

_____.

어휘 Practice

1 다음 단어의 우리말 뜻이 <u>잘못된</u> 것은?

① favorite: 가장 좋아하는 　　② lose: 지다 　　③ bother: 신경 쓰지 않다

④ secret: 비밀, 비결 　　⑤ magic: 마법의

2 다음 밑줄 친 표현과 비슷한 의미의 단어는?

> She <u>calmed down</u> after drinking some tea.

① stayed 　　② worried 　　③ relaxed 　　④ remained 　　⑤ sounded

3 다음 대화의 빈칸에 주어진 철자로 시작하는 알맞은 단어를 쓰세요.

> **A:** Why do you look so u＿＿＿＿＿＿＿?
> **B:** I just lost my phone.

서술형 Practice

[4-5] 배열 영작 다음 우리말과 의미가 같도록 주어진 단어를 올바르게 배열하세요.

4 롤러코스터는 ~이다 / 가장 신나는 놀이 기구 중 하나 / 이 공원에서.

↳ 롤러코스터는 이 공원에서 가장 신나는 놀이 기구 중 하나이다.

(is / rides / most exciting / of / the / one)

→ The roller coaster ＿＿＿＿＿＿＿＿＿＿＿＿ in this park.

5 내 손이 / 차가워졌다 / 매우 추운 날씨에.

↳ 매우 추운 날씨에 내 손이 차가워졌다.

(cold / hands / went / my)

→ ＿＿＿＿＿＿＿＿＿＿＿＿ in the freezing weather.

6 조건 영작 다음 우리말과 의미가 같도록 주어진 단어를 사용하여 문장을 완성하세요.

> 내가 목표를 포기하지 않도록 도와줘. (give up, not)

→ Help ＿＿＿＿＿＿＿＿＿＿＿＿ on my goals.

27 나선형으로 돌며 잠을 잔다고요?

직독직해가 쉬워지는 구문

✅ Reading의 필수 구문 3개를 확인한 후, 각 문장의 해석을 완성하세요.

1일 1문장 구문 「**전치사 with＋A(명사)＋형용사/부사**」: A가 ～한 채로[～하면서]

She lay in bed **with** the window open.

그녀는 _____ 침대에 누워 있었다.

구문 Plus ① 「**That's because＋주어＋동사 ～**」: 그것은 ～(하기) 때문이다

TIP 이때 That은 주로 바로 앞 문장의 내용 전체를 가리키는데, 결과의 원인을 That's because로 시작하는 문장을 통해 설명해요.

She always gets good grades. **That's because** she studies hard.

그녀는 항상 좋은 성적을 받는다. 그것은 _____.

구문 Plus ② 「**as＋주어＋동사 ～**」: ～할 때, ～하면서[～하는 동안]

TIP 접속사 as는 서로 연관된 두 가지의 일이나 동작이 동시에 일어날 때 쓰일 수 있어요.

They talk about their day **as** they eat dinner.

그들은 _____ 그들의 하루에 관해 이야기한다.

직독직해 Practice

✅ 각 문장의 주어에는 밑줄을, 동사에는 동그라미 해보세요.

✅ 그다음 끊어 읽기한 부분에 주의하여 빈칸에 해석을 써보세요.

1 During their dive naps, / elephant seals enter a deep sleep / with their bodies straight up.

➔ _____, / _____ /

_____.

2 That's // because sharks and killer whales usually stay / near the surface. **Hint** 주어 2개, 동사 2개

➔ _____ // _____ / _____.

3 They then turn upside down // as they go into / the second stage of sleep. **Hint** 주어 2개, 동사 2개

➔ _____ // _____ /

_____.

 맛보기

어휘 Practice

1 다음 단어의 우리말 뜻이 <u>잘못된</u> 것은?

① rest: 쉬다　　　　　② enter: ~에 들어가다　　　③ ocean: 바다, 대양

④ straight: 곧은, 똑바른　　⑤ sink: 뜨다

2 다음 우리말과 같은 뜻이 되도록 빈칸에 알맞은 단어를 〈보기〉에서 골라 쓰세요.

보기
near　　once　　upside　　during　　less

(1) 거꾸로, 뒤집혀: _____ down

(2) 5개월보다 적은, 5개월 미만의: _____ than five months

(3) 한꺼번에, 모두 함께: all at _____

3 다음 영영 풀이가 설명하는 단어로 가장 알맞은 것은?

> a short period of sleep especially during the day

① state　　　② minute　　　③ surface　　　④ nap　　　⑤ dive

서술형 Practice

[4-5] 배열 영작 다음 우리말과 의미가 같도록 주어진 단어를 올바르게 배열하세요.

4 그녀는 취미가 많다. 그것은 ~이다 / 그녀가 아주 좋아하기 때문에 / 새로운 것을 배우는 것을.

↳ 그녀는 취미가 많다. 그것은 그녀가 새로운 것을 배우는 것을 아주 좋아하기 때문이다.

(new things / because / loves / that's / she / learning)

→ She has many hobbies. _____.

5 그들은 청소하고 있다 / 집을 / 음악을 틀어 놓은 채로.

↳ 그들은 음악을 틀어 놓은 채로 집을 청소하고 있다.

(the house / the music / are cleaning / on / with)

→ They _____.

6 조건 영작 다음 우리말과 의미가 같도록 주어진 단어를 사용하여 문장을 완성하세요.

> 그는 공원에서 조깅하면서 개를 산책시킨다. (as, jog, in the park)

→ He walks his dog _____.

28 실패해도 괜찮아요!

직독직해가 쉬워지는 구문

☑ Reading의 필수 구문 3개를 확인한 후, 각 문장의 해석을 완성하세요.

1일 1문장 구문 「(대)명사+to부정사」: ~하는, ~할 (명사)

TIP 이때 to부정사는 앞에 오는 (대)명사를 형용사처럼 꾸며 주는 역할을 해요.

Asking questions is a way **to learn** more.

질문하는 것은 _____.

구문 Plus 1 「**try to-v**」: ~하려고 노력하다

TIP 「try v-ing」는 '시험 삼아 ~해보다'라는 의미로 뜻이 달라지므로 주의하세요.

She **tries to exercise** every morning.

그녀는 매일 아침 _____.

구문 Plus 2 「조동사+동사원형1+and+(조동사+)동사원형2」

TIP 접속사 and는 문법적으로 성격이 같은 어구를 연결하는데, 위 구조에서 and 뒤에 반복되는 조동사는 생략되어 바로 동사원형이 이어져요.

We **can rent** bicycles in the park **and ride** them around the lake.

우리는 공원에서 _____ 호수 주변에서 _____.

직독직해 Practice

☑ 각 문장의 주어에는 밑줄을, 동사에는 동그라미 해보세요.

☑ 그다음 끊어 읽기한 부분에 주의하여 빈칸에 해석을 써보세요.

1 Samuel's message is clear: // making mistakes / is just a way / to become better. Hint 주어 2개, 동사 2개

→ _____ : // _____ / _____ /

_____.

2 When new products fail, // companies often try / to forget them fast. Hint 주어 2개, 동사 2개

→ _____, // _____ / _____.

3 Any visitors can write / their own mistakes / on sticky notes / and put them / on a wall.

Hint 주어 1개, 동사 2개

→ _____ / _____ / _____ /

_____ / _____.

 맛보기

어휘 Practice

1 다음 단어의 의미에 해당하는 것을 찾아 연결하세요.

(1) share   ⋅   ⋅ ⓐ to make something better

(2) improve ⋅   ⋅ ⓑ having a certain kind of taste

(3) flavored ⋅   ⋅ ⓒ to tell others about your ideas or experiences

2 다음 밑줄 친 단어와 반대 의미의 단어는?

I often forget to lock the door.

① fail   ② start   ③ remember   ④ travel   ⑤ try

3 다음 빈칸에 들어갈 단어로 가장 알맞은 것은?

The park provides maps for all _____.

① mistakes   ② products   ③ examples   ④ messages   ⑤ visitors

서술형 Practice

[4-5] 배열 영작 다음 우리말과 의미가 같도록 주어진 단어를 올바르게 배열하세요.

4 이것은 기회이다 / 사귈 / 새 친구들을.

↳ 이것은 새 친구들을 사귈 기회이다.

(new / this / to make / a chance / friends / is)

→ _____ .

5 너는 모을 수 있다 / 조개껍데기를 / 그리고 만들 수 있다 / 목걸이를 / 해변에서.

↳ 너는 해변에서 조개껍데기를 모으고 목걸이를 만들 수 있다.

(make / can / and / collect / a necklace / seashells)

→ You _____ at the beach.

6 조건 영작 다음 우리말과 의미가 같도록 주어진 단어를 사용하여 문장을 완성하세요.

나는 매일 밤 잠자리에 들기 전에 책을 읽으려고 노력한다. (read, try)

→ I _____ _____ _____ a book before bed every night.

29 사탕 테스터라는 꿈의 직업

직독직해가 쉬워지는 구문

✅ Reading의 필수 구문 3개를 확인한 후, 각 문장의 해석을 완성하세요.

1일 1문장 구문 「사람을 나타내는 명사(선행사)+[who+동사 ~]」: ~하는[~한] (명사)

TIP 관계대명사 who는 선행사가 '사람'일 때 쓰여요.

Anyone **who** volunteers will receive a free t-shirt.

_____ 무료 티셔츠를 받을 것이다.

구문 Plus 1 「(대)명사+to부정사」: ~하는, ~할 (명사)

TIP 이때 to부정사는 앞에 오는 (대)명사를 형용사처럼 꾸며 주는 역할을 해요.

I'm looking for a teacher **to teach** me Spanish.

나는 내게 _____ 찾고 있다.

구문 Plus 2 「must+동사원형」: ~해야 한다 (의무)

TIP 부정문은 「must not+동사원형」 형태로 쓰며, '~해서는 안 된다'라는 뜻을 나타내요.

All passengers **must** wear seat belts in the bus.

모든 승객은 버스 안에서 _____.

직독직해 Practice

✅ 각 문장의 주어에는 밑줄을, 동사에는 동그라미 해보세요.

✅ 그다음 끊어 읽기한 부분에 주의하여 빈칸에 해석을 써보세요.

1 Anyone // who has a sweet tooth for candy / can apply. Hint 주어 1개, 동사 2개

→ _____ // _____ / _____.

2 Our company is looking for / people to try new candies.

→ _____ / _____.

3 You must live / in the United States / and be 18 years or older. Hint 주어 1개, 동사 2개

→ _____ / _____ / _____.

어휘 Practice

1 다음 단어의 우리말 뜻이 <u>잘못된</u> 것은?

① address: 주소　　　② detail: 상세한 정보　　　③ apply: 대답하다

④ tester: 시험 사용자　　　⑤ thought: 생각, 사고

2 다음 밑줄 친 단어와 반대 의미의 단어는?

> We will <u>send</u> some people thank-you letters.

① earn　　　② dream　　　③ choose　　　④ receive　　　⑤ forget

3 다음 영영 풀이가 설명하는 단어로 가장 알맞은 것은?

> complete and correct in every way without any mistakes or faults

① sweet　　　② perfect　　　③ yummy　　　④ taste　　　⑤ allergy

서술형 Practice

[4-5] (배열 영작) 다음 우리말과 의미가 같도록 주어진 단어를 올바르게 배열하세요.

4 그 여자아이는 / 첼로를 연주하는 / 아름답게 / 내 사촌이다.
↳ 첼로를 아름답게 연주하는 그 여자아이는 내 사촌이다.

(the cello / who / plays / the girl / beautifully)

→ _____ is my cousin.

5 우리는 / 조직하고 있다 / 그룹을 / 해변 청소를 할.
↳ 우리는 해변 청소를 할 그룹을 조직하고 있다.

(to clean up / are organizing / a group / the beach / we)

→ _____ .

6 (조건 영작) 다음 우리말과 의미가 같도록 주어진 단어를 사용하여 문장을 완성하세요.

> 여러분은 박물관에서 사진을 찍어서는 안 됩니다. (must, take pictures)

→ You _____ in the museum.

30 오토바이 운전자의 새로운 친구

직독직해가 쉬워지는 구문

✓ Reading의 필수 구문 3개를 확인한 후, 각 문장의 해석을 완성하세요.

1일 1문장 구문 「**A as＋형용사/부사＋as B**」: A는 B만큼 ～한/～하게

The coffee is **as hot as** boiling water.

그 커피는 _____.

구문 Plus 1 「**A more＋형용사/부사＋than B**」: A는 B보다 더 ～한/～하게

TIP 비교급 앞에 부사 much, even 등을 쓰면 '훨씬 더'라는 의미를 나타내요.

Playing with friends is much **more exciting than** playing alone.

친구들과 노는 것은 혼자 노는 것보다 훨씬 _____.

구문 Plus 2 「**the＋형용사/부사＋-est(＋명사)＋in/of ...**」: … (중)에서 가장 ～한 (명사)

TIP 최상급 뒤에는 범위를 나타내는 〈in/of＋장소/그룹〉이 쓰여요.

This is **the largest** house **in** the neighborhood.

이것은 동네에서 _____.

직독직해 Practice

✓ 각 문장의 주어에는 밑줄을, 동사에는 동그라미 해보세요.

✓ 그다음 끊어 읽기한 부분에 주의하여 빈칸에 해석을 써보세요.

1 The airbag jeans / help keep riders safe, / and are as comfortable / as regular pants. **Hint** 주어 1개, 동사 2개

→ _____ / _____, / _____ /

  _____.

2 Riding a motorcycle / is much more dangerous / than driving a car.

→ _____ / _____ / _____.

3 These jeans are made / from the strongest denim / in the world.

→ _____ / _____ / _____.

 **내신 맛보기**

어휘 Practice

1 다음 영영 풀이가 설명하는 단어로 가장 알맞은 것은?

> a part of the surface of something such as a person's body

① injury   ② area   ③ rider   ④ motorcycle   ⑤ news

2 다음 빈칸에 들어갈 수 <u>없는</u> 것을 모두 고르세요.

> • He ate the _____ cake in ten minutes.
> • He had a car _____ on his way to work.
> • Our _____ day starts with a morning walk.

① whole   ② serious   ③ regular   ④ denim   ⑤ accident

3 다음 우리말과 의미가 같도록 빈칸에 주어진 철자로 시작하는 단어를 쓰세요.

> 자전거를 탈 때 다치지 않도록 조심하세요.

→ Be careful not to g_____ h_____ when you're riding your bike.

서술형 Practice

[4-5] 배열 영작 다음 우리말과 의미가 같도록 주어진 단어를 올바르게 배열하세요.

4 그 무용수는 움직였다 / 백조만큼 우아하게 / 무대 위에서.

    ↳ 그 무용수는 무대 위에서 백조만큼 우아하게 움직였다.

(as / a swan / moved / as / the dancer / gracefully)

→ _____ on the stage.

5 비행기로 여행하는 것은 / 더 비싸다 / 기차로 여행하는 것보다.

    ↳ 비행기로 여행하는 것은 기차로 여행하는 것보다 더 비싸다.

(than / traveling by train / expensive / is / more / traveling by plane)

→ _____ .

6 조건 영작 다음 우리말과 의미가 같도록 주어진 단어를 사용하여 문장을 완성하세요.

> 그 옷은 이집트에서 가장 부드러운 면으로 만들어졌다. (soft, cotton)

→ The clothes are made from _____ _____ _____ _____ Egypt.

31 1년에 한 번만 볼 수 있어요

직독직해가 쉬워지는 구문

☑ Reading의 필수 구문 3개를 확인한 후, 각 문장의 해석을 완성하세요.

1일 1문장 구문
「**That's why+주어+동사**」: 그것이 ~한 이유이다, 그래서 ~이다

She always listens to others. **That's why** she has so many friends.
그녀는 항상 다른 사람의 말에 귀 기울인다. _____.

구문 Plus 1
「**명사+과거분사(p.p.) ~** 」: ~하게 된, ~된 (명사)
TIP 분사 뒤에 딸린 어구가 있을 때는 명사 뒤에서 명사를 꾸며 주게 돼요.

He works at a company **called** Green Tech.
그는 _____ 일한다.

구문 Plus 2
「**명사+[of/in+명사 ~]**」: ~의/~에 있는 (명사)
TIP 「전치사+명사」는 형용사처럼 앞의 명사를 꾸며 줄 수 있어요.

This museum is a place **of** learning and discovery.
이 박물관은 _____.

직독직해 Practice

☑ 각 문장의 주어에는 밑줄을, 동사에는 동그라미 해보세요.

☑ 그다음 끊어 읽기한 부분에 주의하여 빈칸에 해석을 써보세요.

1 That's why // they need an airport. **Hint** 주어 2개, 동사 2개

→ _____ // _____.

2 It started / because of a festival / called "Burning Man."

→ _____ / _____ / _____.

3 This is a huge festival / of art, music, and culture.

→ _____ / _____.

 **내신 맛보기**

어휘 Practice

1 다음 단어의 영영 풀이가 바르지 <u>않은</u> 것은?

① bring: to make something happen

② simple: impossible to do or understand

③ join: to do something with a person or group

④ desert: an area where there is almost no water or plants

⑤ runway: a long, flat path where airplanes take off and land

2 다음 우리말과 의미가 같도록 빈칸에 알맞은 단어를 〈보기〉에서 찾아 쓰세요.

보기
get   because   show   of   up   stuck

(1) 상어들이 저 해안 근처에 자주 나타난다.

→ Sharks often _____ _____ near that beach.

(2) 부모님은 가끔 출근길에 교통 체증에 꼼짝 못 하신다.

→ My parents sometimes _____ _____ in traffic on their way to work.

서술형 Practice

[3-4] 배열 영작 다음 우리말과 의미가 같도록 주어진 단어를 올바르게 배열하세요.

3 케이크는 / 오븐에서 구워진 / 아주 좋은 냄새가 난다.

↳ 오븐에서 구워진 케이크는 냄새가 아주 좋다.

(in the oven / the cake / great / baked / smells)

→ _____ .

4 그는 일찍 일어난다 / 매일 아침. 그것이 ~한 이유이다 / 그가 절대 늦지 않는 / 학교에.

↳ 그는 매일 아침 일찍 일어난다. 그래서 그는 절대 학교에 지각하지 않는다.

(he's / school / late / why / for / that's / never)

→ He gets up early every morning. _____ .

5 조건 영작 다음 우리말과 의미가 같도록 주어진 단어를 사용하여 문장을 완성하세요.

부엌에 있는 그 접시들은 설거지가 필요하다. (the kitchen, the dishes)

→ _____ need washing.

32 세상에서 가장 차가운 음악

✅ Reading의 필수 구문 3개를 확인한 후, 각 문장의 해석을 완성하세요.

1일 1문장 구문 간접의문문 「how＋주어＋동사 ～」: 어떻게 …가 ～하는지(를)

He wonders **how** the machine works.

그는 _____ 궁금해한다.

구문 Plus 1 「사람을 나타내는 명사(선행사)＋[who＋동사 ～]」: ～하는[～한] (명사)

TIP 관계대명사 who는 선행사가 '사람'일 때 쓰여요.

He is the movie director **who** made the action film.

그가 _____ 이다.

구문 Plus 2 「동사원형 ～」: ～해라

TIP 상대방에게 어떤 행동을 하도록 지시하는 명령문은 주어 없이 동사원형으로 시작해요.

Clean your room and then **play** with your friends.

네 방을 청소하고 나서 _____ .

직독직해 Practice

✅ 각 문장의 주어에는 밑줄을, 동사에는 동그라미 해보세요.

✅ 그다음 끊어 읽기한 부분에 주의하여 빈칸에 해석을 써보세요.

1 He wondered // how music would sound / on ice instruments. **Hint** 주어 2개, 동사 2개

➔ _____ // _____ / _____ .

2 Tim first got the idea / from a friend // who makes guitars. **Hint** 주어 1개, 동사 2개

➔ _____ / _____ // _____ .

3 Put on your warmest clothes // and enjoy Tim's ice music orchestra! **Hint** 동사 2개

➔ _____ // _____ !

64 | LEVEL 1 WORKBOOK

어휘 Practice

1 다음 단어의 우리말 뜻이 <u>잘못된</u> 것은?

① artist: 예술가   ② mix: 섞인 것   ③ melt: 녹다

④ experience: 경험   ⑤ instrument: 관현악단

2 다음 단어의 의미에 해당하는 것을 찾아 연결하세요.

(1) wonder ·   · ⓐ energy that makes something warmer

(2) heat   ·   · ⓑ to think about something in your mind

(3) imagine ·   · ⓒ to want to know something

3 다음 빈칸에 공통으로 들어갈 단어로 가장 알맞은 것은?

> • You don't need to pay. You can have it for ＿＿＿＿＿＿＿＿.
> • I don't have any plans tonight. I am ＿＿＿＿＿＿＿＿.

① special   ② free   ③ sharp   ④ reality   ⑤ unique

서술형 Practice

[4-5] 배열 영작 다음 우리말과 의미가 같도록 주어진 단어를 올바르게 배열하세요.

4 그들은 만났다 / 과학자를 / 노벨상을 수상한.

↳ 그들은 노벨상을 수상한 과학자를 만났다.

(met / won / the scientist / who / the Nobel prize)

→ They ＿＿＿＿＿＿＿＿＿＿＿＿＿＿＿＿＿＿＿＿＿＿.

5 컴퓨터를 꺼라 / 그리고 해라 / 네 숙제를.

↳ 컴퓨터를 끄고 네 숙제를 해라.

(your homework / turn off / and / the computer / do)

→ ＿＿＿＿＿＿＿＿＿＿＿＿＿＿＿＿＿＿＿＿＿＿.

6 조건 영작 다음 우리말과 의미가 같도록 주어진 단어를 사용하여 문장을 완성하세요.

> 우리는 그 이야기가 어떻게 끝나는지 궁금하다. (end, the story)

→ We wonder ＿＿＿＿＿＿＿＿＿＿＿＿＿＿＿＿＿＿＿.

33 시카고 강의 특별한 전통

직독직해가 쉬워지는 구문

✅ Reading의 필수 구문 3개를 확인한 후, 각 문장의 해석을 완성하세요.

1일 1문장 구문 **'계속'의 「have/has+과거분사(p.p.)」: (지금까지) 쭉 ~해왔다**

TIP 과거에 일어난 일이 현재까지도 '계속'되고 있다는 의미를 나타내며, 〈for+기간〉 등의 표현과 함께 잘 쓰여요.

He **has studied** English for two years.

그는 2년 동안 _____.

구문 Plus 1 **간접의문문 「where+주어+동사 ~」: 어디에서 ~하는지(를)**

TIP 의문사 의문문이 다른 문장의 일부가 될 때는 〈의문사+주어+동사 ~〉의 순서로 쓰여요.

to부정사의 목적어 자리에도 쓰일 수 있어요.

We need to decide **where** we will have lunch.

우리는 _____ 결정해야 한다.

구문 Plus 2 **「suggest v-ing」: ~하는 것을 제안하다**

TIP 동명사(v-ing)가 동사의 목적어로 쓰이는 경우, '~하는 것을, ~하기로' 등으로 해석해요.

She **suggested going** for a walk in the park.

그녀는 공원에서 _____.

직독직해 Practice

✅ 각 문장의 주어에는 밑줄을, 동사에는 동그라미 해보세요.

✅ 그다음 끊어 읽기한 부분에 주의하여 빈칸에 해석을 써보세요.

1 For over 60 years, / the city's river has turned green!

➔ _____, / _____!

2 In the 1960s, / the city used green dye / to trace where wastewater was coming from.

Hint 주어 2개, 동사 2개

➔ _____, / _____ / _____.

3 But his close friend suggested / dyeing Chicago River / instead.

➔ _____ / _____ / _____.

내신 맛보기

어휘 Practice

1 다음 단어의 우리말 뜻이 <u>잘못된</u> 것은?

① close: 친밀한   ② powder: 가루, 분말   ③ memory: 기억

④ holiday: 축제일; 휴일   ⑤ mayor: 주인

2 다음 빈칸에 들어갈 수 <u>없는</u> 것을 <u>모두</u> 고르세요.

> • When did the accident _____?
> • The concert _____(e)s at 7 in the evening.
> • The sale will _____ until the end of the week.

① last   ② begin   ③ keep   ④ happen   ⑤ touch

3 다음 우리말과 의미가 같도록 빈칸에 알맞은 단어를 쓰세요.

> 그녀는 소설을 읽을 생각이었지만, 대신에 잡지를 선택했다.

→ She was going to read a novel, but chose a magazine _____.

서술형 Practice

[4-5] [배열 영작] 다음 우리말과 의미가 같도록 주어진 단어를 올바르게 배열하세요.

4 5년 동안, / 그녀는 일해 왔다 / 선생님으로 / 이 학교에서.

↳ 5년 동안, 그녀는 이 학교에서 선생님으로 일해 왔다.

(a teacher / she / worked / as / has)

→ For five years, _____ in this school.

5 그 앱은 돕는다 / 추적하는 것을 / 어디에 당신이 돈을 쓰는지.

↳ 그 앱은 당신이 돈을 어디에 쓰는지 추적하는 데 도움을 준다.

(where / your money / to trace / spend / you)

→ The app helps _____.

6 [조건 영작] 다음 우리말과 의미가 같도록 주어진 단어를 사용하여 문장을 완성하세요.

> Jake는 저녁으로 새 식당을 시도해 보자고 제안했다. (suggest, try)

→ Jake _____ _____ a new restaurant for dinner.

34 이 나라에는 13월이 있어요!

정답과 해설 p.89

직독직해가 쉬워지는 구문

✅ Reading의 필수 구문 3개를 확인한 후, 각 문장의 해석을 완성하세요.

1일 1문장 구문 간접의문문 「how many＋복수명사＋주어＋동사 ～」: 몇[얼마나 많은] …이 ～하는지(를)

TIP 의문사 의문문이 다른 문장의 일부가 될 때는 〈의문사＋주어＋동사 ～〉의 순서로 쓰여요.

I don't remember **how many books** I borrowed from the library.
나는 내가 도서관에서 _____ 기억나지 않는다.

구문 Plus 1 「of＋v-ing」: ～하는 (것의)

TIP 전치사의 목적어 자리에는 (대)명사 또는 동명사가 쓰이고, to부정사는 올 수 없어요.

She found a way **of solving** the problem quickly.
그녀는 그 문제를 빨리 _____ 찾았다.

구문 Plus 2 「if＋주어＋동사 ～」: (만약) ～한다면

TIP if가 이끄는 절은 '조건'을, 주절은 그 조건에 대한 '결과'를 나타내요.

If you ask politely, they might help you.
_____, 그들이 너를 도와줄지도 몰라.

직독직해 Practice

✅ 각 문장의 주어에는 밑줄을, 동사에는 동그라미 해보세요.

✅ 그다음 끊어 읽기한 부분에 주의하여 빈칸에 해석을 써보세요.

1 So unlike us, / they don't have to remember // how many days each month has. **Hint** 주어 2개, 동사 2개

→ _____, / _____ // _____

_____.

2 In Ethiopia, / people have a special way / of counting days and time.

→ _____, / _____ / _____.

3 So, / if a friend in Ethiopia / wants to meet you / at 10 o'clock, // they might actually mean / 4 o'clock in the afternoon! **Hint** 주어 2개, 동사 2개

→ _____, / _____ / _____ /

_____, // _____ / _____!

어휘 Practice

1 다음 단어의 우리말 뜻이 <u>잘못된</u> 것은?

① way: 방법, 방식   ② each: 각각   ③ noon: 자정, 밤 12시

④ calendar: 달력   ⑤ unlike: ~와는 달리

2 다음 우리말과 의미가 같도록 빈칸에 주어진 철자로 시작하는 단어를 쓰세요.

(1) 그들은 영화를 보러 갔고 팝콘도 샀다.

→ They went to see the movie, and they bought popcorn a_____ w_____.

(2) 그녀는 차에 설탕 대신 꿀을 사용했다.

→ She used honey i_____ o_____ sugar in her tea.

(3) 케이크를 여덟 조각으로 나눠 주세요.

→ Please d_____ the cake i_____ eight pieces.

서술형 Practice

[3-4] 배열 영작 다음 우리말과 의미가 같도록 주어진 단어를 올바르게 배열하세요.

3 만약 네가 시도한다면 / 이 조리법을, / 그것은 될지도 모른다 / 네가 가장 좋아하는 요리가.

↳ 네가 이 조리법을 시도해 보면, 네가 가장 좋아하는 요리가 될지도 몰라.

(you / this / try / if / recipe)

→ _____, it might become your favorite.

4 엄마는 물어보셨다 / 나에게 / 얼마나 많은 시간을 / 내가 컴퓨터 게임을 했는지.

↳ 엄마는 나에게 내가 컴퓨터 게임을 몇 시간 동안 했는지 물어보셨다.

(how / the computer game / I / hours / many / played)

→ My mom asked me _____.

5 조건 영작 다음 우리말과 의미가 같도록 주어진 단어를 사용하여 문장을 완성하세요.

> 이 도시에서 생활하는 비용은 높다. (live, of)

→ The cost _____ _____ in this city is high.

35 오래되어도 쓸모가 있어요

직독직해가 쉬워지는 구문

☑ Reading의 필수 구문 3개를 확인한 후, 각 문장의 해석을 완성하세요.

1일 1문장 구문 「형용사+to부정사 ~」: ~하기에 …인[…한]

TIP 이때 to부정사는 앞에 오는 형용사를 부사처럼 꾸며 주는 역할을 해요.

The new washing machine is convenient **to use**.
새 세탁기는 _____.

구문 Plus 1 「(대)명사+to부정사」: ~하는, ~할 (명사)

TIP 이때 to부정사는 앞에 오는 (대)명사를 형용사처럼 꾸며 주는 역할을 해요.

Winter is the best time **to travel** to the country.
겨울은 그 나라로 _____.

구문 Plus 2 「명사+현재분사(v-ing) ~」: ~하는, ~하고 있는 (명사)

TIP 분사가 이끄는 어구는 바로 앞의 명사를 형용사처럼 꾸며 줄 수 있어요.

This book is excellent for beginners **learning** to cook.
이 책은 _____에게 훌륭하다.

직독직해 Practice

☑ 각 문장의 주어에는 밑줄을, 동사에는 동그라미 해보세요.

☑ 그다음 끊어 읽기한 부분에 주의하여 빈칸에 해석을 써보세요.

1 Since phone boxes are easy to find / and have electricity, // they're perfect / for these machines.

Hint 주어 2개, 동사 3개

→ _____ / _____, //

_____ / _____.

2 Instead, / they found new ways / to use these old phone boxes.

→ _____, / _____ / _____.

3 This is great / for people / living far from big libraries.

→ _____ / _____ / _____.

어휘 Practice

1 다음 단어의 의미에 해당하는 것을 찾아 연결하세요.

(1) since   ·   · ⓐ to ask for something in a polite way

(2) perfect ·   · ⓑ exactly right for a particular purpose, situation, or person

(3) request ·   · ⓒ for the reason that

2 다음 빈칸에 들어갈 단어로 가장 알맞은 것은?

> The students are doing _____ on local history.

① use   ② electricity   ③ research   ④ sign   ⑤ machine

3 다음 우리말과 의미가 같도록 빈칸에 주어진 철자로 시작하는 단어를 쓰세요.

> 그 오래된 공장은 박물관으로 변했다.

→ The old factory t_____ i_____ a museum.

서술형 Practice

[4-5] 배열 영작 다음 우리말과 의미가 같도록 주어진 단어를 올바르게 배열하세요.

4 나는 일이 좀 더 있다 / 해야 할.
  ↳ 나는 해야 할 일이 좀 더 있다.

(have / to / some more work / I / do)

→ _____.

5 이 공원은 아름답다 / 방문하기에 / 봄에.
  ↳ 이 공원은 봄에 방문하기에 아름답다.

(is / to visit / this park / beautiful)

→ _____ in spring.

6 조건 영작 다음 우리말과 의미가 같도록 주어진 단어를 사용하여 문장을 완성하세요.

> 이 신발은 장거리를 걷는 사람들에게 완벽하다. (walk, people)

→ These shoes are perfect for _____ _____ long distances.

36 중세 시대에만 있던 특별한 색

직독직해가 쉬워지는 구문

✓ Reading의 필수 구문 3개를 확인한 후, 각 문장의 해석을 완성하세요.

1일 1문장 구문 「**be used to＋동사원형**」: ~하는 데 사용되다

TIP be used는 동사 use의 수동태예요.

These tools **were used to build** the house in the past.

이 도구들은 과거에 _____.

구문 Plus 1 「**명사＋과거분사(p.p.) ~** 」: ~하게 된, ~된 (명사)

TIP 분사 뒤에 딸린 어구가 있을 때는 명사 뒤에서 명사를 꾸며 주게 돼요.

This is the brush **used** to paint the house.

이것은 _____.

구문 Plus 2 「**like＋주어＋동사 ~**」: ~처럼, ~대로

TIP like는 접속사로도 쓰일 수 있어요. like를 문장의 동사로 헷갈리지 않도록 주의하세요.

She sings beautifully just **like** her mother did.

그녀는 _____ 아름답게 노래한다.

직독직해 Practice

✓ 각 문장의 주어에는 밑줄을, 동사에는 동그라미 해보세요.

✓ 그다음 끊어 읽기한 부분에 주의하여 빈칸에 해석을 써보세요.

1 This color was used / to paint images / on the pages of books.

➔ _____ / _____ / _____.

2 Luckily, / in one book, / they found the plant / used to make the color.

➔ _____, / _____, / _____ / _____

_____.

3 Now, / we can enjoy this color // just like people did / hundreds of years ago. **Hint** 주어 2개, 동사 2개

➔ _____, / _____ // _____ /

_____.

어휘 Practice

1 다음 단어의 우리말 뜻이 <u>잘못된</u> 것은?

① experiment: 실험　　② laboratory: 화실　　③ luckily: 다행히도

④ popular: 인기 있는　　⑤ appear: 나타나다

2 다음 영영 풀이가 설명하는 단어로 가장 알맞은 것은?

> a set of instructions telling you how to cook something

① source　　② hint　　③ recipe　　④ painting　　⑤ village

3 다음 우리말과 의미가 같도록 빈칸에 알맞은 단어를 〈보기〉에서 찾아 쓰세요.

| 보기 |
| search　　goes　　try　　succeed　　discover |

(1) 시험에 합격하는 데 성공하다: _____ in passing the exam

(2) 시간이 지나면서: as time _____ by

(3) 새로운 방법을 찾아보다: _____ for a new way

서술형 Practice

[4-5] 배열 영작 다음 우리말과 의미가 같도록 주어진 단어를 올바르게 배열하세요.

4 올리브유는 / 스페인에서 만들어지는 / 매우 인기 있다.

↳ 스페인에서 만들어지는 올리브유는 매우 인기 있다.

(very popular / in Spain / are / made / olive oils)

→ _____.

5 그녀는 꾸민다 / 그녀의 집을 / 그녀의 조부모님이 그랬던 것처럼.

↳ 그녀는 그녀의 조부모님이 그랬던 것처럼 집을 꾸민다.

(like / her grandparents / decorates / did / her house)

→ She _____.

6 조건 영작 다음 우리말과 의미가 같도록 주어진 단어를 사용하여 문장을 완성하세요.

> 지하실은 음식을 저장하는 데 사용되었다. (use, store)

→ The basement _____ _____ _____ food.

MEMO

MEMO

독해를 바라보는 재미있는 시각

Reading
Graphy

Level 1	Level 2	Level 3	Level 4
110-130 Words	120-140 Words	130-150 Words	140-160 Words
500L-700L	600L-800L	700L-900L	800L-1000L

*Lexile(렉사일)® 지수는 미국 교육 기관 MetaMetrics에서 개발한 영어 읽기 지수로,
개인의 영어독서 능력과 수준에 맞는 도서를 읽을 수 있도록 개발된 독서능력 평가지수입니다.

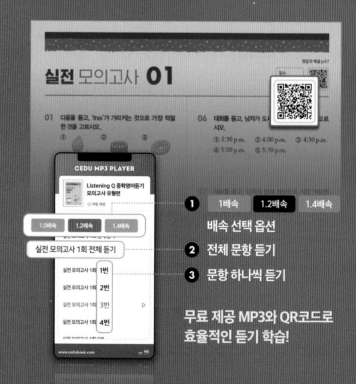

문법 응용력을 높여주는

GRAMMAR Q

✦ Grammar is Understanding ✦

01
교과서
완벽 해부와 반영

CHAPTER 05 진행형, 미래 표

동아(윤)-2과 | 동아(이)-2과 | 천재(이)-3과 | 미래엔-2과
능률(김)-2과 | 비상-2과

동*(윤)-3과 | 동*(이)-3과 | 천*(이)-4과, 6과 …

02
내신 관리
집중 학습

내신
적중
Point

Point 01 어법상 바른 문장 찾기
인칭·대명사에 따라 be동사가 바르게

Point 02 잘못 바꿔 쓴 문장 찾기
주어가 복수일 때, I·you를 포함하는

Point 03 우리말에 맞게 문장 완성하기
주어가 달라질 경우 be동사도 알맞게

03
서술형 만점
모의 시험

Writing Exercises

결과 뜻이 같도록 빈칸에 알맞은 소유격을
완성하세요.   4   다음 사진과 글을 읽고,
알맞은 말을 쓰세요.

04
예습+복습
무료 부가자료

① 어휘리스트, 어휘테스트
② 예문영작연습지, 예문해석연습지,
   예문응용연습지
③ 서술형 추가문제종합평가
④ Study Planner

쎄듀북닷컴(www.cedubook.com)에서 부가 자료를 무료로 다운로드할 수 있습니다.

쎄듀

천일문
STARTER

중등 영어 구문·문법 학습의 시작

1. 중등 눈높이에 맞춘 권당 약 500문장 + 내용 구성
2. 개념부터 적용까지 체계적 학습
3. 천일문 완벽 해설집 「천일비급」 부록
4. 철저한 복습을 위한 워크북 포함

구문 대장 천일문, 중등도 천일문만 믿어!

3 in 1 구성

+ 본책 + 워크북

+ 천일비급

쎄듀런 Mobile & PC
온라인 구문 문장 암기 학습권[유료]

중등부터 고등까지, 천일문과 함께!

예비중 ~ 중3	예비고1	고1	고2	고3
천일문 STARTER 구문 학습 첫걸음	**천일문 입문** 우선 순위 빈출 구문	**천일문 기본** 기본/빈출/중요 구문 총망라	**천일문 핵심** 혼동 구문 완벽 해결	**천일문 완성** 고난도 구문 뛰어넘기

쎄듀북닷컴(www.cedubook.com)에서 부가 자료를 무료로 다운로드할 수 있습니다.

쎄듀

쎄듀

Reading Graphy 리딩그라피

Lexile® 500L-700L

| Level |

1

정답과 해설

독해를 바라보는 재미있는 시각

✦ ✦ ✦ ✦

리딩그라피

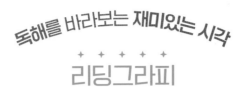

| Level |

1

정답과 해설

01 과테말라에만 있어요! 본책 pp.14~15

정답 ▶ 1 ③ 　 2 ④ 　 3 ⓐ colorful ⓑ cheap 　 4 첫 기차를 타기 위해

문제 해설 ▶

1 과테말라만의 특별한 치킨 버스에 대해 소개하고 있으므로 글의 제목으로 가장 알맞은 것은 ③이다.

① 치킨 버스의 역사 　　　　　　　　　② 치킨 버스의 위험성
③ 과테말라의 독특한 치킨 버스 　　　　④ 치킨 버스의 다채로운 디자인
⑤ 과테말라의 닭만을 위한 특별한 버스

2 9번 문장에서 버스 내부에도 여러 재미있는 장식들이 있으며, 평면 TV가 있는 경우도 있다고 했으므로 ④는 글의 내용과 일치하지 않는다. ①은 2번 문장에, ②는 4번과 5번 문장에, ③은 6번과 7번 문장에, ⑤는 10번 문장에 언급되어 있다.

3

> 과테말라에는 '치킨 버스'라고 불리는 ⓐ 다채로운 색의 특별한 버스가 있다. 그것들은 ⓑ 가격이 싸서 많은 사람들이 이용한다. 이 버스들은 오래되었지만 과테말라에서는 중요하다.

본문 해석 ▶

¹과테말라에는 '치킨 버스'라고 불리는 다채로운 색의 특별한 버스가 있다. ²그것들은 때때로 살아있는 닭들을 실어 나르기 때문에 이런 이름을 얻게 되었다! ³이 버스들은 전국에서 운행된다. ⁴치킨 버스를 타는 것은 또한 매우 저렴하다. ⁵그래서 많은 사람들이 직장, 학교, 그리고 다른 곳으로 가기 위해 그것들을 이용한다.

⁶이 버스들은 예전에는 미국의 스쿨버스였다. ⁷과테말라 사람들은 그것들을 저렴한 가격에 구입한다. ⁸그다음, 그들은 그것들을 밝은색과 디자인으로 칠한다. ⁹버스 안에는 재미있는 장식들이 있고, 때로는 평면 스크린 TV도 있다!

¹⁰과테말라의 많은 치킨 버스들은 매우 오래되어 수리가 필요하다. ¹¹그러나 그것들은 여전히 그 나라에게 매우 특별하다. ¹²사람들은 치킨 버스가 없는 과테말라를 상상할 수 없다.

직독직해 ▶

¹In Guatemala, / there are special colorful buses / called "chicken buses." ²They got this name //
과테말라에는, / 특별한 형형색색의 버스들이 있다 / '치킨 버스'라고 불리는. 　 그것들은 이 이름을 얻었다 //

because sometimes they carry live chickens! ³These buses run / all over the country. ⁴Riding a chicken
그것들은 때때로 살아있는 닭들을 나르기 때문이다! 　 이 버스들은 운행된다 / 전국에서. 　　　 치킨 버스를 타는 것은

bus / is also very cheap. ⁵So many people use them / to go to work, school, and other places.
/ 또한 매우 저렴하다. 　 그래서 많은 사람들이 그것들을 이용한다 / 직장, 학교, 그리고 다른 곳에 가기 위해.

⁶These buses were once school buses / in America. ⁷People in Guatemala / buy them / for a low price.
이 버스들은 예전에 스쿨버스들이었다 / 미국에서. 　 과테말라의 사람들은 / 그것들을 산다 / 저렴한 가격에.

⁸Then, / they paint them / with bright colors and designs. ⁹Inside the buses, / there are fun decorations /
그다음, / 그들은 그것들을 칠한다 / 밝은색들과 디자인으로. 　　　 버스 안에는, 　 / 재미있는 장식들이 있고 /

and sometimes flat-screen TVs!
때때로 평면 화면 TV들이 있다!

¹⁰Many chicken buses / in Guatemala / are very old / and need fixing. ¹¹But they are still very special /
많은 치킨 버스들은 　 / 과테말라에 있는 / 매우 낡았고 / 수리될 필요가 있다. 　 그러나 그것들은 여전히 매우 특별하다 /

to the country. ¹²People can't imagine Guatemala / without chicken buses.
그 나라에.　　　　사람들은 과테말라를 상상할 수 없다　　/ 치킨 버스가 없는.

¹ In Guatemala, **there are** *special colorful buses* [**called** "chicken buses."]
  ▶ <there is/are ~>는 '~가[이] 있다'라는 의미로, be동사 뒤에 오는 명사가 문장의 주어이다. 이때 there는 '거기에'라고 해석하지 않는다.
  ▶ called는 '~라고 불리는'이라는 의미의 과거분사로, called 이하의 어구가 바로 앞의 special colorful buses를 꾸며 주고 있다.

⁴ **Riding** a chicken bus *is* also very cheap.
　　　주어　　　　　동사　　　보어
  ▶ Riding은 문장의 주어로 쓰인 동명사로, '타는 것은'이라고 해석한다. 이때 동명사 주어는 단수 취급하므로 그 뒤에도 단수동사 is가 오고 있다.

¹⁰ Many chicken buses in Guatemala are very old and **need fixing**.
  ▶ <need v-ing>는 '~될 필요가 있다'라는 뜻으로 형태는 능동이지만, 주어가 동작을 받는 수동의 의미를 나타낸다.
    <need to-v>는 '~할 필요가 있다, ~해야 한다'라는 뜻으로 그 의미가 다르므로 주의해야 한다.

02 거대 호박의 놀라운 변신
본책 pp.16~17

정답　　1 ⓐ **Made** ⓑ **Pumpkin** 　 2 ④ 　 3 ⑤ 　 4 ⑴ **T** ⑵ **F** 　 5 산에 올라가는 것을 좋아한다

문제 해설　1 이 글은 미국 네브래스카주의 농부인 Duane이 자신이 기른 커다란 호박으로 배를 만들어 탄 이야기를 다루고 있다.

> 거대한 ⓑ 호박으로 ⓐ 만든 한 농부의 배

2 Duane이 호박 배를 몇 번이나 탔는지는 글에서 언급되지 않으므로 정답은 ④이다.

① Duane의 직업은 무엇인가? (1번 문장에 언급됨)
② Duane의 거대한 호박은 얼마나 무거웠는가? (7번 문장에 언급됨)
③ Duane은 어떻게 호박으로 배를 만들었는가? (9번 문장에 언급됨)
④ Duane은 호박 배를 몇 번이나 탔는가?
⑤ Duane은 호박 배로 얼마나 멀리 이동했는가? (13번 문장에 언급됨)

3 '하지만, 그 여정은 쉽지 않았다.'라는 내용의 주어진 문장은 그 여정이 쉽지 않았던 이유가 언급되는 11번 문장의 앞인 ⑤에 위치하는 것이 가장 자연스럽다.

4 ⑴ 6번 문장에 언급되어 있다.
　⑵ 13번 문장에서 Duane은 호박 배로 61 킬로미터 이상을 이동했다고 했다.

본문 해석　　¹Duane Hansen은 미국 네브래스카주의 농부이다. ²그는 거대한 호박을 키우는 것을 좋아한다. ³그리고 당신은 이것을 믿지 못하겠지만 — 그는 매우 큰 호박으로 배를 만들어 강으로 나갔다!
　　⁴Duane은 큰 호박들을 키우는 데 거의 10년을 보냈다. ⁵어느 날, 그는 아주 큰 호박을 재배했다. ⁶이 호박은 둘레가 370 cm였고 정말 무거웠다. ⁷그것은 무게가 380 kg이 넘었다. ⁸그래서, 그는 재미있는 아이디어를 생각해 냈다:

UNIT 01 | 3

자신의 호박을 배로 만들어 미주리 강을 타고 내려가는 것이었다.

⁹그는 그 호박의 윗부분을 잘라내고 그 안에 앉을 수 있는 공간을 만들었다. ¹⁰그 후, 그는 그의 카약에서 노를 가져왔다. 하지만, 그 여정은 쉽지 않았다. ¹¹파도로부터 오는 물이 그의 호박 안으로 계속 들어갔다. ¹²그럼에도 불구하고, Duane은 멈추지 않았다. ¹³결국, 그는 자신의 호박 배로 61 킬로미터 이상을 이동했다!

직독직해

¹Duane Hansen is a farmer / from Nebraska, U.S. ²He likes / growing huge pumpkins. ³And you
Duane Hansen은 농부이다 / 미국 Nebraska주의. 그는 좋아한다 / 거대한 호박을 키우는 것을. 그리고 당신은

won't believe this // — he made a boat / out of a really big pumpkin / and went out / on a river!
이것을 믿지 못할 것이다 // — 그는 배를 만들었다 / 정말 큰 호박으로 / 그리고 나갔다 / 강에!

⁴Duane spent almost 10 years / growing big pumpkins. ⁵One day, / he grew a super big one.
Duane은 거의 10년을 보냈다 / 큰 호박들을 키우는 데. 어느 날, / 그는 아주 큰 것을 재배했다.

⁶This pumpkin was 370 cm around / and really heavy. ⁷It weighed over 380 kilograms.
이 호박은 둘레가 370 cm였다 / 그리고 정말 무거웠다. 그것은 무게가 380 kg 이상이었다.

⁸So, / he thought of a fun idea: / to make his pumpkin into a boat / and ride it / down the Missouri River.
그래서, / 그는 재미있는 아이디어를 생각해 냈다: / 그의 호박을 배로 만드는 것과 / 그것을 타는 것 / Missouri 강을 따라.

⁹He cut the pumpkin's top off / and made space / to sit inside. ¹⁰Then, / he took paddles /
그는 호박의 윗부분을 잘라냈다 / 그리고 공간을 만들었다 / 그 안에 앉을 수 있는. 그 후, / 그는 노를 가져왔다 /

from his kayak. However, / the ride wasn't easy. ¹¹Water from the waves / kept getting inside his pumpkin.
그의 카약에서. 하지만, / 그 여정은 쉽지 않았다. 파도로부터 오는 물이 / 계속 그의 호박 안으로 들어갔다.

¹²Still, / Duane didn't stop. ¹³In the end, / he traveled more than 61 kilometers / in his pumpkin boat!
그럼에도 불구하고, / Duane은 멈추지 않았다. 결국, / 그는 61 킬로미터 이상을 이동했다 / 그의 호박 배에서!

주요 구문

² He **likes growing** huge pumpkins.
▶ <like v-ing>는 '~하는 것을 좋아하다'는 의미이며, 동사 like는 목적어로 v-ing(동명사)를 취하지만 to-v(to부정사)로 바꿔 써도 큰 의미 차이는 없다.

³ And you won't believe *this* — he **made** a boat out of a really big pumpkin and went out on a river!
동사1 / 동사2
▶ 여기서 this는 —(대쉬) 뒤의 문장 전체(he made ~ on a river!)를 가리킨다.
▶ 두 개의 동사 made와 went out은 접속사 and로 연결되어 있다. and가 연결하는 어구는 문법적으로 성격이 같아야 한다.

⁸ So, he thought of a fun idea: **to make** his pumpkin into a boat and **(to) ride** it **down** the Missouri River.
▶ to make와 (to) ride는 명사처럼 쓰이는 to부정사로 각각 '만드는 것'과 '타는 것'이란 의미이다. 이때 접속사 and 뒤 to부정사의 to는 반복되는 말이므로 생략되었다.
▶ 여기서 down은 '(강 등을) 따라'라는 의미의 전치사이다.

⁹ He cut the pumpkin's top off and made *space* [**to sit** inside].
▶ to sit은 '앉을'이라는 의미로, 바로 앞의 명사 space를 꾸며 주는 형용사적 용법의 to부정사이다.

¹³ In the end, he traveled **more than** 61 kilometers in his pumpkin boat!
▶ <비교급+than>은 '~보다 더 …한[하게]'라는 뜻이며, 이때 more는 much의 비교급으로 '더 많이'라는 의미이다.

정답 1 ⑤   2 ③   3 (C) → (A) → (D) → (B)   4 그 고양이는 자고 있었다

문제 해설

1 이 글은 우연한 사고로 카리브 해에서 표류하게 된 Elvis가 24일간 케첩과 양념만 먹으며 생존한 이야기를 다루고 있으므로, 제목으로 가장 알맞은 것은 ⑤이다.

① 대형 케첩 회사의 선물   ② 바다에서 놀라운 해군의 구조
③ 카리브 해로 향한 Elvis의 여행   ④ 바다에서 홀로 생존하는 방법
⑤ 바다에서 케첩으로 생존한 한 남자

2 7번 문장에서 해군이 그를 구조했을 때 그는 건강한 상태였다고 했으므로 ③은 글의 내용과 일치하지 않는다.
①은 2~4번 문장에, ②는 5번 문장에, ④는 8번과 9번 문장에, ⑤는 13번 문장에 언급되어 있다.

3 이야기의 흐름상 Elvis가 바다 멀리 떠내려가게 되었다는 내용의 (C), 그 후 그가 24일 동안 바다에서 생존했다는 내용의 (A), 신호를 보고 해군이 그를 구조할 수 있었다는 내용의 (D), 이 이야기를 들은 케첩 회사가 Elvis에게 새 보트를 주었다는 내용의 (B)의 흐름으로 나열되어야 자연스럽다. 따라서 정답은 (C) → (A) → (D) → (B)이다.

> (A) Elvis는 24일 동안 바다에서 길을 잃었지만 살아남았다.
> (B) 케첩 회사는 Elvis에게 새 보트를 주었다.
> (C) Elvis는 바람과 파도에 의해 바다 멀리 떠내려갔다.
> (D) 비행기가 그의 신호를 보았고 해군이 그를 구조했다.

본문 해석

¹어느 날, Elvis Francois는 그의 보트를 수리하고 있었다. ²갑자기, 날씨가 변했다. ³바람과 파도가 그를 바다의 먼 곳으로 데리고 갔다. ⁴불쌍한 Elvis는 카리브 해에서 길을 잃었다!
⁵24일 후에, 그는 마침내 비행기를 보았고 거울을 사용해 신호를 보냈다. ⁶비행기에 있는 사람들이 그것을 알아차리고 해군에 구조를 요청했다. ⁷해군이 Elvis를 구조했을 때, 그는 건강한 상태였다. ⁸그는 이렇게 설명했다, "저는 케첩 한 병과 약간의 양념들만 가지고 있었어요. ⁹저는 그것들을 빗물과 섞어 마셨죠. ¹⁰그것이 제가 살아남은 방법이에요."
¹¹대형 케첩 회사인 하인즈는 Elvis의 이야기에 대해 들었다. ¹²그들은 감동했고 그에게 새 보트를 주고 싶었다. ¹³케첩으로 생존한 그의 이야기 덕분에, Elvis는 그 케첩 회사로부터 새 보트를 받았다!

직독직해

¹One day, / Elvis Francois was fixing his boat. ²Suddenly, / the weather changed. ³Wind and waves
어느 날, / Elvis Francois는 그의 보트를 수리하고 있었다.   갑자기, / 날씨가 변했다.   바람과 파도가

carried him / far out into the ocean. ⁴Poor Elvis was lost / in the Caribbean Sea!
그를 데리고 갔다 / 바다 안쪽으로 멀리.   불쌍한 Elvis는 길을 잃었다 / 카리브 해에서!

⁵After 24 days, / he finally saw a plane / and sent a signal / by using a mirror. ⁶The people on the plane
24일 후에, / 그는 마침내 비행기를 보았고 / 신호를 보냈다 / 거울을 사용해.   비행기에 있는 사람들이

noticed it / and called the navy for help. ⁷When the navy rescued Elvis, // he was in good health.
그것을 알아차렸다 / 그리고 해군에 구조를 요청했다.   해군이 Elvis를 구조했을 때, // 그는 건강한 상태였다.

⁸He explained, // "I only had a bottle of ketchup and some seasonings. ⁹I mixed them / with rainwater /
그는 설명했다, // "나는 케첩 한 병과 약간의 양념들만 가지고 있었다.   나는 그것들을 섞었다 / 빗물과 /

and drank it. ¹⁰That's how I survived."
그리고 그것을 마셨다. 그것이 내가 살아남은 방법이다."

¹¹Heinz, the big ketchup company, / heard about Elvis' story. ¹²They felt touched /
대형 케첩 회사인 하인즈는 / Elvis의 이야기에 대해 들었다.   그들은 감동했고 /

and wanted to give him / a new boat. ¹³Thanks to his ketchup survival story, / Elvis got a new boat /
그에게 주고 싶었다   / 새 보트를.   케첩으로 생존한 그의 이야기 덕분에,   / Elvis는 새 보트를 받았다   /

from the ketchup company!
그 케첩 회사로부터!

---

⁵ After 24 days, he finally **saw** a plane 〔**and**〕 **sent** a signal **by using** a mirror.
　　　　　　　　　　　　　　　동사1　　　　　　동사2

▶ 과거형 동사 saw와 sent는 접속사 and로 연결되어 있다.

▶ <by v-ing>는 '~해서, ~함으로써'라는 의미로, '수단'을 나타낸다. 전치사 by 뒤에는 목적어로 동명사인 using이 쓰였다.

¹⁰ **That's how** I survived.
　　　　　　　주어　동사

▶ <That's how+주어+동사 ~>는 '그것이 ~하는 방법이다, 그렇게 ~한 것이다'라는 의미이다.

¹² They **felt touched** and wanted to **give** him a new boat.
　　　　　　　　　　　　　　　　　　　　　　A　　B

▶ <feel+형용사>는 '~하게 느끼다'의 의미이며, 이때 touched는 '감동한'이라는 뜻의 형용사이다.

▶ <give A B>는 'A에게 B를 주다'라는 의미를 나타내며, 주로 A 자리에는 '사람'이 B 자리에는 '사물'이 온다.
　　<give B to A>로 바꿔 쓸 수도 있다. (= ~ **give** a new boat to him!)
　　　　　　　　　　　　　　　　　　　　　　B　　　　　　A

¹³ **Thanks to** *his ketchup survival story*, Elvis got a new boat from the ketchup company!

▶ thanks to는 '~ 덕분에'라는 뜻의 전치사 표현으로 그 뒤에는 명사(구)가 뒤따른다.

Review

본책 p.20

단어

정답 ▶
A 1 ⓒ   2 ⓐ   3 ⓑ
B 1 unique   2 notice   3 decoration
C 1 all over the country   2 thanks to   3 in the end

해석 ▶
A 1 price(가격, 값) - ⓒ 무언가를 사기 위해 지불해야 하는 돈의 액수
  2 survive(살아남다, 생존하다) - ⓐ 사고나 질병을 겪은 뒤 계속 살아나가다
  3 rescue(구조하다) - ⓑ 위험한 상황에서 누군가를 구하다

B 1 독특한 유머 감각
  2 프로그램의 오류를 알아차리다
  3 생일 파티를 위한 장식

본책 p.21

1일 1문장

정답 ▶
A 1 **My little brother** (likes) watching cartoons.
  2 **Someone** (was playing) the violin beautifully in the park.
  3 **My dad** usually (leaves) early in the morning to avoid traffic.

B 1 I am saving my money to buy a new bike.
  2 She was taking a nap at the time.
  3 Jake likes jogging early in the morning.

C 1 그녀의 피부를 보호하기 위해
  2 저녁을 먹고 있었다
  3 추리 소설을 읽는 것을 좋아하신다

해석 ▶
A 1 내 남동생은 만화 영화 보는 것을 좋아한다.
  2 누군가가 공원에서 바이올린을 아름답게 연주하고 있었다.
  3 나의 아빠는 교통 체증을 피하기 위해 보통 아침에 일찍 출발하신다.

---

04 푸르면 푸를수록 매력이 쑥쑥

본책 pp.24~25

정답 ▶ 1 ② 2 ② 3 ⓐ fresh fish ⓑ attract 4 변하게 했다[만들었다], 하늘을 주황색으로

문제 해설 ▶

1 '그들의 발 또한 하얗다.'라는 의미의 주어진 문장은 푸른발 부비새가 어렸을 때는 흰색 털을 가지고 있다는 내용의 3 번 문장과 하지만 성장하면서 발이 파랗게 변한다는 내용의 4번 문장 사이인 ②에 위치하는 것이 가장 자연스럽다.

2 4번 문장에서 푸른발 부비새의 발은 자라면서 파랗게 변한다고 했으므로 ②는 글의 내용과 일치하지 않는다. ①은 2 번 문장에, ③은 8번 문장에, ④는 10번 문장에, ⑤는 11번 문장에 언급되어 있다.

3 **푸른발 부비새**

- 그것은 푸른 발을 가진 새다.
- 푸른색은 그들이 먹는 ⓐ 신선한 물고기의 색소에서 비롯된다.
- 수컷 푸른발 부비새는 짝의 ⓑ 마음을 끌기 위해 그들의 발을 사용한다.

본문 해석 ▶

¹푸른발 부비는 새다. ²그들은 갈라파고스 제도에 산다. ³그들이 새끼일 때는 깃털이 하얗고 몸은 솜털로 뒤덮여 있 다. 그들의 발 또한 하얗다. ⁴하지만 자라면서, 그들의 발은 파랗게 변한다!

⁵그들의 발의 파란색은 어디에서 오는 것일까? ⁶부비새들은 신선한 물고기를 먹는데, 그 물고기는 색소들을 갖고 있 다. ⁷이것들이 그들의 발을 푸르게 만든다. ⁸푸른 발을 갖고 있는 것은 좋은 건강의 징후이다.

⁹또한, 수컷 부비새들은 짝의 마음을 끌기 위해 그들의 푸른 발을 사용한다. ¹⁰수컷 부비새가 더 푸른 발을 가지고 있 으면 그것은 암컷에게 더 매력적이다. ¹¹수컷 부비새는 그의 발을 뽐내기 위해 춤을 춘다. ¹²그는 한쪽 발을 들어 올렸다 가 다른 쪽 발을 들어 올릴 것이다. ¹³그 춤은 사람들에게는 웃겨 보일지도 모른다. ¹⁴하지만 그것은 수컷 부비새에게 중 요하다. ¹⁵그 춤은 암컷에게 그가 얼마나 건강한지 보여 줄 수 있다!

직독직해 ▶

¹The blue-footed boobies are birds. ²They live / in the Galapagos Islands. ³When they're babies, //
푸른발 부비는 새다.　　　　　　그들은 산다 / 갈라파고스 제도에.　　　그들이 새끼일 때,　　　　//

they have white feathers and fluffy bodies. Their feet are white, too. ⁴But as they grow up, // their feet
그들은 하얀 깃털들과 솜털로 뒤덮인 몸을 갖고 있다.　　그들의 발 또한 하얗다.　　그러나 그들이 자라면서,　// 그들의 발은

turn blue!
파랗게 변한다!

⁵Where does the blue color of their feet come from? ⁶The boobies eat fresh fish, // and the fish have
그들의 발의 파란색은 어디에서 나올까?　　　　　　　부비새들은 신선한 물고기를 먹는다, / 그리고 그 물고기는

pigments. ⁷These turn their feet blue. ⁸Having blue feet / is a sign of good health.
색소들을 갖고 있다. 이것들이 그들의 발을 파랗게 만든다. 푸른 발을 갖고 있는 것은 / 좋은 건강의 징후이다.

⁹Also, / male boobies use their blue feet / to attract a partner. ¹⁰When a male booby has bluer feet, //
또한, / 수컷 부비새들은 그들의 푸른 발을 사용한다 / 짝의 마음을 끌기 위해.　　수컷 부비새가 더 푸른 발을 가지고 있으면, //

it's more attractive / to the female. ¹¹The male booby dances / to show off his feet.
그것은 더 매력적이다 / 암컷에게.　　수컷 부비새는 춤을 춘다 / 그의 발을 자랑하기 위해.

¹²He'll lift up one foot / and then the other. ¹³The dance might look funny / to humans. ¹⁴But it is
그는 한 발을 들어 올릴 것이다 / 그리고 그 후에 나머지 하나를.   그 춤은 웃겨 보일지도 모른다   / 사람들에게.   그러나 그것은

important / for the male booby. ¹⁵The dance can show the female // how healthy he is!
중요하다 / 수컷 부비새에게.   그 춤은 암컷에게 보여 줄 수 있다   // 얼마나 그가 건강한지!

주요 구문

⁴ But **as** *they grow up*, their feet **turn blue**!
▸ as는 '~함에 따라, ~하면서'라는 의미의 '시간'을 나타내는 접속사이다. 접속사 뒤에는 <주어+동사 ~> 형태의 절이 온다.
▸ <turn+형용사>는 '~하게 변하다'라는 의미이다.

⁸ **Having** blue feet *is* a sign of good health.
▸ Having blue feet(푸른 발을 갖고 있는 것은)은 문장의 주어로 쓰인 동명사구이다. 이때 동명사는 '~하는 것은'이라고 해석하며
　단수 취급한다. 따라서 그 뒤에는 단수동사 is가 오고 있다.

⁹ Also, male boobies use their blue feet **to attract** a partner.
▸ to attract는 '마음을 끌기 위해'라는 뜻이며, '목적'을 나타내는 부사적 용법으로 쓰인 to부정사이다.

¹⁰ **When** *a male booby has **bluer** feet*, it's **more attractive** to the female.
▸ 접속사 when은 '~할 때'라는 의미로 잘 쓰이지만, 여기서는 '~하면'이라는 의미로 쓰였다. 그 뒤에는 <주어+동사 ~> 형태의 절이 오
　고 있다.
▸ bluer과 more attractive는 '더 ~한'이란 의미의 비교급이다. 일반적으로 비교급은 형용사 뒤에 –er을 붙이나,
　attractive와 같이 2음절 이상의 형용사 앞에는 more을 붙인다.
▸ 두 번째 절의 it은 바로 앞 절의 내용인 '수컷 부비새가 더 푸른 발을 갖고 있는 것'을 가리킨다.

¹³ The dance **might look funny** to humans.
▸ 조동사 might는 '~일[할]지도 모른다'라는 의미를 나타내며, <look+형용사>는 '~하게 보이다'라는 의미이다.

¹⁵ The dance **can show** the female **how healthy** he is!
　　　　　　　　　　　　　　　A(~에게)　　　　B(~를)
▸ <show A B>는 'A에게 B를 보여주다'라는 의미이다.
▸ B 자리에는 <how+형용사+주어+동사 ~>의 간접의문문이 오고 있으며, '얼마나 ...가 ~하는지(를)'이라고 해석한다.

05　여러분도 모험을 떠나 보세요!　　　　　　　　　　　　　　　　본책 pp.26~27

정답 ▸　1 ④　　2 ③　　3 ⓐ inspired　ⓑ adventures　　4 그들이 경기에서 또 이겼다는 것이

문제 해설 ▸
1 7번과 8번 문장에서 Liam은 콜롬비아에서 자전거 사고를 겪고도 포기하지 않았다고 했으므로 ④는 글의 내용과 일
　치하지 않는다. ①, ②는 2번 문장에, ③은 6번 문장에, ⑤는 10번 문장에 언급되어 있다.

2 '그러나, Liam의 여행은 전혀 쉽지 않았다.'라는 내용의 주어진 문장은 여행이 쉽지 않았던 이유가 언급되는 6번 문
　장(그는 한 번 이상 매우 아팠음)의 앞인 ③에 위치하는 것이 가장 자연스럽다.

> **Woman:** Liam, 무엇이 당신의 여행을 시작하게 만들었나요?
> **Liam:** 저는 아르헨티나로 가는 자전거 일주에 관한 책을 읽었는데, 그것이 제가 여행을 시작하도록 ⓐ <u>영감을 주었어요</u>!
> **Woman:** 다른 사람들에게 무엇을 얘기해 주고 싶은가요?
> **Liam:** 저는 그들이 자신만의 ⓑ <u>모험</u>을 시작하도록 격려해 주고 싶어요. 누구나 놀라운 일을 할 수 있어요!

본문 해석

¹Liam Garner는 놀라운 이야기를 갖고 있는 십 대예요. ²그는 17살이었을 때 굉장한 모험을 시작했어요: 그것은 바로 알래스카에서 아르헨티나까지 자전거를 타고 가는 것이었어요!

³Liam은 고등학교를 졸업한 후 무언가 신나는 일을 하고 싶었어요. ⁴그는 오리건주에서 아르헨티나까지 자전거를 타고 간 어떤 사람에 대한 책을 읽었어요. ⁵그 경험이 그가 자신만의 여행을 시작하도록 영감을 주었어요. 그러나 Liam 의 여행은 전혀 쉽지 않았어요. ⁶그는 한 번 이상 매우 아팠어요. ⁷콜롬비아에서 그는 심지어 자전거 사고를 겪기도 했어요. ⁸그러나 그는 포기하지 않았어요.

⁹527일 후에, Liam은 아르헨티나에 도착했어요. ¹⁰여러분은 그가 자신의 여행 중에 14개국을 거쳐 갔다는 것이 믿어지나요? ¹¹이제 그는 다른 사람들에게 자신만의 모험을 떠나 보라고 격려해요. ¹²그는 "누구나 놀라운 일을 할 수 있어요!"라고 말해요.

직독직해

¹Liam Garner is a teenager / with an amazing story. ²When he was 17 years old, //
Liam Garner는 십 대이다 / 놀라운 이야기를 갖고 있는. 그가 17살이었을 때, //

he went on a great adventure: / riding his bike / from Alaska to Argentina!
그는 굉장한 모험을 시작했다: / 그의 자전거를 타는 것 / 알래스카에서 아르헨티나까지!

³After Liam finished high school, // he wanted / to do something exciting. ⁴He read a book /
Liam이 고등학교를 마친 후, // 그는 원했다 / 무언가 신나는 일을 하기를. 그는 책을 읽었다 /

about someone // who rode a bike / from Oregon to Argentina. ⁵That experience inspired him /
누군가에 대해 // 자전거를 탄 / 오리건주에서 아르헨티나까지. 그 경험이 그에게 영감을 주었다 /

to start his own journey. However, / Liam's journey wasn't easy / at all. ⁶He got very sick / more than once.
그 자신만의 여행을 시작하게. 그러나, / Liam의 여행은 쉽지 않았다 / 전혀. 그는 매우 아팠다 / 한 번보다 더 많이.

⁷In Colombia, / he even had a bike accident. ⁸But he didn't give up.
콜롬비아에서, / 그는 심지어 자전거 사고를 겪었다. 하지만 그는 포기하지 않았다.

⁹After 527 days, / Liam reached Argentina. ¹⁰Can you believe // that he traveled / through
527일 후에, / Liam은 아르헨티나에 도착했다. 당신은 믿을 수 있는가 // 그가 이동했다는 것을 /

14 countries / on his trip? ¹¹Now, / he encourages others / to go on their own adventures. ¹²He says, //
14개국을 지나 / 그의 여행에서? 이제, / 그는 다른 사람들을 격려한다 / 그들 자신만의 모험을 떠나도록. 그는 말한다, //

"Anyone can do amazing things!"
"누구나 놀라운 일들을 할 수 있어요!"라고.

주요 구문

² When he was 17 years old, he went on a great adventure: **riding** his bike **from** Alaska **to** Argentina!
                                                A   B

▶ riding은 <동사원형+-ing> 형태의 명사처럼 쓰이는 동명사로 '~하는 것'이라고 해석한다.

▶ <from A to B>는 'A에서 B까지'의 의미이다.

³ After Liam finished high school, he **wanted to do** *something* **exciting**.

▶ <want to-v>는 '~하기를 원하다'라는 의미이다.

▶ -thing으로 끝나는 단어는 형용사가 뒤에서 꾸며 주므로, something은 exciting의 꾸밈을 받아 '무언가 신나는 일'이라고 해석한다.

⁴ He read a book about *someone* [**who** rode a bike from Oregon to Argentina].

▶ who는 주격 관계대명사로, who가 이끄는 절(who ~ to Argentina)은 바로 앞의 명사인 someone을 꾸며 주고 있다.

⁵ That experience **inspired** him **to start** his own journey.
         A   to부정사

▶ <inspire+A(목적어)+to부정사>는 'A가 ~하게 영감을 주다'라는 의미이다.

⁶ He **got** very **sick more than** once.

▶ <get+형용사>는 '(~한 상태가) 되다'라는 의미이다.

▶ <비교급+than>은 '~보다 더 …한[하게]'라는 의미이며, 이때 more는 비교급으로 '더 많이'라는 의미이다.

¹¹ Now, he **encourages** others **to go on** their own adventures.
                    A   to부정사

▶ <encourage+A(목적어)+to부정사>는 'A가 ~하게 격려하다'라는 의미이다.

---

06 나비는 왜 그런 행동을 할까?   본책 pp.28~29

정답   1 ⑤   2 butterflies[Butterflies]   3 (1) F   (2) T   4 ⓐ sweat   ⓑ tears
        5 네게 줄 것이다, 그 책을

문제 해설   1 나비가 우리 피부에 앉는 이유가 우리 땀에 들어있는 소금, 미네랄, 단백질 등을 얻기 위해서라는 내용이므로 정답은
            ⑤이다.

            Q 글의 주제로 가장 알맞은 것은?
            ① 나비가 꽃에서 무엇을 먹는지   ② 우리 땀 속의 미네랄과 단백질
            ③ 일부 동물들이 어떻게 나비를 도와줄 수 있는지   ④ 나비가 어떻게 동물의 눈물을 마시는지
            ⑤ 나비가 가끔 우리 피부에 앉는 이유

        2 밑줄 친 They는 문맥상 6번 문장에서 언급된 butterflies를 가리킨다.

            Q 밑줄 친 They가 가리키는 것은 무엇인가요? 영어로 써보세요.

        3 (1) 4번과 5번 문장에서 나비는 꽃의 꿀 외에도 소금과 같은 다른 것들도 필요하다고 했다.
            (2) 10번 문장에 언급되어 있다.

            Q 다음 문장이 글의 내용과 일치하면 T, 그렇지 않으면 F를 쓰세요.
            (1) 나비는 꽃의 꿀만 먹는다.
            (2) 줄리아 나비는 악어와 같은 동물들의 눈물을 마신다.

        4 Q 글의 내용과 일치하도록 빈칸에 알맞은 말을 본문에서 찾아 쓰세요.

                            나비들이 필요로 하는 것

꿀	• 출처: 꽃
소금, 미네랄과 단백질	• 출처: 인간의 ⓐ 땀 또는 동물의 ⓑ 눈물 • 목적: 번식

5 ⓠ **다음 빈칸에 알맞은 우리말 해석을 써보세요.**

본문 해석 ¹봄에 우리는 정원이나 공원에서 나비들을 볼 수 있다. ²때때로 그들은 우리에게 가까이 다가와서, 우리 피부에 앉기도 한다. ³하지만 나비들은 왜 이런 행동을 할까?

⁴많은 사람들은 나비가 꽃의 꿀만 먹는다고 생각한다. ⁵하지만 여기 놀라운 점이 있다 — 그들은 소금과 같은 다른 것들도 필요로 한다. ⁶나비가 우리에게 앉을 때, 그들은 단지 쉬고 있는 것이 아니다. ⁷그들은 사실 우리의 땀에서 소금을 얻고 있는 것이다! ⁸우리의 땀은 또한 그들에게 미네랄과 단백질을 줄 수 있다. ⁹그들은 주로 번식을 위해 소금과 다른 미네랄이 필요하다. ¹⁰줄리아 나비와 같은 일부 나비들은 비슷한 이유로 악어와 같은 동물의 눈물도 섭취한다.

¹¹따라서, 만약 나비가 당신에게 앉는다면, 그것은 그저 맛있는 소금 간식을 찾고 있는 것일지도 모른다!

¹In the spring, / we can see butterflies / in gardens or parks. ²Sometimes, / they come close / to us /
봄에, / 우리는 나비들을 볼 수 있다 / 정원이나 공원에서. 때때로, / 그들은 가까이 온다 / 우리에게 /
and even land / on our skin. ³But why do butterflies do this?
그리고 심지어 앉는다 / 우리 피부 위에. 그러나 왜 나비들은 이렇게 할까?
⁴Many people think // butterflies only eat / nectar from flowers. ⁵But here's a surprise // — they also
많은 사람들은 생각한다 // 나비들은 오직 먹는다고 / 꽃에서 나오는 꿀을. 그러나 여기 놀라운 점이 있다 // — 그것들은 또한
need other things, / like salt. ⁶When butterflies land / on us, // they're not just resting. ⁷They're actually
다른 것들을 필요로 한다, / 소금과 같은. 나비들이 앉을 때 / 우리에게, // 그들은 단지 쉬고 있는 것이 아니다. 그들은 사실
getting salt / from our sweat! ⁸Our sweat can also give them / minerals and proteins. ⁹They usually need /
소금을 얻고 있는 것이다 / 우리의 땀에서! 우리의 땀은 또한 그들에게 줄 수 있다 / 미네랄과 단백질을. 그들은 보통 필요로 한다 /
salt and other minerals / for reproduction. ¹⁰Some butterflies, / like the Julia butterfly, / even drink tears /
소금과 다른 미네랄들을 / 번식을 위한. 일부 나비들은, / 줄리아 나비와 같은, / 심지어 눈물을 마신다 /
from animals / like crocodiles / for similar reasons.
동물들의 / 악어와 같은 / 비슷한 이유로.
¹¹So, / if a butterfly lands / on you, // it might just be looking for / a tasty salt snack!
따라서, / 만약 나비가 앉는다면 / 당신에게, // 그것은 단지 찾고 있을지도 모른다 / 맛있는 소금 간식을!

⁴ Many people think (**that**) butterflies only eat nectar from flowers.
　　　주어　　　동사　　　　　　　　목적어
▶ 동사 think 뒤에는 목적어절을 이끄는 접속사 that이 생략되었다. 목적어절을 이끄는 접속사 that은 생략되는 경우가 많다.

⁶ When butterflies land on us, they**'re not** just **resting**.

⁷ They**'re** actually **getting** salt from our sweat!
▶ <am/are/is+동사의 -ing형>은 현재진행형으로 '(지금) ~하고 있다, ~하는 중이다'라는 의미를 나타낸다. 동사의 -ing형 앞에 not을 붙이면 '~하고 있지 않다'라는 부정의 의미를 나타낼 수 있다.

¹⁰ *Some butterflies*, [**like** the Julia butterfly], even drink *tears* [**from** *animals* [**like** crocodiles]] for similar reasons.
　　　주어　　　　　　　　　　　　　　　　　　　　동사　목적어
▶ 전치사 like는 '(예를 들어) ~와 같은'이라는 의미이다. like ~ butterfly는 앞의 Some butterflies를, like crocodiles는 앞의 animals를 꾸며 준다.
▶ 전치사 from이 이끄는 어구(from ~ crocodiles)는 앞의 명사인 tears를 꾸며 주고 있다.

¹¹ So, **if** *a butterfly lands on you*, it **might** just **be looking for** a tasty salt snack!
▶ if는 '만약 ~한다면'이라는 뜻의 접속사로, 그 뒤에는 <주어+동사 ~>의 절이 와야 한다.
▶ might는 '~일[할]지도 모른다'는 뜻의 조동사이며, 그 뒤에는 진행형인 be looking for가 함께 쓰여, '찾고 있을지도 모른다'라는 의미를 나타낸다.

Review

본책 p.30

단어

정답

A 1 ⓑ　　2 ⓒ　　3 ⓐ
B 1 **journey**　2 **through**　3 **similar**
C 1 **attract**　2 **reason**　3 **reach**

해석

A 1 adventure(모험) - ⓑ 흥미진진하거나 위험한 경험
2 rest(쉬다, 휴식을 취하다) - ⓒ 일이나 활동하는 것을 멈추다
3 female(여성) - ⓐ 여성이나 여자 아이

C

보기
~에 이르다, 닿다　　이유　　마음을 끌다　　사고

1 꽃은 향기로 벌들의 마음을 끈다.
2 나는 네가 속상한 이유를 알고 싶어.
3 긴 등반 끝에, 우리는 마침내 산 정상에 이르렀다.

본책 p.31

1일 1문장

정답

A 1 **My sister** often (gives) me good advice.
2 I believe that **dogs** (can understand) human emotions.
3 **The spicy food** at the restaurant (turned) my face red.

B 1 turned the ground wet
2 believes that kindness can change the world
3 gives his children a warm hug

C 1 변하게 한다[만든다], 나무들을 녹색으로
2 노숙자들에게 주었다, 약간의 음식과 물을
3 좋은 팀워크가 더 나은 결과를 만들어 낼 수 있다고

해석

A 1 나의 언니[누나]는 종종 나에게 좋은 조언을 해준다.
2 나는 개들이 사람의 감정을 이해할 수 있다고 믿는다.
3 그 식당의 매운 음식이 내 얼굴을 빨갛게 만들었다.

07 카카오빈이 없는 초콜릿   본책 pp.34~35

> **정답**   1 ⑤   2 ④   3 (1) T   (2) F   4 ⓐ children   ⓑ regular   5 (만약) 네가 춥다면

> **문제 해설**

1 초콜릿 산업이 지닌 문제점에 대해 설명하며, 이를 해결하기 위한 대안으로 제시되고 있는 가짜 초콜릿에 대해 소개하고 있으므로 정답은 ⑤이다.

  ① 초콜릿의 역사   ② 가짜 초콜릿을 만드는 방법
  ③ 카카오 농장에서 일하는 아이들   ④ 초콜릿: 세계에서 가장 좋아하는 단 음식
  ⑤ 초콜릿의 어두운 면과 새로운 희망

2 대형 초콜릿 회사들이 초콜릿 산업의 문제를 해결하기로 약속한 것과 달리 많은 것이 바뀌지 않았다는 내용의 (C), 그래서 영국의 한 회사가 가짜 초콜릿을 만들었다는 내용의 (A), 가짜 초콜릿은 일반 초콜릿과 모양과 맛이 유사하다는 내용의 (B)의 흐름으로 나열되는 것이 가장 자연스럽다.

3 (1) 7번 문장에 언급되어 있다.
  (2) 9번 문장에서 가짜 초콜릿은 카카오빈을 전혀 사용하지 않는다고 했다.

4

문제점	• 약 180만 명의 ⓐ 아이들이 카카오 농장에서 일한다. • 카카오 농장을 위해 많은 나무들이 베인다.
해결책	**가짜 초콜릿** • 그것은 카카오빈을 전혀 사용하지 않지만, ⓑ 일반적인 초콜릿과 같은 모양과 맛을 띈다.

> **본문 해석**

¹많은 사람들이 초콜릿을 먹는 것을 아주 좋아한다. ²이 달콤한 간식은 카카오빈으로 만들어진다. ³그러나 그 달콤한 맛 뒤에는 몇 가지 숨겨진 문제들이 있다. ⁴전 세계적으로 약 180만 명의 아이들이 카카오 농장에서 일한다. ⁵게다가, 이런 카카오 농장을 위한 공간을 만들기 위해 많은 나무들이 베인다.

(C) ⁸대형 초콜릿 회사들은 이런 문제들을 해결하기로 약속했지만, 크게 바뀌지는 않았다. (A) ⁶그래서, 영국의 한 회사는 새로운 종류의 초콜릿인 '가짜' 초콜릿을 만들었다. (B) ⁷그것은 일반적인 초콜릿처럼 보이며, 그와 같은 맛이 난다. ⁹그러나 그것은 카카오빈을 전혀 사용하지 않는다! ¹⁰대신 그것은 보리와 캐럽을 사용한다.

¹¹이 새로운 초콜릿은 지구와 사람들에게 더 좋다. ¹²그것은 약간 비쌀지도 모른다. ¹³하지만 더 많은 사람들이 그것을 산다면, 초콜릿 산업의 어두운 측면은 더 밝아지게 될지도 모른다!

> **직독직해**

¹Many people love / eating chocolate. ²This sweet snack / is made from cacao beans. ³But behind
많은 사람들은 아주 좋아한다 / 초콜릿 먹는 것을.   이 달콤한 간식은   / 카카오빈으로 만들어진다.   그러나

the sweet taste, / there are some hidden problems. ⁴Around the world, / about 1.8 million children /
그 달콤한 맛 뒤에는,   / 몇몇 숨겨진 문제들이 있다.   전 세계적으로,   / 약 180만 명의 아이들이   /

work on cacao farms. ⁵Plus, / many trees get cut down / to make space / for these cacao farms.
카카오 농장에서 일한다.   게다가, / 많은 나무들이 베인다   / 공간을 만들기 위해   / 이런 카카오 농장들을 위한.

⁸Big chocolate companies / promised to solve these problems, // but not much changed.
대형 초콜릿 회사들은   / 이런 문제들을 해결하기로 약속했지만,   // 많지 않은 것이 바뀌었다.

⁶So, / a company in the U.K. / made a new kind of chocolate: / "fake" chocolate. ⁷It looks and tastes /
그래서, / 영국의 한 회사는 / 새로운 종류의 초콜릿을 만들었다: / '가짜' 초콜릿이라는. 그것은 (~처럼) 보이고 (~같은) 맛이 난다 /

like regular chocolate. ⁹However, / it doesn't use any cacao beans! ¹⁰Instead, / it uses barley and carob.
일반적인 초콜릿과 같은. 그러나, / 그것은 카카오빈을 조금도 사용하지 않는다! 대신에, / 그것은 보리와 캐럽을 사용한다.

¹¹This new chocolate is better / for the Earth and people. ¹²It might be a bit expensive.
이 새로운 초콜릿은 더 좋다 / 지구와 사람들에게. 그것은 약간 비쌀지도 모른다.

¹³But if more people buy it, // the dark side of the chocolate industry / might become brighter!
하지만 더 많은 사람들이 그것을 산다면, // 초콜릿 산업의 어두운 측면은 / 점점 더 밝아지게 될지도 모른다!

주요 구문

¹ Many people **love eating** chocolate.
▶ <love v-ing>는 '~하는 것을 아주 좋아하다'라는 의미이며, <love to-v> 형태로 바꿔 써도 큰 의미 차이는 없다.

³ But behind the sweet taste, **there are** *some hidden problems*.
▶ <there is/are ~>는 '~이[가] 있다'라는 의미이며, 뒤에 오는 명사의 수(단수명사, 복수명사, 셀 수 없는 명사)에 따라 be동사가 결정된다.

⁵ Plus, many trees get cut down **to make** space for these cacao farms.
▶ to make는 '만들기 위해'라는 뜻으로 '목적'을 나타내는 부사적 용법의 to부정사이다.

⁷ It **looks** and **tastes** like *regular chocolate*.
▶ <look like+명사(구)>, <taste like+명사(구)>는 각각 '~처럼 보이다'와 '~같은 맛이 나다'라는 의미이며, 이때 동사 looks와 tastes 는 접속사 and로 연결되었다.

⁸ Big chocolate companies **promised to solve** these problems, but not **much** changed.
　　　　　　주어　　　　　　　동사　　　　　목적어　　　　　　　　주어　　　　동사
▶ <promise to-v>는 '~하기로 약속하다'라는 의미로, 동사 promise의 목적어로 to부정사가 쓰인 형태이다.
▶ 두 번째 절의 주어는 not much로, 이때 much는 '많은 것, 많음'이라는 의미의 대명사이다.

¹³ But if more people buy it, *the dark side* [of the chocolate industry] **might** become brighter!
▶ 전치사 of가 이끄는 어구(of ~ industry)는 앞의 the dark side를 꾸며 준다.
▶ 조동사 might는 '~일지도 모른다'라는 의미로 '추측'을 나타낸다.
▶ <become+비교급>은 '점점 더 ~해지다'라는 의미이다.

---

08 밀렵꾼에서 보호자로⋯
본책 pp.36~37

정답 1 ④ 2 ② 3 ⓐ hunt ⓑ saving 4 선글라스를 쓰고 있는 그 남자가

문제 해설 1 어부였던 Johnny가 과거에는 바다거북알을 사냥했지만, 현재는 바다거북알을 보호하는 일을 하고 있다는 내용의 인터뷰 글이므로 정답은 ④이다.

① 바다거북알 사냥하기　　　　　　　　② 바다 동물들을 돕는 기관들
③ 필리핀의 바다거북의 삶　　　　　　　④ 바다거북 보호: 어느 어부의 이야기
⑤ 필리핀의 한 어부의 삶

2 8번 문장에서 Johnny는 밀렵이 불법이라는 것을 몰랐다고 했으므로 ②는 글의 내용과 일치하지 않는다. ①은 3번 과 4번 문장에, ③은 9번과 10번 문장에, ④는 12번 문장에, ⑤는 16번 문장에 언급되어 있다.

³ 과거	Johnny의 일은 바다거북알을 ⓐ 사냥하는 것이었다.

⬇

현재	Johnny는 바다거북을 ⓑ 구하는 새로운 직업을 시작했다.

본문 해석 ▶ **인터뷰 진행자:** ¹안녕하세요, Johnny 씨! ²본인에 대해 말씀해 주실 수 있으실까요?

Johnny: ³안녕하세요, 저는 한때 필리핀에서 어부로 일했어요. ⁴제 일은 돈을 벌기 위해 바다거북알을 사냥하는 것이었어요. ⁵하지만 저는 더 이상 그 일을 하지 않아요.

인터뷰 진행자: ⁶그렇군요. ⁷바다거북알을 사냥하는 것을 왜 그만두신 거죠?

Johnny: ⁸처음에, 저는 밀렵이 불법이라는 것을 몰랐어요. ⁹나중에 저는 CURMA라고 불리는 기관에 대해 알게 되었어요. ¹⁰그들은 제게 알을 모으는 것의 대가로 돈을 좀 주었어요. ¹¹그들은 알을 안전하게 보관한 다음 새끼 바다거북들을 바다로 다시 놓아주었죠. ¹²저는 이 경험을 통해 우리는 바다거북알을 사냥하는 것이 아니라 구해야 한다는 것을 배웠어요.

인터뷰 진행자: ¹³정말 멋진 일이네요! ¹⁴다른 사냥꾼들과 나누고 싶은 메시지가 있으실까요?

Johnny: ¹⁵저는 그것이 쉽지 않다는 것을 알아요. ¹⁶하지만 여러분도 바다거북을 구하는 새로운 직업을 시작할 수 있어요. ¹⁷여러분은 자신의 일을 사랑하는 법을 배우게 될 거예요!

인터뷰 진행자: ¹⁸이야기를 나누어주셔서 감사합니다, Johnny 씨.

직독직해 ▶

Interviewer: ¹Hello, Johnny! ²Can you tell us / about yourself?
인터뷰 진행자: 안녕하세요, Johnny 씨! 우리에게 말해줄 수 있을까요 / 당신에 대해?

Johnny: ³Hi, I was once a fisherman / in the Philippines. ⁴My job was to hunt sea turtle eggs / for money.
Johnny: 안녕하세요, 저는 예전에 어부였어요 / 필리핀에서.   제 직업은 바다거북알을 사냥하는 것이었어요 / 돈을 위해.

⁵But I don't do that anymore.
하지만 저는 그것을 더 이상 하지 않아요.

Interviewer: ⁶I see. ⁷Why did you stop / hunting sea turtle eggs?
인터뷰 진행자: 그렇군요. 당신은 왜 멈췄나요 / 바다거북알을 사냥하는 것을?

Johnny: ⁸At first, / I didn't know // that poaching was illegal. ⁹Later, / I learned about an organization /
Johnny: 처음에는, / 저는 몰랐어요 // 밀렵이 불법이었다는 것을.   나중에, / 저는 한 단체에 대해 알게 되었어요 /

called CURMA. ¹⁰They gave me some money / for collecting the eggs. ¹¹They kept the eggs safe /
CURMA라고 불리는.   그들은 제게 약간의 돈을 주었어요 / 바다거북알을 모으는 것에 대한.   그들은 알들을 안전하게 보호했어요 /

and then released the baby turtles back / into the ocean. ¹²I learned from this experience //
그리고 그다음 아기 거북들을 다시 풀어주었어요 / 바다로.   저는 이 경험으로부터 배웠어요 //

that we should save the turtles' eggs, / not hunt them.
우리가 바다거북알들을 구해야 한다는 것을, / 그것들을 사냥하는 것이 아닌.

Interviewer: ¹³That's wonderful! ¹⁴Would you like to share any message / with other hunters?
인터뷰 진행자: 정말 멋지네요!   당신은 메시지를 좀 나누시겠어요 . / 다른 사냥꾼들과?

Johnny: ¹⁵I know // it's not easy. ¹⁶But you can also start a new career / saving sea turtles.
Johnny: 저는 알아요 // 그것이 쉽지 않다는 것을. 하지만 당신도 새로운 직업을 시작할 수 있어요 / 바다거북을 구하는.

¹⁷You'll learn / to love your job!
당신은 배울 거예요 / 당신의 직업을 사랑하는 것을!

Interviewer: ¹⁸Thank you for sharing your story, Johnny.
인터뷰 진행자: 당신의 이야기를 나누어 주셔서 감사해요, Johnny 씨.

⁴ My job was **to hunt** sea turtle eggs for money.
　　주어　동사　　　　　보어
　▶ to hunt는 '사냥하는 것'이라는 의미의 to부정사로, 이때 to부정사구(to hunt ~ for money)는 주어를 보충 설명하는 보어로 쓰였다.
　(My job = to hunt sea turtle eggs for money)

⁷ Why did you **stop hunting** sea turtle eggs?
　▶ <stop v-ing>는 '~하는 것을 멈추다'라는 뜻을 나타내며, 동사 stop 뒤에 '~하기 위해'라는 의미의 to부정사가 올 경우 의미가
　달라지므로 주의해야 한다. <stop to-v>는 '~하려고 멈추다'라는 의미를 나타낸다.

⁸ At first, I didn't know **that** poaching was illegal.
　　　　　주어　　동사　　　　　　목적어

¹⁵ I know (**that**) it's not easy.
　주어 동사　　　목적어
　▶ 접속사 that이 이끄는 절인 that ~ illegal과 (that) ~ easy는 각각 동사 didn't know와 know의 목적어로 쓰였다. 이때 목적어절을
　이끄는 접속사 that은 생략되는 경우가 많다.

¹⁰ They **gave** me some money **for collecting** the eggs.
　　　　　　A　　　B
　▶ <give A B>는 'A에게 B를 주다'라는 의미이다.
　▶ collecting은 전치사 for의 목적어로 쓰인 동명사이다.

¹¹ They **kept** the eggs **safe** and then released the baby turtles back into the ocean.
　　　　　　A　　형용사
　▶ <keep+A(목적어)+형용사>는 'A를 ~한 상태로 두다[유지하다]'라는 의미이다.

¹⁴ **Would you like to** share any message with other hunters?
　▶ <Would you like (to-v) ~?>는 '~하시겠어요?'라는 의미의 '제안'을 나타내는 표현이다.

¹⁸ **Thank you for sharing** your story, Johnny.
　▶ <thank A for v-ing>는 'A에게 ~해준 것에 대해 고마워하다[감사하다]'라는 의미이며, 전치사 for 뒤에는 목적어로 동명사 sharing이
　오고 있다.

---

09 엉덩이에 왜 눈이 필요할까요?

본책 pp.38~39

정답 　1 ④ 　2 (1) T 　(2) F 　3 ④ 　4 scare away 　5 그녀의 자전거를 타고 가곤 했다

문제 해설

1　아프리카 보츠와나의 소들을 안전하게 지키기 위해 과학자들이 소의 엉덩이에 가짜 눈을 그리는 해결책을 찾아냈다
　는 내용의 글이므로 정답은 ④이다.
　　① 보츠와나 소들의 삶　　　　　　　　　② 나비와 그것들의 놀라운 날개
　　③ 가짜 눈에 겁먹은 사자와 표범　　　　④ 보츠와나 소들의 안전을 위한 해결책
　　⑤ 보츠와나 농부들의 소에 대한 걱정

2　(1) 1번 문장에 언급되어 있다.
　　(2) 9번과 10번 문장에서 몇몇 나비들은 날개에 그려진 가짜 눈 무늬로 천적을 쫓아낸다고 했다.

3　밑줄 친 them은 10번 문장에서 언급된 ④ fake eyes를 가리킨다.
　　① 새　　　② 날개　　　③ 나비　　　④ 가짜 눈　　　⑤ 엉덩이

4

> 보츠와나에서는, 소들의 엉덩이에 그려진 눈이 사자와 표범 같은 그것들의 천적을 <u>쫓아낼</u> 수 있다.

본문 해석 ▶

¹아프리카의 Botswana에서는 소들이 야생 동물들 사이에서 자유롭게 풀을 먹는다. ²그러나, 사자와 표범 같은 몇몇 위험한 야생 동물들이 있다. ³그래서 농부들은 그들의 소의 안전에 대해 걱정하곤 했지만, 더 이상은 그렇지 않다!

⁴과학자들은 소들을 안전하게 지킬 현명한 방법을 찾아냈다. ⁵그들은 소들의 엉덩이에 눈을 그린다! ⁶사자와 표범이 사냥할 때, 그것들은 보통 살금살금 다가가서 먹이를 기습한다. ⁷그래서 만약 소가 그것들을 볼 수 있다고 생각한다면, 그것들은 공격하지 않을지도 모른다.

⁸과학자들은 이 아이디어를 나비에서 얻었다. ⁹몇몇 나비들은 그들의 날개에 가짜 눈을 가지고 있다. ¹⁰이 가짜 눈이 새와 같은 그것들의 천적을 쫓아내는 데 도움을 준다. ¹¹소는 가짜 눈을 가지고 태어나지 않기 때문에, 농부들은 그저 소의 엉덩이에 눈을 그려주면 된다. ¹²약간의 물감이 큰 차이를 만드는 것이다!

직독직해 ▶

¹In Botswana, Africa, / cows eat grass freely / among wild animals. ²However, /
아프리카 Botswana에서, / 소들은 자유롭게 풀을 먹는다 / 야생 동물들 사이에서. 그러나, /

there are some dangerous wild animals / like lions and leopards. ³So farmers used to worry /
몇몇 위험한 야생 동물들이 있다 / 사자와 표범 같은. 그래서 농부들은 걱정하곤 했다 /

about their cows' safety, / but not anymore!
그들의 소의 안전에 대해, / 하지만 더 이상은 그렇지 않다!

⁴Scientists found / a smart way / to keep the cows safe. ⁵They paint eyes / on the cows' butts!
과학자들은 찾았다 / 현명한 방법을 / 소들을 안전한 상태로 유지하는. 그들은 눈을 그린다 / 소들의 엉덩이에!

⁶When lions and leopards hunt, // they usually sneak up / and surprise their prey. ⁷So if they think /
사자들과 표범들이 사냥할 때, // 그것들은 보통 살금살금 다가간다 / 그리고 그것들의 먹이를 기습한다. 그래서 만약 그것들이 생각한다면 /

the cows can see them, // they may not attack.
소들이 그것들을 볼 수 있다고, // 그것들은 공격하지 않을지도 모른다.

⁸The scientists got this idea / from butterflies. ⁹Some butterflies have fake eyes / on their wings.
과학자들은 이 아이디어를 얻었다 / 나비로부터. 어떤 나비들은 가짜 눈들을 갖고 있다 / 그들의 날개에.

¹⁰These fake eyes / help to scare away / their enemies, / like birds. ¹¹Since cows aren't born with them, //
이 가짜 눈들은 / 쫓아내는 것을 도와준다 / 그것들의 천적들을, / 새와 같은. 소들은 그것들을 가지고 태어나지 않기 때문에, //

farmers can just draw eyes / on cow's butts. ¹²A little paint makes a big difference!
농부들은 단지 눈을 그려줄 수 있다 / 소들의 엉덩이에. 약간의 물감이 큰 차이를 만든다!

주요 구문 ▶

⁴ Scientists found *a smart way* [**to keep** the cows **safe**].
                    A   형용사

▶ to keep the cows safe는 '소를 안전하게 유지하는'이란 의미로, 앞의 a smart way를 꾸며 주는 형용사적 용법의 to부정사구이다.
▶ <keep+A(목적어)+형용사>는 'A를 ~한 상태로 두다[유지하다]'라는 의미이다.

⁷ So **if** they think (**that**) the cows can see them, they **may not** attack.
        주어 동사   목적어

▶ if는 '만약 ~한다면'의 의미로 쓰인 접속사로, 뒤에는 <주어+동사 ~> 형태의 절이 와야 한다.
▶ 동사 think 뒤에는 목적어절을 이끄는 접속사 that이 생략되어 있다.
▶ may not은 '~하지 않을지도 모른다'라는 의미의 '부정적 추측'을 나타내는 조동사이다.

¹⁰ These fake eyes **help to scare away** their enemies, **like** *birds*.

▶ <help to-v>는 '~하는 것을 돕다'라는 의미로 to-v 대신 동사원형(scare away)을 쓰기도 한다.
▶ like는 '~와 같은'이라는 의미의 전치사로, 그 뒤에는 명사(구)가 와야 한다.

Review

본책 p.40

단어

정답

A 1 ⓑ   2 ⓒ   3 ⓐ
B 1 expensive   2 among   3 hidden
C 1 taste, like 2 made from 3 at first

해석

A 1 share(나누다) - ⓑ 누군가에게 당신의 의견과 생각을 말하다
  2 release(놓아주다; 풀어주다) - ⓒ 누군가 또는 무언가를 가도록 허락하다
  3 solve(해결하다, 풀다) - ⓐ 문제에 대한 답을 찾다

B 1 매우 비싼 스마트폰
  2 나무들 사이의 집
  3 그 말 뒤에 숨겨진 의미

본책 p.41

1일 1문장

정답

A 1 If **the store** (is) open, I'll buy some snacks.
  2 **The man** wearing a blue jacket (is) my uncle.
  3 **We** (used to visit) our grandparents during summer vacation.

B 1 interviewed a man waiting for the bus
  2 If the alarm rings
  3 used to practice the piano

C 1 아이스크림을 먹고 있는 그 남자아이는
  2 (만약) 네가 열심히 공부하면
  3 나는 커피를 마시곤 했다

해석

A 1 만약 그 가게가 열려있으면, 나는 간식을 좀 살 거야.
  2 파란 재킷을 입고 있는 남자가 나의 삼촌이야.
  3 우리는 여름 방학 동안 조부모님 댁을 방문하곤 했다.

10 이메일을 지우면…

본책 pp.44~45

정답 1 ① 2 ④ 3 (1) F (2) F (3) T 4 주말마다 낚시하는 것은

문제 해설

1 이 글에서는 받은 편지함의 이메일을 삭제하는 것이 에너지를 절약하는 데 어떻게 도움이 되는지 설명하고 있다. 에너지를 절약하는 것은 결국 지구를 보호하는 데 기여할 수 있으므로, 빈칸 (A), (B)에 공통으로 들어갈 말은 '우리의 지구를 도울[돕기를]'이라는 의미의 help our planet이다.

① 우리의 지구를 도울[돕기를]　② 더 많은 에너지를 쓸[쓰기를]
③ 시간이 너무 많이 걸릴[걸리기를]　④ 인터넷 문제를 해결할[해결하기를]
⑤ 몇몇 중요한 이메일을 저장할[저장하기를]

2 이 글은 받은 편지함에 이메일을 저장하는 것이 데이터 센터의 에너지 소비에 어떤 영향을 주는지에 대해 설명하고 있으므로, 구글과 같은 대기업들은 추운 지역에 데이터 센터를 건설한다는 내용의 (d)는 글의 전체 흐름과 관련이 없다.

3 (1) 6번 문장에서 인터넷을 사용할 때 이메일을 포함한 모든 정보는 데이터 센터에 저장된다고 했다.
(2) 8번 문장에서 데이터 센터들은 항상 전원이 켜져 있다고 했다.
(3) 12번 문장에 언급되어 있다.

본문 해석

¹여러분의 받은 편지함에는 몇 통의 이메일이 있나요? ²그것을 자주 정리하시나요? ³많은 사람들이 여러 가지 이유로 그렇게 하지 않아요. ⁴그러나 이메일을 삭제하는 것이 우리 지구를 도울 수 있다는 것을 알고 있었나요? ⁵어떻게 그런지 알아보아요!

⁶여러분이 인터넷을 사용할 때, 이메일을 포함한 모든 정보는 데이터 센터에 저장돼요. ⁷그것들을 컴퓨터를 위한 거대한 도서관이라고 생각해보세요. ⁸이런 데이터 센터들은 항상 켜져 있기 때문에 많은 전력을 사용해요. ⁹많은 이메일을 저장하는 것은 이 센터들이 더 많은 에너지를 사용한다는 것을 의미해요. (¹⁰구글과 같은 대기업은 매우 추운 지역에 데이터 센터를 건설해요.) ¹¹여러분이 오래된 이메일을 지운다면, 에너지를 절약할 수 있어요. ¹²단지 한 통의 이메일을 삭제하는 것은 5천4백만 개의 전구를 한 시간 동안 끄는 것과 같아요! ¹³따라서, 여러분이 우리 지구를 돕기를 원한다면, 받은 편지함을 정리하는 것부터 시작해보세요!

직독직해

¹How many emails do you have / in your inbox? ²Do you clean it often? ³Many people don't /
당신은 얼마나 많은 이메일을 갖고 있는가 / 당신의 받은 편지함에? 당신은 그것을 자주 비우는가? 많은 사람들은 그러지 않는다 /

for various reasons. ⁴But did you know // that deleting emails can help our planet? ⁵Let's find out how!
여러 가지 이유로. 그러나 당신은 알았는가 // 이메일을 삭제하는 것이 우리 지구를 도울 수 있다는 것을? 어떻게 그런지 알아보자!

⁶When you use the internet, // all the information, including emails, / is stored / in data centers.
당신이 인터넷을 사용할 때, // 이메일을 포함한 모든 정보가, / 저장된다 / 데이터 센터에.

⁷Think of them / as huge libraries / for computers. ⁸These data centers use a lot of power // because they
그것들을 생각해 보아라 / 거대한 도서관이라고 / 컴퓨터를 위한. 이러한 데이터 센터들은 많은 전력을 사용한다 // 그것들이

are always turned on. ⁹Storing lots of emails means // that these centers use more energy.
항상 켜져 있기 때문에. 많은 이메일을 저장하는 것은 의미한다 // 이 센터들이 더 많은 에너지를 사용한다는 것을.

(¹⁰Big companies like Google / build their data centers / in very cold areas.) ¹¹If you delete your old emails, //
구글과 같은 대기업들은 / 그들의 데이터 센터들을 짓는다 / 매우 추운 지역에. 만약 당신이 오래된 이메일들을 지운다면, //

you can save energy. ¹²Deleting just one email / is like turning off 54 million light bulbs / for an hour!
당신은 에너지를 절약할 수 있다.　단지 하나의 이메일을 삭제하는 것은 / 5천4백만 개의 전구들을 끄는 것과 같다　　　/ 한 시간 동안!

¹³So, / if you want to help our planet, // start by cleaning your inbox!
따라서, / 당신이 우리 지구를 돕고 싶다면,　　// 당신의 받은 편지함을 비워 시작해보라!

주요 구문

³ Many people don't (**clean it**) for various reasons.
▶ don't 뒤에는 앞 문장의 반복되는 말인 clean it이 생략되어 있다. 반복되는 어구는 문장을 간결하기 위해 생략하기도 한다.

⁴ But did you know **that deleting** emails ^주 can help ^동 our planet ^목?
▶ 접속사 that이 이끄는 절(that ~ our planet)은 문장의 목적어로 쓰였다.
▶ deleting emails는 주어로 쓰인 동명사구로, '이메일을 삭제하는 것이'라고 해석한다.

⁶ When you use the internet, *all the information,* [**including** emails,] **is stored** in data centers.
　　　　　　　　　　　　　　　　주어　　　　　　　　　　　　　동사
▶ including emails는 '이메일을 포함한'이라는 의미의 전치사구로, 바로 앞의 all the information을 꾸며 주는 말이다.
▶ is stored(저장되다)는 주어가 동작을 당하게 되는 수동태로 <be동사+과거분사(p.p.)> 형태로 쓰였다. 이때 바로 앞의 복수명사인 emails를 보고 복수동사인 are을 쓰지 않도록 주의해야 한다.

⁸ These data centers use a lot of power because they **are** always **turned on**.
▶ are turned on은 '켜져 있다'라는 의미로, 구동사 turn on의 수동태이다. turn on과 같이 두 개 이상의 단어가 합쳐져 하나의 동사 역할을 하는 동사를 구동사라고 한다.

¹¹ **If** you delete your old emails, you can save energy.
　　주어　동사　　목적어
▶ If는 '만약 ~한다면'이란 의미로 쓰인 접속사로 '조건'을 나타내며, 뒤에 <주어+동사 ~>의 절이 함께 와야 한다.

¹² **Deleting** just one email *is* **like turning off** 54 million light bulbs for an hour!
　　　　주어　　　　　　동사
▶ Deleting은 '삭제하는 것은'이라는 뜻의 주어로 쓰인 동명사이다. 동명사 주어는 단수 취급하므로, 그 뒤에도 단수동사 is가 오고 있다.
▶ 전치사 like의 목적어로 동명사 turning off가 오고 있으며, 이때 turn off는 '(불 등을) 끄다'라는 의미의 구동사이다.

¹³ So, if you want to help our planet, start **by cleaning** your inbox!
▶ <by v-ing>는 '~해서, ~함으로써'라는 의미로 '수단'을 나타낸다.

11 **레몬을 조심하세요!**　　　　　　　　　　　　　　　　　본책 pp.46~47

정답 ▶　1 ③　　2 (1) T　(2) F　　3 ⓐ **wash**　ⓑ **burn**　　4 다른 사람들에게 친절하게 대하는 것은

문제 해설 ▶　1 레몬을 짜고 난 후 손을 잘 씻어야 피부가 햇볕에 화상을 입지 않는다고 얘기하고 있으므로, 글의 목적으로 가장 알맞은 것은 ③이다.

　　　2 (1) 7번 문장에 언급되어 있다.
　　　　(2) 11~12번 문장에서 화상을 입었을 때 피부 위에 차가운 젖은 수건을 얹는 것이 가려움에 도움이 된다고 했다.

3

> 우리는 레몬을 짜고 난 후에, 손을 잘 ⓐ 씻어야 한다. 레몬즙은 우리의 피부를 햇볕에 ⓑ 타게 할 수 있기 때문이다.

본문 해석

¹날씨가 정말 더울 때, 우리는 레모네이드처럼 시원한 것을 마시는 것을 좋아한다. ²하지만 우리는 레모네이드를 만들 때 조심해야 한다. ³레몬즙은 우리의 피부를 햇볕에 타게 할 수 있다!

⁴우리는 레모네이드를 만들기 위해 레몬을 짠다. ⁵이것을 한 후에는 손을 잘 씻는 것이 매우 중요하다. ⁶만약 우리가 그러지 않고 햇볕에 나간다면, 우리는 햇볕으로 인한 화상을 입을지도 모른다! ⁷햇볕으로 인한 화상은 아주 심하면 발진으로 바뀔 수도 있다.

⁸그러나 걱정하지 마라. ⁹만약 당신이 레몬즙으로 인해 화상을 입는다면, 집에서 관리할 수 있다. ¹⁰순한 비누와 물로 그 부위를 씻어라. ¹¹그다음, 하루에 여러 번 당신의 피부 위에 차가운 젖은 수건을 얹어라. ¹²이는 당신의 가려움증과 통증에 도움이 될 것이다.

직독직해

¹When it's really hot, // we like to drink / something cool like lemonade. ²But we need to be careful //
매우 더울 때,   // 우리는 마시는 것을 좋아한다 / 레모네이드처럼 무언가 시원한 것을.   그러나 우리는 조심해야 한다   //

when we make lemonade. ³Lemon juice can burn our skin / in the sun!
우리가 레모네이드를 만들 때.   레몬즙은 우리의 피부를 태울 수 있다 / 햇볕에서!

⁴We squeeze lemons / to make lemonade. ⁵After doing this, / it's very important /
우리는 레몬을 짠다   / 레모네이드를 만들기 위해.   이것을 한 후에,   / (~은) 매우 중요하다   /

to wash our hands well. ⁶If we don't and go out / in the sun, // we might get a sunburn!
우리의 손을 잘 씻는 것은.   만약 우리가 그러지 않고 나간다면 / 햇볕에,   // 우리는 햇볕으로 인한 화상을 입을지도 모른다!

⁷The sunburn can even turn into a rash // if it's really bad.
그 햇볕으로 인한 화상은 심지어 발진으로 변할 수 있다   // 만약 그것이 정말 심하다면.

⁸But don't worry. ⁹If you get a sunburn / from lemon juice, // you can take care of it / at home.
그러나 걱정하지 마라.   만약 당신이 화상을 입는다면 / 레몬즙으로 인해,   // 당신은 그것을 관리할 수 있다 / 집에서.

¹⁰Wash the area / with mild soap and water. ¹¹Then, / put a cool, wet towel / on your skin /
그 부위를 씻어라   / 순한 비누와 물로.   그다음, / 차가운, 젖은 수건을 놓아라   / 당신의 피부 위에 /

a few times a day. ¹²This will help / your itchiness and pain.
하루에 몇 번씩.   이것은 도울 것이다 / 당신의 가려움증과 통증을.

주요 구문

¹ When **it's** really hot, we **like to drink** something cool **like** *lemonade*.
▶ 여기서 it은 날씨를 나타내는 비인칭주어이므로, '그것'이라고 해석하지 않는다.
▶ <like to-v>는 '~하는 것을 좋아하다'라는 의미이며, 두 번째 like는 동사가 아닌 전치사로 '~같은, ~처럼'이라는 의미를 나타낸다. 전치사 like 뒤에는 명사(구)가 와야 한다.

² But we **need to be** careful when we make lemonade.
▶<need to-v>는 '~해야 한다, ~할 필요가 있다'라는 의미이다.

⁴ We squeeze lemons **to make** lemonade.
▶ to make는 '만들기 위해'라는 의미의 '목적'을 나타내는 부사적 용법으로 쓰인 to부정사이다.

⁵ **After doing** *this*, it's very important to wash our hands well.
▶ doing은 전치사 after의 목적어로 쓰인 동명사이며, '이것을 한 후에'라고 해석한다.
▶ 여기서 this는 바로 앞 문장의 내용인 '레모네이드를 만들기 위해 레몬을 짜는 것'을 가리킨다.

[6] If we don't (**wash our hands well**) and go out in the sun, we **might** get a sunburn!

▶ don't 뒤에는 앞 문장의 반복되는 말인 wash our hands well이 생략되어 있다.

▶ 조동사 might는 '~할지도 모른다'라는 의미로 '추측'을 나타낸다.

[10] **Wash** the area with mild soap and water.

▶ 문장의 주어 없이 동사원형(Wash)으로 시작하는 명령문은 '~해라'라고 해석한다.

12 알프스의 불청객이 된 식물

본책 pp.48~49

정답 1 ② 2 ④ 3 ⓐ: **prickly pear cactuses** ⓑ: **people in Valais** 4 ⓐ **grow** ⓑ **blanket**
5 **그의 고양이가 밖에 나가게**

문제 해설 1 덥고 건조한 지역에서 주로 자라던 부채선인장이 지구 온난화의 영향으로 스위스 Valais 지역에서도 번성하게 되었다는 내용의 글이다. 따라서 제목으로 가장 적절한 것은 ②이다.

Q 글의 제목으로 가장 알맞은 것은?

① 더 따뜻해지는 지구, 알프스의 더 적은 양의 눈
② 따뜻해진 알프스에 번져가는 선인장
③ 스위스 주변에서 자라는 몇몇 식물들
④ 스위스의 빠르게 성장하는 지역인 Valais
⑤ 선인장을 재배하기에 건강한 환경

2 빈칸 앞에서는 전 세계의 날씨가 점점 더워지면서 스위스의 알프스에 더 적은 양의 눈이 남게 되었다고 했으며, 빈칸 뒷부분에서는 그로 인해 스위스의 Valais에서도 부채선인장이 점점 더 많이 자라고 있다고 했다. 따라서 빈칸에는 인과 관계를 나타내는 연결어인 ④가 가장 적절하다.

Q 글의 빈칸에 들어갈 말로 가장 알맞은 것은?

① 하지만 ② 사실은 ③ 예를 들어 ④ 결과적으로 ⑤ 반면에

3 ⓐ는 5번 문장에서 언급된 Prickly pear cactuses를, ⓑ는 12번 문장에서 언급된 people in Valais를 가리킨다.

Q 밑줄 친 ⓐ they와 ⓑ They가 각각 가리키는 것을 글에서 찾아 영어로 쓰세요.

4 **Q 글의 내용과 일치하도록 빈칸에 알맞은 말을 본문에서 찾아 쓰세요.**

부채선인장

원산지	• 그것은 미국에서 왔다.
환경	• 그것은 보통 덥고 건조한 곳에서 산다.
특징	• 그것은 근처에 아무것도 ⓐ 자라지 못하게 한다. • 각각의 넓적한 잎이 ⓑ 담요처럼 토양을 덮는다.

5 **Q 다음 빈칸에 알맞은 우리말 해석을 써보세요.**

본문 해석 [1]스위스의 Valais는 부채선인장이라고 불리는 식물과 관련된 문제를 갖고 있다. [2]이 선인장은 원래 미국에서 왔다. [3]하지만 Valais에서 그것은 매우 빠르게 자라기 시작했다. [4]그것은 이제 그 지역의 땅에서 적어도 25%를 차지하고 있다!

[5]부채선인장은 보통 덥고 건조한 곳에서 산다. [6]오랜 시간 동안, 그것들은 스위스 알프스에서 자랄 수 없었다. [7]그러나 지금 세계는 점점 더 따뜻해지고 있고, 알프스에는 더 적은 양의 눈이 있다. [8]결과적으로, 이 선인장들이 스위스에서도 점점 더 많이 자라고 있다.

⁹그 선인장들이 자랄 때, 그것들은 주변에 다른 어떤 것들도 자라게 두지 않는다. ¹⁰선인장의 각 넓적한 잎들이 담요처럼 토양을 덮어 버린다. ¹¹이것이 다른 식물들을 자라지 못하게 막는다. ¹²그래서, Valais의 사람들은 이 선인장들이 번지는 것을 막기 위해 열심히 노력하고 있다. ¹³그들은 이 문제를 곧 해결할 수 있기를 바란다.

직독직해

¹Valais, Switzerland has a problem / with a plant / called the prickly pear cactus.
스위스의 Valais는 문제를 갖고 있다 / 한 식물에 / 부채선인장이라 불리는.

²This cactus originally came from America. ³But it started growing / really fast / in Valais. ⁴It now covers /
이 선인장은 원래 미국에서 왔다. 하지만 그것은 자라기 시작했다 / 매우 빨리 / Valais에서. 그것은 이제 차지한다 /

at least 25 percent / of the land / in the area!
적어도 25퍼센트를 / 땅에서 / 그 지역의!

⁵Prickly pear cactuses usually live / in hot and dry places. ⁶For a long time, / they couldn't grow /
부채선인장들은 보통 산다 / 덥고 건조한 곳에서. 오랫동안, / 그것들은 자랄 수 없었다 /

in the Swiss Alps. ⁷But now, / the world is getting warmer, // and there's less snow / in the Alps.
스위스의 알프스에서. 그러나 지금, / 세계가 점점 더 따뜻해지고 있다, // 그리고 더 적은 양의 눈이 있다 / 알프스에.

⁸As a result, / these cactuses are growing / more and more / even in Switzerland.
결과적으로, / 이 선인장들은 자라고 있다 / 점점 더 많이 / 심지어 스위스에서.

⁹When the cactuses grow, // they don't allow / anything else to grow / around them.
그 선인장들이 자랄 때, // 그것들은 허용하지 않는다 / 다른 어떤 것도 자라는 것을 / 그것들 주변에.

¹⁰Each pad of the cactus / covers the soil / like a blanket. ¹¹This prevents other plants / from growing.
그 선인장의 각각 넓적한 잎은 / 토양을 덮는다 / 담요처럼. 이것은 다른 식물들을 막는다 / 자라는 것으로부터.

¹²So, / people in Valais are working hard / to stop these cactuses / from spreading. ¹³They hope /
그래서, / Valais의 사람들은 열심히 노력하고 있다 / 이 선인장들을 멈추기 위해서 / 번지는 것으로부터. 그들은 바란다 /

to solve this problem / soon.
이 문제를 해결하기를 / 곧.

주요 구문

¹ Valais, Switzerland has a problem with *a plant* [**called** the prickly pear cactus].
▶ 과거분사 called는 '~라고 불리는'이라는 의미로, called ~ cactus는 앞의 명사 a plant를 꾸며 주는 말이다.

⁷ But now, the world **is getting warmer**, and **there's** *less snow* in the Alps.
▶ <be getting+비교급>은 '점점 더 ~해지고 있다'라는 의미이다.
▶ <there is+단수명사/셀 수 없는 명사>는 '~가[이] 있다'라는 의미이며, be동사 뒤에 오는 명사가 문장의 주어이다. snow와 같은 셀 수 없는 명사가 주어일 때는 단수형 동사를 쓰는 것에 주의한다.

⁸ As a result, these cactuses **are growing** more and more even in Switzerland.
▶ <am/are/is+동사의 v-ing형>은 '~하고 있다, ~하는 중이다'라는 의미의 현재진행형이다.

¹¹ This **prevents** other plants **from growing**.
             A

¹² So, people in Valais are working hard **to** *stop* these cactuses **from spreading**.
                       A
▶ <prevent[stop] A from v-ing>는 'A가 ~하지 못하게 막다'라는 의미의 표현이다. 이때 전치사 from의 목적어로 동명사가 쓰였다.
▶ to stop은 '막기 위해'라는 의미의 '목적'을 나타내는 부사적 용법의 to부정사이다.

Review

단어

정답

A 1 ⓐ 2 ⓒ 3 ⓑ

B 1 <u>various</u> 2 <u>important</u> 3 <u>store</u>

C 1 mean 2 mild 3 cover

해석

A 1 delete(삭제하다) - ⓐ 무언가를 특히 컴퓨터에서 제거하다

2 pain(통증, 고통) - ⓒ 몸의 어떤 부분이 아플 때 갖는 느낌

3 soil(토양, 흙) - ⓑ 식물이 자라는 땅의 윗부분

C

보기
~을 뜻하다   순한   (면적을) 차지하다   건조한

1 노란불은 '멈추기 위해 준비해라'라는 <u>뜻이다</u>.

2 그 비누는 <u>순해</u>서, 네 피부를 아프게 하지 않을 것이다.

3 아마존 열대우림은 브라질 땅의 60% 이상을 <u>차지한다</u>.

1일 1문장

정답

A 1 **Learning** a new language (can be) challenging.

2 **Traveling** to a new place always (makes) me excited.

3 **The library** (allows) kids to borrow three books each day.

B 1 Gardening is my grandfather's old hobby

2 It is helpful to set a goal

3 allows visitors to take photos

C 1 일기를 쓰는 것은

2 중요하다, 양치를 하는 것은

3 허락하지 않으신다, 학생들이 교무실에 들어오도록

해석

A 1 새로운 언어를 배우는 것은 도전적일 수 있다.

2 새로운 장소로 여행가는 것은 항상 나를 신나게 한다.

3 그 도서관은 아이들이 매일 세 권의 책을 빌릴 수 있도록 허락해 준다.

13 추울 땐 누구나 가져가세요   본책 pp.54~55

> **정답** ▶ **1** ② **2** ④ **3 ⓐ warm** **ⓑ tie** **4** 사탕으로 채워진 그 상자를

문제 해설 ▶

1 캐나다 Halifax의 Tara Smith-Atkins는 겨울에 따뜻한 옷이 필요한 사람들을 위해 가로등 기둥에 코트 등을 묶어 둔다는 내용의 글이므로 제목으로 가장 알맞은 것은 ②이다.

① 아이들로부터 얻은 놀라운 교훈   ② 누구나를 위해 가로등에 걸린 코트들
③ 옷을 기부하는 많은 방법들   ④ 다른 사람들을 도와야 하는 이유
⑤ Halifax에 있는 가로등의 미스터리

2 빈칸 앞부분에서 Tara Smith-Atkins는 아이들과 함께 도움이 필요한 사람을 위해 가로등에 옷을 묶어두며, 이 경험이 아이들에게 교훈을 가르쳐 줄 것이라고 했다. 따라서 그 교훈으로 빈칸에 들어갈 가장 알맞은 말은 ④ Helping others in need(어려움에 처한 다른 사람들을 돕는 것은)이다.

① 지역 행사에 참여하는 것은   ② 지역의 아이들을 가르치는 것은
③ 겨울에 따뜻하게 지내는 것은   ④ 어려움에 처한 다른 사람들을 돕는 것은
⑤ 사람들을 위해 작은 쪽지를 남기는 것은

3
> **Boy:** 제가 어떤 종류의 옷을 기부할 수 있을까요?
> **Tara:** 노숙자들이 ⓐ 따뜻하게 지내는 데 도움이 될 수 있는 코트, 목도리, 또는 벙어리장갑을 기부할 수 있단다.
> **Boy:** 어떻게 그들에게 그 옷들을 전달하나요?
> **Tara:** 나는 지역의 아이들에게 도움을 받는단다. 우리는 함께 가로등에 그 옷들을 ⓑ 묶지.

본문 해석 ▶ ¹캐나다의 Halifax에서 사람들은 흥미로운 것을 보았다: 가로등 기둥에 묶인 코트들이었다. ²처음에 그들은 누군가 코트를 깜박 잊어버렸다고 생각했다. ³그러나 그들이 자세히 보았을 때, 그들은 작은 쪽지를 발견했다. ⁴쪽지에는 "저는 분실된 게 아니에요! 당신이 춥다면, 저를 가져가 따뜻하게 지내주세요!"라고 적혀 있었다.

⁵이 쪽지 뒤에는 어느 친절한 여성이 있다. ⁶그녀의 이름은 Tara Smith-Atkins이다. ⁷그녀는 사람들을 돕는 것을 아주 좋아한다. ⁸그래서 캐나다의 추운 겨울 동안, 그녀는 노숙자들을 돕기 위해 일한다. ⁹먼저, 그녀는 코트, 목도리, 그리고 벙어리장갑을 기부해달라고 요청한다. ¹⁰그 후, 그녀는 지역의 아이들에게 와서 자신을 도와달라고 부탁한다. ¹¹그들은 함께 가로등 기둥에 따뜻한 옷들을 묶어 놓는다. ¹²이 옷들은 도움이 필요한 누구나를 위한 것이다. ¹³이 경험은 아이들에게 교훈을 가르쳐 준다. ¹⁴어려움에 처한 다른 사람들을 돕는 것은 지역 사회에 중요하다!

직독직해 ▶

¹In Halifax, Canada, / people saw something interesting: / coats tied to the poles of street lamps.
  캐나다 Halifax에서,   / 사람들은 무언가 흥미로운 것을 보았다: / 가로등 기둥에 묶인 코트들이었다.

²At first, / they thought // someone forgot their coats. ³But when they looked closely, // they found little
 처음에,   / 그들은 생각했다 // 누군가 그들의 코트를 깜박 잊어버렸다고.   그러나 그들이 자세히 보았을 때,   // 그들은 작은 쪽지를 발견했다.

notes. ⁴The notes said, // "I'm not lost! / If you feel cold, // please take me / to stay warm!"
          그 쪽지는 말해주었다, // "저는 분실된 게 아니에요! / 만약 당신이 춥다면, // 저를 가져가 주세요 / 따뜻하게 지내기 위해!"

⁵There's a nice lady / behind these notes. ⁶Her name is Tara Smith-Atkins. ⁷She loves helping people.
어느 친절한 여성이 있다 / 이 쪽지 뒤에.   그녀의 이름은 Tara Smith-Atkins이다.   그녀는 사람들을 돕는 것을 아주 좋아한다.

⁸So, / during the cold winter in Canada, / she works / to help the homeless. ⁹First, / she asks for donations /
그래서, / 캐나다의 추운 겨울 동안,   / 그녀는 일한다 / 노숙자들을 돕기 위해.   먼저, / 그녀는 기부를 요청한다   /

of coats, scarves, and mittens. ¹⁰Then, / she asks local children / to come and help her.
코트, 목도리, 그리고 벙어리장갑의.   그 후, / 그녀는 지역의 아이들에게 부탁한다 / 와서 그녀를 도와달라고.

¹¹Together, / they tie warm clothes / on lamp poles. ¹²These clothes are for anyone // who needs help.
함께,   / 그들은 따뜻한 옷을 묶어놓는다 / 가로등 기둥들에.   이 옷들은 누구나를 위한 것이다   // 도움이 필요한.

¹³This experience teaches kids a lesson. ¹⁴Helping others in need / is important / for the community!
이 경험은 아이들에게 교훈을 가르쳐 준다.   어려움에 처한 다른 사람들을 돕는 것은 / 중요하다   / 지역 사회에!

주요 구문

¹ In Halifax, Canada, people saw *something* **interesting**: coats tied to the poles of street lamps.

▶ -thing으로 끝나는 단어는 형용사가 뒤에서 꾸며 주므로, something은 interesting의 꾸밈을 받아 '흥미로운 것'으로 해석한다.

² At first, they thought (**that**) someone forgot their coats.
    주어   동사   목적어

▶ 동사 thought 뒤에는 목적어절을 이끄는 접속사 that이 생략되어 있다.

⁸ So, during the cold winter in Canada, she works **to help** *the homeless*.

▶ to help는 '도와주기 위해'란 의미로 '목적'을 나타내는 부사적 용법의 to부정사이다.

▶ <the+형용사>는 '~한 사람들'이란 뜻이며, the homeless는 homeless people과 같은 의미이다.

¹⁰ Then, she **asks** local children **to come** and (**to**) **help** her.
            A   to부정사1   to부정사2

▶ <ask+A(목적어)+to부정사>는 'A에게 ~해달라고 부탁[요청]하다'라는 의미이다.

▶ 이때 to come과 (to) help는 접속사 and로 연결되어 있으며, and 뒤에 오는 to부정사의 to는 생략될 수 있다.

¹² These clothes are for *anyone* [**who** needs help].

▶ 주격 관계대명사 who가 이끄는 절(who needs help)은 바로 앞의 명사(선행사) anyone을 꾸며 주고 있다.

---

14   **왜 모두 무표정일까요?**   본책 pp.56~57

정답　1 Smile　2 ④　3 ④　4 (1) still　(2) common　(3) serious
5 더 낮게 날았다, 그 비행기보다

문제 해설　1 18세기 후반과 19세기 초에 사람들이 사진을 찍을 때 웃지 않고 진지한 표정을 지은 이유에 대해 설명하는 글이므로, 빈칸에는 '웃다, 미소 짓다'라는 의미의 Smile이 들어가는 것이 알맞다.

> 사람들이 과거에 사진 속에서 웃지 않았던 이유

2 사람들이 과거에 사진을 찍을 때 웃지 않았던 이유에 대해 설명하고 있으므로, 사람들이 계속 불행했던 것은 아니었다는 내용의 (d)는 글의 전체 흐름과 관련이 없다.

3 빈칸 앞부분에서는 카메라가 발명되기 전에 그림을 그릴 때 사람들이 활짝 웃는 것을 부적절하게 여겼다는 내용이 나오고, 빈칸 뒷부분에서는 사진 찍을 때 역시 웃는 것을 부정적으로 여겼다는 내용이 나온다. 이를 통해 그림에서의 전통이 사진까지도 계속 이어졌다는 것을 유추할 수 있다. 따라서 정답으로 ④ continued this tradition이 가장 적절하다.

① 가족 앨범을 만들었다　　　　　　　　　② 파티에서 사진을 찍었다
③ 기억을 쉽게 기록했다　　　　　　　　　④ 이 전통을 계속 이어갔다
⑤ 사진을 많이 찍기 시작했다

4 ⑴은 6번 문장에, ⑵는 9번 문장에, ⑶은 13번 문장에 언급되어 있다.

┌─ 보기 ┐
흔한　　　어리석은　　　심각한　　　가만히 있는

⑴ 사람들은 사진을 찍는 동안 오랜 시간 가만히 앉아 있어야 했다.
⑵ 활짝 웃는 것은 옛날 그림들에서는 흔하지 않았다.
⑶ 초기 사진에서, 사람들은 심각한 표정을 유지했다.

본문 해석

¹18세기 후반과 19세기 초에는 대부분의 사람들이 사진에서 미소를 짓지 않았다. ²그들은 결혼식과 같은 행복한 행사에서조차 웃지 않았다. ³그 당시에, 사진을 찍는 것은 오늘날보다 시간이 훨씬 더 오래 걸렸다. ⁴한 장의 사진을 찍는 데 약 20분이 걸렸다! (⁵사람들이 계속 불행했던 것은 아니었다.) ⁶그래서, 사람들은 오랫동안 아주 가만히 앉아 있어야 했다. ⁷20분 동안 미소를 유지하려고 노력하는 것을 상상해 보라!

⁸카메라가 생기기 전에, 사람들은 특별한 순간들을 기억하기 위해 그림을 그렸다. ⁹이런 그림에서, 활짝 웃는 것은 흔하지 않았다. ¹⁰많은 사람이 함박웃음을 보여주는 것은 적절하지 않다고 믿었다. ¹¹카메라가 발명되었을 때, 사람들은 이 전통을 계속 이어갔다. ¹²그들은 오직 어리석거나 하위 계층의 사람들만이 사진에서 미소 짓는다고 생각했다. ¹³그래서 그들은 심각한 표정을 유지했다. ¹⁴그러나 그 전통은 서서히 바뀌기 시작했고, 미소는 더 흔해지게 되었다.

직독직해

¹In the late 18th and early 19th centuries, / most people didn't smile / in photos. ²They didn't smile /
18세기 후반과 19세기 초기에는, / 대부분의 사람들이 미소를 짓지 않았다 / 사진에서. 그들은 웃지 않았다 /

even at happy events / like weddings. ³Back then, / taking a picture / took much longer / than today.
행복한 행사에서조차도 / 결혼식과 같은. 그 당시에, / 사진을 찍는 것은 / 훨씬 더 오래 걸렸다 / 오늘날보다.

⁴It took about 20 minutes / to take one picture! (⁵People weren't unhappy / all the time.) ⁶So, / people
약 20분이 걸렸다 / 사진 한 장을 찍는 데! 사람들이 불행한 것은 아니었다 / 내내. 그래서, / 사람들은

had to sit / very still / for a long time. ⁷Imagine / trying to keep a smile / for 20 minutes!
앉아 있어야 했다 / 매우 가만히 / 오랫동안. 상상해 봐라 / 미소를 유지하려고 노력하는 것을 / 20분 동안!

⁸Before cameras, / people painted pictures / to remember special moments. ⁹In these paintings, /
카메라가 있기 전에, / 사람들은 그림들을 그렸다 / 특별한 순간들을 기억하기 위해. 이런 그림들에서, /

big smiles weren't common. ¹⁰Many people believed // that showing big smiles / wasn't appropriate.
활짝 웃는 것은 흔하지 않았다. 많은 사람이 믿었다 // 함박웃음을 보여주는 것은 / 적절하지 않다고.

¹¹When cameras were invented, // people continued this tradition. ¹²They thought // that only silly or
카메라가 발명되었을 때, // 사람들은 이 전통을 계속 이어갔다. 그들은 생각했다 // 오직 어리석거나

lower-class people / smiled in photos. ¹³So, / they kept a serious face. ¹⁴However, / the tradition slowly
하위 계층의 사람들만이 / 사진에서 미소 짓는다고. 그래서, / 그들은 심각한 표정을 유지했다. 그러나, / 그 전통은 천천히

began to change, // and smiles became more common.
바뀌기 시작했다, // 그리고 미소가 더 흔해지게 되었다.

³ Back then, **taking** a picture took much longer than today.
          주어   동사

¹⁰ Many people believed that **showing** big smiles wasn't appropriate.
                  주어   동사   보어

▶ taking((사진을) 찍는 것은)은 문장의 주어로 쓰인 동명사이며, showing(보여주는 것은)은 접속사 that이 이끄는 목적어절의 주어로 쓰인 동명사이다.

⁴ **It took** about 20 minutes **to take** one picture!
          시간

▶ <It takes 시간 to-v>는 '~하는 데 …의 시간이 걸리다'라는 뜻의 표현이다.

⁵ People weren**'t** unhappy **all the time**.

▶ <not ~ all the time>은 '계속 ~인 것은 아닌'이라는 뜻으로, 문장의 일부만 부정하는 의미를 나타낸다.

⁶ So, people **had to** sit very still for a long time.

▶ 조동사 have to의 과거형으로 쓰인 had to는 '~해야 했다'라는 뜻으로, '과거의 의무'를 나타내는 표현이다.

⁷ **Imagine trying** to keep a smile for 20 minutes!

▶ 문장의 주어 없이 동사원형(Imagine)으로 시작하는 형태를 명령문이라고 하며, 이때 '~해라'라고 해석한다.
▶ <imagine v-ing>는 '~하는 것을 상상하다'라는 의미이며, <try to-v>는 '~하려고 노력하다'라는 의미이다. 동사 imagine은 목적어로 동명사를 취하며, try는 목적어로 동명사와 to부정사를 모두 취할 수 있으나 형태에 따라 그 의미가 달라지므로 주의해야 한다.

¹¹ When cameras **were invented**, people continued this tradition.

▶ were invented는 <was/were+과거분사(p.p.)> 형태의 과거시제 수동태로, '발명되었다'라고 해석한다.

---

15   **오래된 책에서 나는 향기**   본책 pp.58~59

정답 ▶   1 ②   2 (1) T   (2) F   3 ⓐ **paper**   ⓑ **yellow**
         4 오늘날 책들이 리그닌이 더 적게 들어 있는 종이를 사용하는 것   **5** 만든다, 그가 일찍 일어나게

문제 해설 ▶   **1** 책이 오래 되면 독특한 냄새가 나게 되는데, 그 이유가 종이에 함유된 리그닌이라는 화학물질 때문이라고 설명하고 있다. 따라서 글의 제목으로 가장 알맞은 것은 ②이다.

         ① 초콜릿과 커피에 있는 리그닌   ② 오래된 책에서 특별한 냄새가 나는 이유
         ③ 책 속의 많은 다양한 화학물질   ④ 오래된 종이가 다른 색을 갖고 있는 이유
         ⑤ 책에서 나쁜 냄새를 제거하는 방법

         2 (1) 3번과 4번 문장에 언급되어 있다.
              (2) 10번 문장에서 리그닌은 종이의 색을 노랗게 만든다고 했다.

         3 **리그닌**

정의	• ⓐ 종이에서 발견되는 화학물질
특징	• 책이 점점 오래되면서 분해됨 • 초콜릿이나 커피 같은 냄새가 남 • 시간이 지나면서 페이지들을 ⓑ 노랗게 만듦

4 밑줄 친 That은 11번 문장의 내용(books today use paper with less lignin)을 가리킨다.

¹도서관으로 걸어 들어갈 때, 당신은 오래된 책에서 나는 특별한 냄새를 알아챌지도 모른다. ²이는 '리그닌'이라고 불리는 화학물질 때문이다. ³종이, 잉크, 그리고 접착제는 책을 만드는 데 사용된다. ⁴이 재료들에는 많은 다양한 화학물질들이 있고, 그 화학물질 중 하나가 리그닌이다.

⁵리그닌은 종이에서 발견되는 화학물질이다. ⁶책이 점점 더 오래되면, 리그닌이 분해돼서 독특한 냄새가 난다. ⁷한 연구에서, 많은 사람들이 오래된 책이 초콜릿이나 커피 같은 냄새가 난다고 말했다. ⁸리그닌이 초콜릿과 커피에도 들어 있기 때문에 이는 놀라운 일이 아니다!

⁹하지만 리그닌은 책들이 좋은 냄새가 나게 하지만은 않는다. ¹⁰그것은 책의 페이지들을 노랗게 만든다. ¹¹그래서, 오늘날의 책들은 리그닌이 더 적게 들어있는 종이를 사용한다. ¹²그것은 앞으로 책에서 그 달콤한 냄새가 나지 않을 수도 있다는 것을 의미한다.

직독직해

¹When you walk / into a library, // you might notice a special smell / from old books. ²This is
당신이 걸어갈 때 / 도서관 안으로, // 당신은 특별한 냄새를 알아차릴지도 모른다 / 오래된 책들에서 나는. 이것은

because of a chemical / called "lignin." ³Paper, ink, and glue are used / to make books. ⁴These materials /
화학물질 때문이다 / '리그닌'이라고 불리는. 종이, 잉크, 그리고 접착제는 사용된다 / 책을 만들기 위해. 이런 재료들은 /

have many different chemicals / in them, // and one of the chemicals is lignin.
많은 다양한 화학물질들을 가지고 있다 / 그것들 안에, // 그리고 그 화학물질 중의 하나가 리그닌이다.

⁵Lignin is a chemical / found in paper. ⁶When a book gets older, // lignin breaks down /
리그닌은 화학물질이다 / 종이에서 발견되는. 책이 점점 더 오래되면, // 리그닌은 분해된다 /

and makes a unique smell. ⁷In a study, / many people said // old books smelled / like chocolate or coffee.
그리고 독특한 냄새를 만들어 낸다. 한 연구에서, / 많은 사람들이 말했다 // 오래된 책은 냄새가 난다고 / 초콜릿이나 커피 같은.

⁸This isn't surprising // because lignin is also in chocolate and coffee!
이것은 놀랍지 않다 // 왜냐하면 리그닌은 초콜릿과 커피에도 있기 때문이다!

⁹But lignin doesn't only make / books smell good. ¹⁰It also turns the pages yellow. ¹¹So, / books today
그러나 리그닌은 오직 만들지는 않는다 / 책들이 좋은 냄새가 나게. 그것은 또한 페이지들을 노랗게 바꾼다. 그래서, / 오늘날 책은

use paper / with less lignin. ¹²That means // books might not have that sweet smell / in the future.
종이를 사용한다 / 더 적은 리그닌을 가진. 그것은 의미한다 // 책들이 그 달콤한 냄새를 가지고 있지 않을지도 모른다는 것을 / 미래에.

주요 구문

³ Paper, ink, and glue **are used to make** books.
▶ <be used to+동사원형>은 '~하는 데 사용되다'라는 의미의 수동태 표현이다.

⁵ Lignin is *a chemical* [**found** in paper].
▶ 과거분사 found는 '발견되는'이라는 뜻으로, 과거분사구(found in paper)는 바로 앞의 명사인 a chemical을 뒤에서 꾸며 주고 있다.

⁶ When a book **gets older**, lignin breaks down and makes a unique smell.
▶ <get+비교급>은 '점점 더 ~해지다'라는 의미이다.

⁷ In a study, many people said old books **smelled like** chocolate or coffee.

⁹ But lignin doesn't only make books **smell good**.
▶ <smell like+명사(구)>는 '~같은 냄새가 나다'라는 의미이다. <smell+형용사>는 '~한 냄새가 나다'라는 의미로 구분해서 알아두어야 한다.

¹⁰ It also **turns** the pages **yellow**.
　　　　　　　　　A　　　형용사
▶ <turn+A(목적어)+형용사>는 'A를 ~하게 바꾸다'라는 의미이다.

Review

본책 p.60

단어

정답
A 1 ⓑ   2 ⓐ   3 ⓒ
B 1 **during**   2 **tradition**   3 **appropriate**
C 1 **notice**   2 **serious**   3 **common**

해석
A 1 tie(묶어 두다, 묶다) - ⓑ 끈이나 밧줄로 무언가에 붙여두다
  2 still(가만히 있는) - ⓐ 움직이지 않는
  3 invent(발명하다) - ⓒ 무언가를 처음으로 만들어 내거나 생산하다

C ┤ 보기 ├
흔한	심각한, 진지한	알아채다	~인 채로 있다

  1 나는 Sean에게 손을 흔들었지만, 그는 나를 <u>알아채지</u> 못했다.
  2 장례식에서, 사람들은 <u>심각해</u> 보였다.
  3 겨울에 감기에 걸리는 것은 누구에게나 <u>흔하다</u>.

본책 p.61

1일 1문장

정답
A 1 **The letter** written by Joshua (was) really moving.
  2 **This book** (will make) you imagine a different world.
  3 **Homemade food** (is) usually healthier than fast food.

B 1 much sadder than I expected
  2 Our teacher made us study
  3 the house built by my grandfather

C 1 만들었다, 오래된 자동차가 작동되게
  2 훨씬 더 가볍다, 내 예전 것보다
  3 베토벤에 의해 만들어진 그 노래는

해석
A 1 Joshua가 쓴 그 편지는 정말 감동적이었다.
  2 이 책은 네가 다른 세계를 상상하게 해줄 것이다.
  3 집에서 만든 음식은 대개 패스트푸드보다 더 건강하다.

16 크리스마스섬에서는 조심하세요!   본책 pp.64~65

정답 ▶ 1 ④　　2 ④　　3 ⓐ Watch out　ⓑ eat　　4 그 영화가 지루하다고

문제 해설 ▶ 1 호주의 크리스마스섬에 서식하는 강도 게는 뛰어난 후각으로 캠핑객들의 음식을 훔쳐간다는 내용이므로 글의 주제로 가장 알맞은 것은 ④이다.

① 캠프에서 게를 요리하는 방법　　　　　　② 호주의 아름다운 자연
③ 사람들이 강도 게를 보호하는 이유　　　④ 캠핑객들에게서 음식을 훔쳐가는 게들
⑤ 섬에서 현명한 캠핑객이 되는 방법

2 13번 문장에서 강도 게들은 먹는 용도가 아니라고 했으므로 ④는 글의 내용과 일치하지 않는다. ①은 5번 문장에, ②는 6번 문장에, ③은 8번 문장에, ⑤는 14번 문장에 언급되어 있다.

3

> **캠핑객들을 위한 주의사항**
>
> 음식 근처에서는 강도 게들을 ⓐ 조심하세요!
>
> 게들을 ⓑ 먹지 마세요; 존중을 담아 대해주세요.

본문 해석 ▶ ¹호주에는 크리스마스섬이라고 불리는 놀라운 곳이 있다. ²이 섬은 아름다운 자연으로 유명하며, 많은 사람들이 그곳에서 캠핑하는 것을 아주 좋아한다. ³하지만 캠핑객들은 '강도 게'라고 알려진 거대한 게들을 조심해야 한다. ⁴이 게들은 뛰어난 후각을 가지고 있다. ⁵그것들은 때때로 캠핑객들의 음식을 가져간다! ⁶사람들이 음식을 만들기 시작하면, 게들은 음식 냄새를 맡고 빠르게 주위에 모인다. ⁷그러나 걱정할 필요가 없다. ⁸그것들은 사람을 해치지 않는다.

⁹현명한 캠핑객들은 주로 그들의 음식을 나무에 걸어둔다. ¹⁰그들은 또한 자신들의 요리하는 장소에서 멀리 떨어진 곳에 텐트를 설치한다. ¹¹그러면 게들은 밤에 텐트 근처로 오지 않을 것이다.

¹²어떤 사람들은 그들이 강도 게를 먹어도 된다고 생각한다. ¹³하지만 호주에서 이 게들은 식용이 아니다. ¹⁴그 섬의 사람들은 이 게들을 돌보고, 존중을 담아 그것들을 대한다.

직독직해 ▶

¹In Australia, / there's an amazing place / called Christmas Island. ²This island is famous /
호주에는, / 놀라운 곳이 있다 / 크리스마스섬이라 불리는. 이 섬은 유명하다 /

for its beautiful nature, // and many people love / camping there. ³But campers need to watch out for /
그것의 아름다운 자연으로, // 그리고 많은 사람들은 아주 좋아한다 / 그곳에서 캠핑하는 것을. 하지만 캠핑객들은 (~을) 조심해야 한다 /

the huge crabs / known as "robber crabs." ⁴These crabs have a strong sense of smell.
거대한 게들을 / '강도 게'로 알려진. 이 게들은 뛰어난 후각을 가지고 있다.

⁵They sometimes take food / from campers! ⁶When people start cooking, // the crabs smell the food /
그들은 때때로 음식을 가져간다 / 캠핑객들로부터! 사람들이 요리하기 시작할 때, // 그 게들은 음식의 냄새를 맡는다 /

and quickly gather around. ⁷But you don't need to worry. ⁸They don't hurt people.
그리고 빠르게 주위에 모인다. 그러나 당신은 걱정할 필요가 없다. 그것들은 사람을 해치지 않는다.

⁹Smart campers usually hang their food / in trees. ¹⁰They also set up their tents /
현명한 캠핑객들은 보통 그들의 음식을 걸어둔다 / 나무들에. 그들은 또한 그들의 텐트를 설치한다 /

/ far away from their cooking spots. ¹¹Then, / the crabs won't come / near the tents / at night.
/ 그들의 조리 장소에서 멀리 떨어져.　　　　그러면, / 그 게들은 오지 않을 것이다 / 텐트 근처에 / 밤에.

¹²Some people think // they can eat robber crabs. ¹³But, / theses crabs are not for eating / in Australia.
어떤 사람들은 생각한다 // 그들이 강도 게들을 먹어도 된다고.　　하지만, / 이 게들은 먹는 용도가 아니다 / 호주에서.

¹⁴The people on the island / look after these crabs / and treat them / with respect.
그 섬의 사람들은 / 이 게들을 돌본다 / 그리고 그것들을 대한다 / 존중으로.

주요 구문

² This island is famous for its beautiful nature, and many people **love camping** there.

⁶ When people **start cooking**, the crabs smell the food and quickly gather around.

▶ <love v-ing>는 '~하는 것을 아주 좋아하다'라는 뜻이며, <start v-ing>는 '하는 것을 시작하다'라는 의미이다.
　love, like, start, begin 등과 같은 동사는 목적어로 동명사(v-ing)와 to부정사(to-v)를 모두 쓸 수 있으며, 큰 의미 차이는 없다.

³ But campers **need to watch out for** *the huge crabs* [**known as** "robber crabs."]

▶ <need to-v>는 '~해야 한다'라는 의미이며, watch out for은 '~을 조심하다, 경계하다'라는 의미의 구동사이다.

▶ known as는 '~로 알려진' 이라는 의미의 과거분사로, known as 이하의 어구가 앞의 명사 the huge crabs를 꾸며 주고 있다.

⁷ But you **don't need to** worry.

▶ <don't[doesn't] need to-v>은 '~할 필요가 없다'라는 뜻의 '불필요'를 나타내는 표현이다.

¹³ But, these crabs are not **for eating** in Australia.

▶ 여기서 전치사 for는 '~을 위해, ~의 용도로'라는 의미로 쓰였으며, 목적어로 동명사인 eating을 쓰고 있다.

17　대체 무엇으로 그린 그림일까요?

본책 pp.66~67

정답　1 ⑤　　2 ④　　3 ④　　4 그가 가장 좋아하는 가수를 만나는 것

문제 해설　1 타자기를 이용해 그림을 그리는 예술가인 James Cook에 대해 설명하는 글이므로 제목으로는 ⑤가 가장 알맞다.

① 타자기를 사용하는 방법　　　　　　　　② AI를 이용해 그림 그리기
③ James Cook의 예술가로서의 삶　　　　　④ 우리가 오래된 기술을 보존해야 하는 이유
⑤ 타자기로 예술 작품을 만드는 한 예술가

2 주어진 문장은 '하지만, 이 그림들이 빠르게 만들어지지는 않는다.'라는 내용으로, 하나의 그림을 완성하는 데 어느 정도의 시간이 걸리는지 설명하는 8번 문장의 앞인 ④에 위치하는 것이 가장 자연스럽다.

3 7번 문장에서 James Cook은 곡선을 그리는 데 괄호를 사용한다고 했으므로 ④는 글의 내용과 일치하지 않는다. ① 은 1번 문장에, ②는 3번 문장에, ③은 6번 문장에, ⑤는 8번 문장에 언급되어 있다.

본문 해석　　¹요즘, 몇몇 예술가들은 예술 작품을 만들기 위해 AI(인공 지능)와 같은 새로운 과학기술을 이용한다. ²하지만 James Cook은 좀 더 전통적인 방식으로 일을 하는 것을 좋아한다. ³그는 타자기라고 불리는 오래된 기계를 사용한다.
　　⁴James는 주로 건물, 풍경, 그리고 유명인들의 얼굴을 그림으로 그린다. ⁵그런데 그는 어떻게 타자기로 예술 작품을 만들어 낼까? ⁶그는 이미지를 만들기 위해 다양한 글자, 숫자, 그리고 구두점과 같은 특수 기호를 타이핑한다. ⁷예를 들어, 그는 곡선을 그리기 위해 괄호를 사용한다. 하지만, 이 그림들이 빠르게 만들어지지는 않는다. ⁸사실, 그림 하나를 완성하는 데 그는 4일에서 5일이 걸릴 수 있다.

⁹James는 자신의 예술 작품을 만들기 위해 타자기를 사용하는 것을 즐긴다. ¹⁰그는 "어떤 기술은 절대 사라지지 않는다"고 믿는다. ¹¹그의 목표는 타자기와 같은 오래된 기계가 놀라운 예술을 만들 수 있다는 것을 우리에게 보여주는 것이다.

직독직해

¹These days, / some artists use new technology, / like AI (Artificial Intelligence), / to make their art.
요즘, / 몇몇 예술가들은 새로운 기술을 사용한다, / AI(인공 지능)와 같은, / 그들의 예술 작품을 만들기 위해.

²But James Cook likes doing things / in a more traditional way. ³He uses an old machine /
하지만 James Cook은 일을 하는 것을 좋아한다 / 더 전통적인 방식으로. / 그는 오래된 기계를 사용한다 /

called a typewriter.
타자기라고 불리는.

⁴James usually makes pictures / of buildings, landscapes, / and faces of famous people. ⁵But
James는 보통 그림을 그린다 / 건물들과, 풍경의, / 그리고 유명한 사람들의 얼굴의. / 그러나

how does he make art / with a typewriter? ⁶He types / different letters, numbers, / and special marks /
그는 어떻게 예술작품을 만들까 / 타자기를 사용해? / 그는 입력한다 / 다양한 글자, 숫자, / 그리고 특수 문자들을 /

like punctuation / to shape an image. ⁷For example, / he uses the brackets / to draw a curvy line.
구두점과 같은 / 이미지를 만들기 위해. / 예를 들어, / 그는 괄호를 사용한다 / 구불구불한 선을 그리기 위해.

However, / these pictures aren't made / quickly. ⁸In fact, / one picture can take him / four to five days /
하지만, / 이 그림들은 만들어지지 않는다 / 빠르게. / 사실, / 하나의 그림은 그에게 걸릴 수 있다 / 4일에서 5일이 /

to finish.
완성하기에.

⁹James enjoys using typewriters / to create his art. ¹⁰He believes // "some technologies never die."
James는 타자기를 사용하는 것을 즐긴다 / 그의 예술작품을 만들기 위해. 그는 믿는다 // "어떤 기술들은 절대 사라지지 않는다"고.

¹¹His goal is / to show us // that old machines like typewriters / can make amazing art.
그의 목표는 ~이다 / 우리에게 보여주는 것 // 타자기와 같은 오래된 기계가 / 놀라운 예술을 만들 수 있다고.

주요 구문

⁶ He types different <u>letters</u>, <u>numbers</u>, and <u>special marks</u> [like punctuation] **to shape** an image.
                           A   B   C

▸ 세 가지 이상의 대등한 대상이 나열될 때는 <A, B(,) and C>의 형태로 나타낸다.

▸ '~와 같은'이라는 의미의 전치사 like가 이끄는 구(like punctuation)는 바로 앞의 명사 special marks를 꾸며 주고 있다.

▸ to shape는 '모양을 만들기 위해'라는 의미로 '목적'을 나타내는 부사적 용법으로 쓰인 to부정사이다.

⁸ In fact, one picture can **take** him four to five days **to finish**.
                              A   시간   to부정사

▸ <take+A(목적어)+시간+to부정사>는 'A가 ~하는 데 …의 시간이 걸리다'라는 의미로, 이때 to finish는 '목적'을 나타내는 부사적 용법으로 쓰인 to부정사이다.

However, these pictures **aren't made** quickly.

▸ aren't made는 '만들어지지 않는다'라고 해석하며, 주어가 동작을 당하게 되는 수동태의 부정문이다.
수동태의 부정문은 <be동사+not+과거분사(p.p.)>로 나타낸다.

¹¹ His goal is **to show**^동 us^{간목} **that** *old machines* [like typewriters] can make amazing art.^{직목}
   주어 동사   보어

▸ 문장의 주어를 보충 설명하는 보어 자리에는 to부정사구(to show ~ amazing art)가 쓰여, '~하는 것'이라고 해석한다.

▸ <show+간접목적어+직접목적어>는 '~에게 …를 보여주다'라는 의미를 나타내며, 여기서 직접목적어 자리에는 that이 이끄는 절(that ~ amazing art)이 쓰여 '~에게 …라는 것을 보여주다'라고 해석한다.

▸ 전치사구(like typewriters)는 앞의 old machines를 꾸며 준다.

정답 1 ② 2 ⑤ 3 (1) F (2) T (3) F 4 썩은 달걀과 아몬드와 같은 몇몇 독특한 냄새들
5 빨간 풍선들을 가진 그 아이들은

문제 해설

1 우주의 성운 주위에서는 썩은 달걀과 아몬드 또는 라즈베리와 같은 독특한 냄새가 난다는 내용의 글이므로 글의 주제로 가장 적절한 것은 ②이다.

글의 주제로 가장 알맞은 것은?
① 혜성은 어떻게 만들어지는가 ② 우주의 독특한 냄새들
③ 우주의 특별한 화학 물질 ④ 우주는 실제로 무엇처럼 생겼을까
⑤ 왜 우주는 몇몇 독특한 냄새를 가지고 있을까

2 주어진 문장은 '이 달콤한 냄새는 구름(성운)에 있는 특별한 화학 물질에서 나온다.'는 내용이며, 그 달콤한 냄새의 출처는 10번 문장(Sagittarius B2라는 이름의 성운이 라즈베리와 같은 냄새가 남)에서 언급되고 있다. 따라서 주어진 문장은 10번 문장의 뒤인 ⑤에 위치하는 것이 가장 자연스럽다.

다음 문장이 들어갈 위치로 가장 알맞은 곳은?

3 (1) 7번 문장에서 혜성 67P 주변의 구름은 썩은 달걀과 아몬드와 같은 독특한 냄새를 지니고 있다고 했다.
(2) 10번 문장에 언급되어 있다.
(3) 11번 문장에서 우주의 냄새는 장소마다 다르다고 했다.

다음 문장이 글의 내용과 일치하면 T, 그렇지 않으면 F를 쓰세요.
(1) 혜성 67P 주변의 구름은 장미와 아몬드 같은 냄새가 난다.
(2) Sagittarius B2는 라즈베리 같은 냄새가 난다.
(3) 우주의 모든 장소에서는 같은 냄새가 난다.

4 밑줄 친 these smells는 바로 앞 문장인 7번 문장의 some unique smells like rotten eggs and almonds(썩은 달걀과 아몬드와 같은 몇몇 독특한 냄새들)를 가리킨다.

밑줄 친 these smells가 의미하는 것을 글에서 찾아 우리말로 쓰세요.

5 **다음 빈칸에 알맞은 우리말 해석을 써보세요.**

본문 해석

[1]우주는 별, 행성, 그리고 다른 많은 것들로 가득 차 있어요. [2]여러분은 우주는 어떤 냄새도 나지 않을 거라고 생각할지도 몰라요. [3]하지만 우주 비행사들은 사실 그것은 냄새가 난다고 말해요! [4]그렇다면, 우주는 어떤 냄새가 날까요?

[5]한 예로 67P라고 불리는 혜성이 있어요. [6]혜성은 먼지와 바위로 이루어진 커다란 얼음덩어리예요. [7]과학자들은 이 혜성 주변의 구름이 썩은 달걀과 아몬드와 같은 몇몇 독특한 냄새를 지니고 있다는 것을 발견했어요! [8]그 혜성이 태양에 점점 더 가까워지면서, 이 냄새들은 바뀔 수 있어요. [9]Sagittarius B2라는 이름의 큰 성운도 있어요. [10]그것은 라즈베리 같은 냄새가 나요. 이 달콤한 냄새는 구름에 있는 특별한 화학 물질에서 나와요.

[11]NASA의 한 연구원은 "우주의 냄새는 장소마다 달라요. 우주는 온갖 종류의 냄새를 갖고 있는 뷔페 레스토랑과 같은 냄새가 날지도 몰라요."라고 말해요.

¹Space is full of / stars, planets, and many other things. ²You might think // it doesn't have any smell.
우주는 (~로) 가득 차 있다 / 별들, 행성들, 그리고 많은 다른 것들로.　　　당신은 생각할지도 모른다 // 그것은 어떤 냄새도 가지고 있지 않다고.

³But astronauts say // it actually smells! ⁴Then, / what does space smell like?
하지만 우주 비행사들은 말한다 // 그것은 사실 냄새가 난다고! 그렇다면, / 우주는 어떤 냄새가 날까?

⁵One example is a comet / called 67P. ⁶A comet is a big icy ball / of dust and rocks. ⁷Scientists
한 예시는 혜성이다 / 67P라고 불리는. 혜성은 얼음으로 뒤덮힌 큰 공 모양의 물체이다 / 먼지와 바위들의. 과학자들은

discovered // that the cloud around this comet / has some unique smells / like rotten eggs and almonds!
발견했다 // 이 혜성 주변의 구름이 / 몇몇 독특한 냄새들을 가지고 있다는 것을 / 썩은 달걀과 아몬드 같은!

⁸As the comet gets closer / to the sun, // these smells can change. ⁹There's also a big space cloud /
그 행성이 점점 더 가까워지면서 / 태양에, // 이 냄새들은 바뀔 수 있다. 큰 성운도 있다 /

named Sagittarius B2. ¹⁰It smells like raspberries. This sweet smell / comes from a special chemical /
Sagittarius B2라는 이름의. 그것은 라즈베리와 같은 냄새가 난다. 이 달콤한 냄새는 / 특별한 화학 물질에서 나온다 /

in the cloud.
그 구름에 있는.

¹¹A NASA researcher says, // "The smell of space differs / from place to place. Space might smell /
NASA의 한 연구원은 말한다, // "우주의 냄새는 다르다 / 장소마다. 우주는 냄새가 날지도 모른다 /

like a buffet restaurant / with all kinds of smells."
뷔페 레스토랑과 같은 / 온갖 종류의 냄새가 있는."

---

² You might think (**that**) it doesn't have any smell.
　주어　　동사　　　　목적어

³ But astronauts say (**that**) it actually smells!
　　주어　　　동사　　목적어

▶ 동사 might think와 say 뒤에는 목적어절을 이끄는 접속사 that이 생략되었다.

⁷ Scientists discovered that the cloud around this comet has *some unique smells* [**like** rotten eggs and almonds]!
　　　　　　　　　　　　　　　　　　　　　　　　　　　　　　　명사구

¹⁰ It **smells like** raspberries.
　　동사

▶ like ~ almonds는 바로 앞의 some unique smells를 형용사처럼 꾸며 주는 전치사구이다. 이때, smells는 '냄새'라는 뜻으로 쓰인 명사이다.

▶ <smell like+명사(구)>는 '~ 같은 냄새가 나다'라는 뜻으로, 이때 smell은 동사로 쓰였다.

⁸ **As** the comet **gets closer** to the sun, these smells can change.

▶ as는 '~하면서, ~함에 따라'라는 의미의 접속사이며, <get+비교급>은 '점점 더 ~해지다'라는 뜻이다.

¹¹ A NASA researcher says, "The smell of space differs from place to place.
Space might smell like *a buffet restaurant* [**with** all kinds of smells]."

▶ with all kinds of smells는 바로 앞의 a buffet restaurant를 형용사처럼 꾸며 주는 전치사구로, 이때 전치사 with는 '~을 가진'이라는 의미이다.

Review

본책 p.70

단어

정답

A　1 ⓑ　　　2 ⓐ　　　3 ⓒ

B　1 **rotten**　　2 **respect**　　3 **landscape**

C　1 **look after**　2 **full of**　　3 **known as**

해석

A　1 astronaut(우주 비행사) - ⓑ 우주에서 이동하고 일하는 사람

　　2 gather(모이다, 모으다) - ⓐ 한 장소에 모이거나, 사람들을 한 장소에 데려오다

　　3 mark(부호, 기호) - ⓒ 쓰여지거나 인쇄된 기호

B　1 썩은 과일의 냄새

　　2 웃어른에 대한 존중을 보이다

　　3 하와이의 아름다운 풍경

본책 p.71

1일 1문장

정답

A　1 **Some people** (think) seven is a lucky number.

　　2 **My goal** for this summer (is) to read ten books.

　　3 **The supermarket** around the corner (sells) fresh vegetables.

B　1 think the man is a great writer

　　2 bright colors like yellow or red

　　3 to spend time with my family

C　1 이번 시험이 어려웠다고

　　2 결승전에서 이기는 것

　　3 큰 우산을 갖고 있는 그 남자는

해석

A　1 어떤 사람들은 숫자 7을 행운의 숫자라고 생각한다.

　　2 이번 여름의 내 목표는 책을 열 권 읽는 것이다.

　　3 모퉁이에 있는 슈퍼마켓은 신선한 채소를 판다.

19 눈에 보이진 않지만 색깔이 있어요 본책 pp.74~75

> 정답 1 ④ 2 ④ 3 ⓐ focus ⓑ improve 4 가장 어려운 시험이었다

> 문제 해설

1 마음을 진정시켜주는 효과가 있는 세 가지 색의 소음에 대해 설명하는 글이므로, 제목으로 가장 알맞은 것은 ④이다.

① 자연의 다채로운 소리들   ② 집중에 도움이 되는 소음
③ 모든 색에는 의미가 있다   ④ 마음을 진정시켜주는 소음들의 다양한 색
⑤ 소리가 고유의 색을 가지고 있는 이유

2 14번 문장에서 갈색 소음은 사고력을 향상시키는 데 도움이 된다고 했으므로, ④ '소설을 쓰기 위해 새로운 아이디어가 필요한 민희'가 갈색 소음을 추천해 주기에 가장 적절하다.

3

	어떻게 그것이 들리는지	어떻게 그것이 당신을 돕는지
백색 소음	'쉬이이' 소리처럼 들린다.	당신이 ⓐ 집중할 수 있도록 돕는다.
분홍색 소음	빗소리나 해변의 파도 소리와 비슷하다.	당신이 긴장을 풀도록 돕는다.
갈색 소음	폭우나 폭포 소리처럼 들린다.	당신의 사고력을 ⓑ 향상시키는 데 도움을 준다.

> 본문 해석

¹우리는 다양한 종류의 소음을 나타내기 위해 색깔을 사용한다. ²당신은 백색 소음에 대해 이미 알고 있을지도 모른다. ³그러나 당신은 분홍색 소음과 갈색 소음에 대해 알고 있었는가? ⁴이 세 가지 소리는 모두 마음을 진정시키는 효과가 있다. ⁵그렇다면, 그들 사이의 차이점은 무엇일까?

⁶백색 소음은 가장 잘 알려져 있다. ⁷당신은 선풍기나 진공청소기에서 이 소리를 들을 수 있다. ⁸그것은 '쉬이이'하는 소리와 같고 다른 소음을 덮어, 당신이 집중할 수 있게 해준다.

⁹분홍색 소음은 백색 소음보다 더 낮은 소리를 사용한다. ¹⁰그것은 빗소리나 해변의 파도 소리와 비슷하다. ¹¹그것은 자연의 소리처럼 들리기 때문에 마음을 편안하게 해준다.

¹²갈색 소음은 세 가지 중에서 가장 깊은 소리이다. ¹³그것은 폭우나 폭포 소리와 같다. ¹⁴그것은 당신의 사고력을 향상시키는데 도움이 될 수 있다. ¹⁵그렇다면, 당신은 어떤 색의 소음을 듣고 싶은가?

> 직독직해

¹We use color / to describe different types of noise. ²You may already know / about white noise.
우리는 색깔을 사용한다 / 다양한 종류의 소음을 묘사하기 위해.   당신은 이미 알지도 모른다   / 백색 소음에 대해.

³But did you know / about pink noise and brown noise? ⁴All these three sounds / have a calming effect.
그러나 당신은 알고 있었는가 / 분홍색 소음과 갈색 소음에 대해?   이 모든 세 가지 소리들은   / 마음을 진정시키는 효과가 있다.

⁵So, / what's the difference / between them?
그렇다면, / 차이점은 무엇인가   / 그것들 사이의?

⁶White noise is the most well-known. ⁷You can hear this / from a fan or a vacuum.
백색 소음은 가장 잘 알려져 있다.   당신은 이것을 들을 수 있다 / 선풍기나 진공청소기로부터.

⁸It's like a "shhh" sound / and helps cover up other noise, // so you can focus.
그것은 '쉬이이' 소리와 같다   / 그리고 다른 소음을 가려주는 것을 돕는다,   // 그래서 당신은 집중할 수 있다.

⁹Pink noise uses lower sounds / than white noise. ¹⁰It's similar / to the sound of rain / or waves on
분홍색 소음은 더 낮은 소리를 사용한다 / 백색 소음보다.　　　　그것은 비슷하다 / 비 소리와 / 또는 해변의 파도 소리와.

a beach. ¹¹It's relaxing // because it sounds like nature.
그것은 편안하게 한다 // 그것은 자연과 같은 소리가 나기 때문에.

¹²Brown noise is the deepest sound / of the three. ¹³It's like the sound / of heavy rain or a waterfall.
갈색 소음은 가장 깊은 소리이다 / 세 가지 중에서.　　그것은 소리와 같다 / 폭우 또는 폭포의.

¹⁴It could help / improve your thinking skills. ¹⁵So, / which color of noise / do you want to hear?
그것은 도울 수 있다 / 당신의 사고력을 향상시키는 것을.　　그렇다면, / 어떤 색의 소음을 / 당신은 듣기를 원하는가?

주요 구문 ▶

¹ We use color to describe different types of noise.

▶ to describe는 '묘사하기 위해'라는 뜻으로, '목적'을 나타내는 부사적 용법의 to부정사이다.

⁶ White noise is the most well-known.
　주어　　동사　　　　보어

▶ <the most+형용사>는 '가장 ~한'이라는 의미의 최상급 표현으로, 주어를 보충해주는 말인 보어로 쓰였다.

⁸ It's like a "shhh" sound and helps (to) cover up other noise, so you can focus.

▶ <help (to-)v>는 '~하는 것을 돕다'라는 의미로, 이때 동사원형 대신 to부정사를 쓰기도 한다.

⁹ Pink noise uses lower sounds than white noise.

▶ <비교급+명사+than …>은 '…보다 더 ~한 (명사)'라는 의미로, lower은 '더 낮은'이라는 의미의 비교급이다.

¹³ It's like the sound [of heavy rain or a waterfall].

▶ 전치사 like는 '~와 같은'이라는 의미로, 전치사 뒤에는 명사(구)가 와야 한다.

▶ 전치사 of가 이끄는 어구(of heavy rain ~ a waterfall)는 앞의 명사 the sound를 형용사처럼 꾸며 주고 있으며, 이때 두 개의 명사 heavy rain과 a waterfall은 접속사 or로 연결되었다.

---

20 Muddy Chicken이라고 불러 줘

본책 pp.76~77

정답 ▶　1 ③　　2 ③　　3 ②　　4 ④　　5 내가 일어나려고 할 때

문제 해설

1 여름 캠프에 간 Lisa가 그곳에서 경험한 재미있는 일을 부모님께 편지로 전달하고 있으므로, 정답은 ③이다.

2 3번 문장과 13번 문장에서 Lisa는 캠프에서 즐거운 시간을 보내고 있으며, 새로운 친구들도 많이 사귀었다고 했으므로, 이를 통해 정답은 ③으로 추측할 수 있다.

　① 지루한　　　② 희망에 찬　　　③ 신난　　　④ 긴장한　　　⑤ 실망한

3 (b)는 7번 문장에, (d)는 12번 문장에 언급되어 있으며, (a)와 (c)는 글에서 언급되지 않으므로 정답은 ②이다.

> (a) Lisa는 캠프에서 며칠 동안 있었는가?
> (b) Lisa는 릴레이 경주에서 어떤 의상을 입었는가?
> (c) 누가 릴레이 경주에서 이겼는가?
> (d) Lisa는 릴레이 경주 후에 어떤 별명을 얻었는가?

UNIT 07 | 39

4 주어진 문장은 '저는 큰 진흙 웅덩이에 빠졌어요!'라는 내용으로, Lisa가 코스튬 경주 중에 달리다가 치킨 발에 걸려 넘어졌다는 내용의 8번 문장과 Lisa를 비롯한 모든 이들이 웃었다는 내용의 9번 문장의 사이인 ④에 위치하는 것이 가장 자연스럽다.

본문 해석 ▶   ¹사랑하는 엄마와 아빠께,

²저는 두 분이 잘 지내고 계시길 바라요. ³저는 여기 여름 캠프에서 너무 재미있게 지내고 있어요! ⁴어제는 정말 재미있는 일이 있었어요.

⁵우리는 코스튬 릴레이 경주를 했어요. ⁶그 경주에서, 우리는 우스꽝스러운 의상을 입었고, 어느 지점까지 달려갔다가, 다음 사람을 위해 의상을 벗었어요. ⁷제 차례가 왔을 때, 저는 치킨 의상을 입어야 했어요. ⁸제가 달리기 시작했을 때, 저는 치킨 발에 걸려 넘어졌어요. 저는 큰 진흙 웅덩이에 빠졌어요! ⁹모두들 많이 웃었어요, 저까지 포함해서요.

¹⁰하지만 걱정하지 마세요. ¹¹저는 아주 괜찮아요! ¹²제 친구들은 이제 저를 '진흙투성이 치킨'이라고 부르지만, 웃긴 농담일 뿐이에요. ¹³캠프는 쭉 너무 좋았고, 저는 새로운 친구들을 많이 사귀었어요.

¹⁴두 분 모두 보고 싶고, 집에 돌아가서 더 많은 재미있는 이야기를 들려드릴 것이 기대돼요.

¹⁵사랑을 담아서,
Lisa 드림

직독직해 ▶

¹Dear Mom and Dad,
사랑하는 엄마와 아빠께,

²I hope // you're doing well. ³I'm having so much fun / here at summer camp! ⁴Something really funny
저는 바라요 // 두 분이 잘 지내고 계시길.   저는 너무 재미있게 지내고 있어요   / 여기 여름 캠프에서!   정말 재미있는 일이

happened / yesterday.
일어났어요   / 어제.

⁵We had a costume relay race. ⁶In the race, / we wore silly costumes, / ran to a spot, / and then
우리는 코스튬 릴레이 경주가 있었어요.   그 경주에서,   / 우리는 우스꽝스러운 의상들을 입었고, / 한 장소로 달려갔다가, / 그다음

took off the costumes / for the next person. ⁷When it was my turn, // I had to wear a chicken costume.
그 의상을 벗었어요   / 다음 사람을 위해.   제 차례가 왔을 때,   // 저는 치킨 의상을 입어야 했어요.

⁸As I started running, // I tripped over the chicken feet. I fell into a big mud puddle! ⁹Everyone laughed
제가 달리기 시작했을 때, // 저는 치킨 발에 걸려 넘어졌어요.   저는 큰 진흙 웅덩이에 빠졌어요!   모든 사람들이 많이 웃었어요,

a lot, / including me.
많이, / 저를 포함해서요.

¹⁰But don't worry. ¹¹I'm totally fine! ¹²My friends now call me / "Muddy Chicken," //
하지만 걱정하지 마세요.   저는 완전히 괜찮아요!   제 친구들은 이제 저를 불러요   / '진흙투성이인 치킨'이라고, //

but it's just a funny joke. ¹³Camp has been really great, // and I made lots of new friends.
하지만 그것은 웃긴 농담일 뿐이에요.   캠프는 쭉 너무 좋았어요,   // 그리고 저는 새로운 친구들을 많이 사귀었어요.

¹⁴I miss you both / and can't wait / to tell you more fun stories // when I get home.
저는 두 분 모두 그립고 / 기대돼요   / 두 분께 더 많은 재미있는 이야기들을 말하는 것이 // 제가 집에 갔을 때.

¹⁵Love,
사랑을 담아서,

Lisa
Lisa

³ I'm having so much fun here at summer camp!

▶ <am/are/is+동사의 -ing형>은 '~하고 있다, ~하는 중이다'라는 의미의 현재진행형이다.

⁶ In the race, we **wore** silly costumes, **ran** to a spot, and then **took off** the costumes for the next person.
　　　　　　　　　　　　　동사1　　　　　　　　동사2　　　　　　　　　　동사3

▶ 세 개의 과거형 동사 wore, ran, took off가 접속사 and로 연결되어 있다.

¹⁰ But **don't worry**.

▶ 주어 없이 <Don't[Do not]+동사원형>으로 나타내는 부정 명령문은 '~하지 마라'라는 뜻으로 조언, 금지 등을 나타내요.

¹² My friends now **call me** "**Muddy Chicken**," but it's just a funny joke.
　　　　　　　　　　　　　A　　　　명사

▶ <call+A(목적어)+명사>는 'A를 ~라고 부르다'라는 의미이다.

¹³ Camp **has been** really great, and I made lots of new friends.

▶ <have[has]+과거분사(p.p.)>는 '(지금까지) 쭉 ~해왔다'라는 의미로, 과거에 일어난 일이 현재까지도 '계속'되고 있음을 나타내는 현재완료이다.

¹⁴ I miss you both and **can't wait to tell** you more fun stories when I get home.
　　　　　　　　　　　　　　　　　　　　A　　　B

▶ <can't wait to-v>는 '~하는 것이 기대되다'라는 의미로 자주 쓰이는 표현이다.

▶ <tell A B>는 'A에게 B를 말하다'라는 의미이다.

---

21 고대 이집트의 화장법

본책 pp.78~79

정답 　1 ⑤　　2 ③　　3 (1) the bright sun　　(2) the dusty desert wind　　4 (1) F　(2) T
　　　　　5 하나는 파란색이었다, 또 다른 하나는 검은색이었다

문제 해설

1 고대 이집트에서는 눈을 보호하기 위해 kohl이라는 화장품을 사용해 아이라인을 그렸다는 내용의 글이므로 정답은 ⑤이다.

　① 눈을 멋져 보이게 만드는 방법　　　　　　② Kohl이 어떻게 눈병을 막았는가
　③ 고대 이집트의 마법의 재료들　　　　　　④ 이집트에서의 아이라이너의 긴 역사
　⑤ Kohl: 고대 이집트의 보호용 아이라이너

2 빈칸 앞부분에서 고대 이집트인들은 단지 멋져 보이기 위해 아이라인을 그린 것이 아니라고 했으며, 빈칸 뒷부분에서는 아이라인을 그리는 것이 이집트의 강한 햇빛과 먼지투성이 사막 바람과 같은 외부 환경에서 그들의 눈을 보호해주었다고 했다. 따라서 빈칸에는 그 화장법이 '그들의 눈 건강'을 위한 것이었다는 의미의 ③ their eye health가 알맞다.

　① 그들의 문화　　　　　② 그들의 패션　　　　　③ 그들의 눈 건강
　④ 그것의 싼 가격　　　⑤ 그것의 독특한 색

3 밑줄 친 These things는 6번 문장의 the bright sun과 the dusty desert wind를 가리킨다.

4 (1) 3번 문장에서 남자와 여자 둘 다 아이라인을 그렸다고 했다.
　(2) 9번과 10번 문장에 언급되어 있다.

¹여러분은 사람들이 아주 오래 전부터 아이라이너를 사용했다는 것을 알고 있었나요? ²고대 이집트에서 사람들은 kohl이라고 불리는 화장품을 사용했어요. ³남녀 모두 눈 주위에 두꺼운 검은 선을 그렸어요.

⁴그들은 단지 멋져 보이기 위해 이렇게 한 것이 아니에요. ⁵그것은 주로 <u>그들의 눈 건강을 위한 것이었어요</u>. ⁶그 화장은 밝은 햇빛과 먼지투성이의 사막 바람으로부터 그들의 눈을 보호해 주었어요. ⁷이런 것들은 그들의 눈을 아프게 하거나 눈병을 일으킬 수 있었어요.

⁸여러분은 "화장이 어떻게 눈을 보호해 줄 수 있었나요?"라고 물을지도 몰라요. ⁹최근의 연구에서 kohl에는 특별한 성분이 있었다는 것이 밝혀졌어요. ¹⁰하나는 강력한 천연 자외선 차단제인 산화아연이에요. ¹¹또 다른 하나는 인도 멀구슬나무예요. ¹²그것은 유해한 세균과 싸우는 데 도움을 주어요. ¹³그 당시 사람들은 kohl이 마법 같다고 믿었어요. ¹⁴이제 우리는 그것이 정말 도움이 되었다는 것을 알아요!

¹Did you know // that people used eyeliner / a long time ago? ²In Ancient Egypt, / people used
당신은 알고 있었는가 // 사람들이 아이라이너를 사용했다는 것을 / 오래 전에?　　　　고대의 이집트에서,　　　/ 사람들은 화장품을 사용했다

makeup / called kohl. ³Both men and women / drew thick black lines / around their eyes.
　/ kohl이라 불리는.　남자들과 여자들 모두　　/ 두꺼운 검은 선을 그렸다　　/ 그들의 눈 주변에.

⁴They didn't do this / just to look good. ⁵It was mostly for their eye health. ⁶The makeup protected
그들은 이것을 하지 않았다 / 단지 멋져 보이기 위해.　그것은 대부분 그들의 눈 건강을 위한 것이었다.　　그 화장은 그들의 눈을 보호했다

their eyes / from the bright sun / and the dusty desert wind. ⁷These things could hurt their eyes /
　/ 밝은 태양으로부터　/ 그리고 먼지투성이 사막 바람으로부터.　이것들은 그들의 눈을 아프게 할 수 있었다　　/

or give them eye diseases.
또는 그들에게 눈병을 줄 수 있었다.

⁸You might ask, // "How could makeup protect the eyes?" ⁹Recent studies showed // that kohl
당신은 (~라고) 물어볼지도 모른다, // "어떻게 화장이 눈을 보호해 줄 수 있었는가?"　최근 연구는 보여주었다　// kohl이

had special ingredients. ¹⁰One is zinc oxide, / a powerful natural sunblock. ¹¹Another is neem.
특별한 성분들을 가지고 있다는 것을.　하나는 산화아연이다, / 강력한 천연 자외선 차단제인.　　또 다른 하나는 인도 멀구슬나무이다.

¹²It helps / fight harmful germs. ¹³People back then believed // kohl was magical. ¹⁴Now we know //
그것은 돕는다 / 해로운 세균에 맞서 싸우는 것을. 그 당시의 사람들은 믿었다　　// kohl이 마법 같다고.　　이제 우리는 안다　//

it really helped!
그것이 정말로 도움이 되었다는 것을!

³ **Both** <u>men</u> **and** <u>women</u> drew thick black lines around their eyes.
　　　　A　　　　　B
▶ <both A and B>는 'A와 B 둘 다'라는 의미이며, 이렇게 짝을 이루어 접속사가 연결하는 어구(A, B)는 문법적으로 성격이 같아야 한다.

⁶ The makeup **protected** their eyes **from** the bright sun 　and 　the dusty desert wind.
　　　　　　　　　　　　　　　　　A　　　　　　　　B
▶ <protect A from B>는 'B로부터 A를 보호하다'는 뜻이며, B 자리에 오는 두 개의 어구 the bright sun과 the dusty desert wind는 접속사 and로 연결되었다.

⁷ These things **could hurt** their eyes 　or 　(**could**) **give** them eye diseases.
　　　　　　　　　동사구1　　　　　　　　동사구2
▶ could hurt their eyes와 (could) give them eye diseases의 두 개의 동사구는 접속사 or로 연결되어 있으며, 접속사 or 뒤의 반복되는 말인 조동사(could)는 생략되는 경우가 많다.

¹² It **helps (to) fight** harmful germs.
▶ <help (to-)v>는 '~하는 것을 돕다'라는 의미이며, 이때 help의 목적어로는 to부정사와 동사원형 모두 쓸 수 있다.

Review

본책 p.80

단어

정답

A 1 ⓒ   2 ⓐ   3 ⓑ

B 1 disease   2 recent   3 describe

C 1 miss   2 different   3 natural

해석

A 1 desert(사막) - ⓒ 항상 매우 건조한 넓은 범위의 땅

  2 relax(편히 쉬다, 긴장을 풀다) - ⓐ 쉬거나 무언가 재미있는 것을 하며 시간을 보내다

  3 costume(코스튬; 의상, 복장) - ⓑ 어떤 것 또는 누군가처럼 보이기 위해 입는 옷

B 1 심장병

  2 최근의 신문 기사를 읽다

  3 음식의 맛을 묘사하다

C ┤ 보기 ├

그리워하다	듣다	자연의, 천연의	다른

  1 나는 새로운 도시로 이사 가면 내 친구들을 그리워할 것이다.

  2 우리의 의견은 달랐지만, 우리는 마침내 합의했다.

  3 그 식당은 천연 재료만을 사용해서, 음식이 건강하다.

본책 p.81

1일 1문장

정답

A 1 **The apple** (was) the biggest of the five in the basket.

  2 As **the queen** (entered) the room, everyone stood up.

  3 **All of us** joyfully (sang) a song together as Thomas played the guitar.

B 1 the tallest student in

  2 As Mom prepared dinner

  3 One was white, another was black

C 1 비가 내리기 시작했을 때

  2 가장 빠른 선수이다

  3 하나는 레몬이었다, 또 다른 하나는 체리였다

해석

A 1 그 사과는 바구니에 있는 다섯 개 중 가장 큰 것이었다.

  2 여왕이 방에 들어왔을 때, 모두가 일어섰다.

  3 우리 모두는 Thomas가 기타를 칠 때 함께 즐겁게 노래를 불렀다.

22 앞다리가 구부러진 아기 기린

본책 pp.84~85

정답 ▶ 1 ④　2 ②　3 braces　4 ⓐ stand　ⓑ made　5 부탁하셨다, 나에게 개를 산책시켜달라고

문제 해설 ▶

1 Ara 박사가 만든 특별한 보행 교정기 덕분에 다리에 장애를 갖고 있던 아기 기린이 혼자서 걸을 수 있게 되었다는 내용의 글이므로 정답은 ④이다.

① 동물들을 위한 특별한 의사
② 동물원의 아기 기린의 삶
③ 교정기가 어떻게 아픈 동물들을 도울 수 있는지
④ 특별한 교정기가 아기 기린을 걷게 돕다
⑤ 동물원에 있는 Msituni와 그녀의 특별한 친구들

2 Msituni의 앞다리가 구부러진 이유는 글에서 언급되지 않으므로 정답은 ②이다. ①은 1번 문장에, ③은 5번 문장에, ④는 7번과 8번 문장에, ⑤는 13번 문장에 언급되어 있다.

3 밑줄 친 them은 12번 문장에서 언급된 braces를 가리킨다.

4

아기 기린 Msituni

문제점	그녀의 앞다리는 잘못된 방향으로 구부러지고 있어서 ⓐ <u>서있</u>거나 걸을 수 없었다.
해결책	Ara 박사는 그녀를 위해 특별한 교정기를 ⓑ <u>만들었</u>다.

본문 해석 ▶

¹샌디에이고 동물원 사파리 파크에는 Msituni라는 이름의 아기 기린이 있었다. ²그러나 그녀에게는 큰 문제가 있었다. ³그녀의 앞다리가 잘못된 방향으로 구부러지고 있었다. ⁴이는 그녀가 다른 기린들처럼 서거나 걷지 못한다는 것을 의미했다.

⁵그래서 사육사들은 Ara 박사에게 Msituni를 위해 특별한 교정기를 만들어 달라고 부탁했다. ⁶Ara 박사는 사람들을 위한 교정기를 만드는 데 많은 경험이 있었다. ⁷하지만 그는 이전에 기린과 작업해 본 적이 한 번도 없었다. ⁸Msituni는 매일 키가 점점 더 커지고 있었다. ⁹그래서 그녀의 교정기를 만드는 것은 Ara 박사에게 힘든 작업이었다. ¹⁰Msituni를 돕기 위해, Ara 박사는 기린에 대한 모든 것을 조사했다. ¹¹그 후 그는 그녀만을 위해 특별한 교정기를 만들었다.

¹²처음에, 교정기를 착용하고 걷는 것은 Msituni에게 어려웠다. ¹³그러나 두 달 후에, 그녀는 그것 없이 혼자서 걸을 수 있었다. ¹⁴이제 그녀는 기린 친구들과 함께 뛰고 노는 것을 아주 좋아한다.

직독직해 ▶

¹There was a baby giraffe / named Msituni / at the San Diego Zoo Safari Park. ²But she had a big
아기 기린 한 마리가 있었다 / Msituni라고 이름 지어진 / 샌디에이고 동물원 사파리 파크에는. 　그러나 그녀는 큰 문제를 가지고 있었다.

problem. ³Her front legs were bending / the wrong way. ⁴This meant // she couldn't stand or walk /
그녀의 앞다리들은 구부러지고 있었다 / 잘못된 방향으로. 　이것은 의미했다 // 그녀가 서있거나 걸을 수 없다는 것을 /

like other giraffes.
다른 기린들처럼.

⁵So the zookeepers asked / Dr. Ara to make special braces / for Msituni. ⁶Dr. Ara had lots of experience /
그래서 사육사들은 부탁했다 / Ara 박사에게 특별한 교정기를 만들어달라고 / Msituni를 위해. 　Ara 박사는 많은 경험을 갖고 있었다

in making braces / for people. ⁷But he never worked / with a giraffe / before. ⁸Msituni was getting taller /
교정기를 만드는 데 / 사람들을 위한. 　그러나 그는 한 번도 작업한 적이 없다 / 기린과 / 전에. 　Msituni는 키가 점점 더 커지고 있었다 /

every day. **⁹So making her braces** / was a big job / for Dr. Ara. **¹⁰To help Msituni,** / Dr. Ara studied /
매일.　　그래서 그녀의 교정기를 만드는 것은 / 힘든 작업이었다 / Ara 박사에게.　　Msituni를 돕기 위해, / Ara 박사는 조사했다 /

all about giraffes. **¹¹He then made special braces** / just for her.
기린에 대한 모든 것을.　　그는 그 후 특별한 교정기를 만들었다 / 오직 그녀를 위해.

¹²At first, / walking with braces was hard / for Msituni. **¹³But after two months,** / she could walk /
처음에는, / 교정기를 착용하고 걷는 것은 어려웠다 / Msituni에게.　　그러나 두 달 후에, / 그녀는 걸을 수 있었다 /

by herself / without them. **¹⁴Now,** / she loves to run and play / with her giraffe friends.
그녀 혼자 힘으로 / 그것들 없이.　　이제, / 그녀는 뛰는 것과 노는 것을 아주 좋아한다 / 그녀의 기린 친구들과 함께.

주요 구문 ▶

³ Her front legs were bending *the wrong way*.
　　주어　　　　　동사　　　　　수식어

▶ <was/were+동사의 -ing형>은 과거 시점에 진행 중이던 일을 나타내는 과거진행형으로, '~하고 있었다, ~하는 중이었다'라고 해석한다.

▶ the wrong way는 동사(were bending)를 꾸며 주는 말로 쓰였다.

⁴ This meant (that) she couldn't stand or **(couldn't)** walk like other giraffes.
　　　　　　　　　　　　　　동사1　　　　　　동사2

▶ 동사 meant 뒤에는 목적어절을 이끄는 접속사 that이 생략되었다.

▶ couldn't[could not]는 '과거의 능력'을 나타내는 could의 부정형이므로, '~할 수 없었다'라고 해석한다.

▶ 동사 couldn't stand와 (couldn't) walk는 접속사 or로 연결되어 있으며, or 뒤에 반복되는 말인 couldn't는 생략되었다.

⁶ Dr. Ara had lots of experience in making braces for people.

▶ 전치사 in의 뒤에는 목적어로 동명사인 making이 쓰였다.

⁸ Msituni was getting taller every day.

▶ <was/were getting+비교급>은 '점점 더 (어떤 상태가) 되고 있었다'라는 의미로, <get+형용사>는 '점점' 어떤 상태가 되어 가고 있다는 의미를 강조하기 위해 진행형과 함께 쓰이는 경우가 많다.

⁹ So making her braces *was* a big job for Dr. Ara.

▶ 주어로 쓰인 동명사구(making her braces)는 단수 취급하므로 단수동사 was가 오고 있다. 이때 동사 바로 앞의 braces를 주어로 착각해 복수동사를 쓰지 않도록 주의한다.

¹³ But after two months, she could walk by herself without them.

▶ could는 can의 과거형으로 '과거의 능력, 가능'을 나타내므로, '~할 수 있었다'라는 의미를 나타낸다.

23　　**레고 블록에 숨겨진 이야기**　　　　　　　　　　　　本책 pp.86~87

정답 ▶　1 ②　　2 ⑤　　3 ⓐ furniture　ⓑ built　ⓒ bought　4 허락하지 않았다, 그녀가 콘서트에 가게

문제 해설　　1 LEGO 회사의 창업주인 Ole는 두 차례의 큰 화재를 겪었지만 위기를 기회로 발판 삼았기 때문에, 지금의 세계적으로 유명한 장난감인 레고 블록을 만들 수 있었다는 내용의 글이다. 따라서 이 글이 전하는 교훈은 ②가 가장 알맞다.

2 주어진 문장은 '그것은 현대의 레고 블록과 매우 비슷해 보였다.'라는 내용이므로, Ole가 그의 첫 번째 플라스틱 장난감을 만들었다는 내용의 13번 문장과 그렇게 그 유명한 레고 블록이 시작된 것이라는 14번 문장의 사이인 ⑤에 위치하는 것이 가장 자연스럽다.

3

┌─ 보기 ┐

| 샀다 | ~하게 시켰다 | 가구 | 지었다 |

레고 블록의 탄생

1916	Ole는 자기 자신의 가게를 열어 ⓐ 가구를 만들었다.
1924	큰 화재가 Ole의 가게를 손상시켰다. 하지만 그는 포기하지 않았고 장난감을 위한 더 큰 작업실을 ⓑ 지었다.
1942	또 다른 화재가 Ole의 공장을 태워 버렸다. 그는 이번에도 포기하지 않았다.
1946	Ole는 플라스틱 장난감을 만들기 위해 기계를 ⓒ 샀다.
1949	Ole는 그의 첫 번째 플라스틱 블록을 만들었다.

본문 해석

¹1900년대 초에, Ole Kirk Christiansen이라는 이름의 남자가 덴마크에 살았다. ²그는 나무로 물건을 만드는 것을 아주 좋아해서 1916년에 자신의 가게를 열었다. ³그는 의자와 사다리 같은 가구를 만들었다.

⁴1924년에, 큰 화재가 그의 가게를 손상시켰다. ⁵그러나 Ole는 이것을 새로운 기회로 여겼다. ⁶그는 더 큰 작업실을 지었고 나무로 된 장난감을 만들기 시작했다. ⁷그는 회사의 이름을 'LEGO'라고 다시 짓기까지 했다. ⁸곧, 그의 장난감은 큰 성공을 거두었다.

⁹1942년에, 또 다른 화재가 그의 공장을 불태워 버렸다. ¹⁰하지만 Ole는 이것이 그를 멈추게 두지 않았다. ¹¹이 시기 즈음, 사람들은 플라스틱을 사용하기 시작했는데 이는 그것이 덜 비쌌기 때문이었다. ¹²그래서 1946년에, Ole는 플라스틱으로 장난감을 만들기 위해 기계를 구입했다. ¹³그는 1949년에 첫 번째 플라스틱 장난감을 만들었다. 그것은 현대의 레고 블록과 매우 비슷해 보였다. ¹⁴그렇게 그 유명한 레고 블록이 시작된 것이다!

직독직해

¹In the early 1900s, / a man named Ole Kirk Christiansen / lived in Denmark. ²He loved making things
1900년대 초에, / Ole Kirk Christiansen이란 남자가 / 덴마크에 살았다. 그는 물건들을 만드는 것을 아주 좋아했다

/ out of wood, // so he opened his own shop / in 1916. ³He made furniture / like chairs and ladders.
/ 나무로, // 그래서 그는 자기 자신의 가게를 열었다 / 1916년에. 그는 가구를 만들었다 / 의자와 사다리 같은.

⁴In 1924, / a big fire destroyed his shop. ⁵But Ole saw this / as a new chance. ⁶He built a bigger workshop
1924년에, / 큰 화재가 그의 가게를 손상시켰다. 하지만 Ole는 이것을 보았다 / 새로운 기회로. 그는 더 큰 작업실을 지었다

/ and began making wooden toys. ⁷He even renamed / the company "LEGO." ⁸Soon, / his toys were a big hit.
/ 그리고 나무로 된 장난감을 만들기 시작했다. 그는 심지어 이름을 다시 지었다 / 그 회사를 'LEGO'라고. 곧, / 그의 장난감들은 큰 성공을 거두었다.

⁹In 1942, / another fire burned down his factory. ¹⁰But Ole didn't let this stop him. ¹¹Around this time, /
1942년에, / 또 다른 불이 그의 공장을 태워 버렸다. 그러나 Ole는 이것이 그를 멈추게 두지 않았다. 이 시기 즈음, /

people started using plastic // because it was less expensive. ¹²So in 1946, / Ole bought a machine /
사람들은 플라스틱을 이용하기 시작했다 // 왜냐하면 그것이 덜 비쌌기 때문이다. 그래서 1946년에, / Ole는 기계를 샀다 /

to make toys / out of plastic. ¹³He made his first plastic toy / in 1949. It looked a lot / like a modern
장난감을 만들기 위해 / 플라스틱으로. 그는 그의 첫 번째 플라스틱 장난감을 만들었다 / 1949년에. 그것은 매우 (~처럼) 보였다 / 현대의

LEGO brick. ¹⁴That's how the famous LEGO bricks started!
레고 블록처럼. 그렇게 그 유명한 레고 블록이 시작된 것이다!

² He **loved making** things out of wood, so he opened his own shop in 1916.

⁶ He built a bigger workshop and **began making** wooden toys.

▶ <love v-ing>는 '~하는 것을 아주 좋아하다'라는 의미이며, <begin v-ing>는 '~하기를 시작하다'라는 의미이다. love, like, begin, start 등과 같은 동사는 목적어로 동명사(v-ing)와 to부정사(to-v)를 모두 취할 수 있다.

It **looked** *a lot* **like** a modern LEGO brick.

▶ <look like+명사(구)>는 '~처럼 보이다'라는 의미이며, 이때 a lot은 '매우, 아주, 많이'라는 뜻의 동사를 강조하는 부사이다.

¹⁴ **That's how** the famous LEGO bricks started!
　　　　　　　주어　　　　　　　동사

▶ <That's how+주어+동사 ~>는 '그것이 ~하는 방법이다, 그렇게 ~한 것이다'라는 의미의 자주 쓰이는 표현이므로 잘 알아두는 것이 좋다.

---

24 변화가 나쁜 것만은 아니에요

본책 pp.88~89

정답 　1 ④ 　　2 ② 　　3 ⓐ missed 　ⓑ beautiful 　　4 물속으로 다이빙하는 방법을

문제 해설

1 Noah가 실수로 엄마가 가장 좋아하는 그릇을 깼지만, 친절한 이웃의 도움 덕분에 그것을 더 예쁘게 고칠 수 있었다는 내용의 일화이므로 안 좋은 상황에서도 좋은 일이 있을 수 있다는 의미의 ④가 가장 적절하다.

ⓠ 글의 내용과 가장 잘 어울리는 속담은?
① 사랑이 방법을 찾아낼 것이다. 　　　　　　　② 집만큼 좋은 곳은 없다.
③ 다치기도 전에 울지 마라. 　　　　　　　　　④ 모든 구름에는 한 줄기 빛이 있다.
⑤ 어려울 때 친구가 진정한 친구이다.

2 낯선 도시로 이사를 가게 되어 슬펐던 Noah지만, 엄마의 그릇을 고치게 된 일을 계기로 자신도 새로운 시작을 할 수 있을 것 같다고 했으므로, 정답은 ② sad(슬픈) → hopeful(희망에 찬)이다.

ⓠ 글의 내용으로 미루어 Noah의 감정 변화를 가장 잘 나타낸 것을 고르세요.
① 슬픈 → 걱정하는 　　　　　② 슬픈 → 희망에 찬 　　　　　③ 화난 → 불안한
④ 신난 → 불안한 　　　　　　⑤ 지루해하는 → 희망에 찬

3 **ⓠ 글의 내용과 일치하도록 빈칸에 알맞은 말을 본문에서 찾아 쓰세요.**

	Noah의 삶	엄마가 가장 좋아하는 그릇
이전	그는 예전의 삶을 ⓐ 그리워했다.	그것은 실수로 깨졌다.
이후	그는 자신의 삶이 전보다 더 나아질 수 있다고 생각한다.	Sato 씨가 그것을 고쳤고, 그것은 전보다 더 ⓑ 아름다워졌다.

4 **ⓠ 다음 빈칸에 알맞은 우리말 해석을 써보세요.**

¹Noah와 그의 엄마는 새로운 도시로 이사를 갔지만, 그는 슬펐고 예전의 삶이 그리웠다.

²어느 날, Noah는 엄마가 가장 좋아하는 그릇을 실수로 깨뜨렸다. ³그는 그 일에 대해 정말 속상해했다. ⁴하지만 그의 좋은 이웃인 Sato 씨가 우연히 그를 보게 되었다. ⁵그는 "나는 특별한 기술인 kintsugi를 사용해 그 그릇을 고칠 수 있단다."라고 말했다. ⁶그다음, 그는 Noah에게 말했다, "걱정하지 마렴. 이런 일들이 일어나기도 한단다. 게다가, 이건 간단한 수리란다. 이리 와보렴." ⁷Sato 씨는 그에게 그릇을 고치는 방법을 보여주었다: Sato 씨는 깨진 조각들을 붙였다. ⁸그다음 그는 깨진 틈을 금색으로 칠했다.

⁹그가 그릇을 다 고쳤을 때, 그것은 다르게 보였다. ¹⁰하지만 그것은 전보다 훨씬 더 아름다웠다. ¹¹그것은 Noah에게 새로운 시작처럼 느껴졌다. ¹²그는 물건이 깨질 수도 있지만, 그것들은 고쳐질 수 있고 훨씬 더 나아질 수도 있다는 것을 배웠다.

¹Noah and his mom moved / to a new city, // but he felt sad / and missed his old life.
Noah와 그의 엄마는 이사했다 / 새로운 도시로, // 그러나 그는 슬펐고 / 그의 예전의 삶을 그리워했다.

²One day, / Noah accidentally broke / his mom's favorite bowl. ³He felt really bad / about it.
어느 날, / 그는 실수로 깨뜨렸다 / 그의 엄마가 가장 좋아하는 그릇을. 그는 정말 속상하게 느꼈다 / 그것에 대해.

⁴But his nice neighbor, Mr. Sato, / happened to see him. ⁵He said, // "I can fix the bowl /
그러나 그의 좋은 이웃인 Sato 씨가, / 그를 우연히 보게 되었다. 그는 말했다, // "나는 그 그릇을 고칠 수 있단다 /

by using a special technique, kintsugi." ⁶Then, / he said to Noah, // "Don't worry. These things happen.
kintsugi라는 특별한 기술을 사용해서. 그다음, / 그는 Noah에게 말했다, // "걱정하지 마렴. 이런 일은 일어난단다.

Besides, / this is a simple repair. Come." ⁷Mr. Sato showed him / how to fix the bowl: // Mr. Sato
게다가, / 이것은 간단한 수리야. 이리 와 보렴." Sato 씨는 그에게 보여주었다 / 그 그릇을 고치는 방법을: // Sato 씨는

glued the broken pieces together. ⁸Then he painted gold / on the cracks.
깨진 조각들을 서로 붙였다. 그다음 그는 금색을 칠했다 / 깨진 틈에.

⁹When he finished / fixing the bowl, // it looked different. ¹⁰But it was even more beautiful / than
그가 끝냈을 때 / 그 그릇을 고치는 것을, // 그것은 달라 보였다. 그러나 그것은 훨씬 더 아름다웠다 / 전보다.

before. ¹¹It felt like a new start / for Noah. ¹²He learned // that things might break, / but they can be fixed /
그것은 새로운 시작처럼 느껴졌다 / Noah에게. 그는 배웠다 // 물건들은 깨질지도 모른다는 것을, / 하지만 그것들은 고쳐질 수 있고 /

and become even better.
훨씬 더 나아질 수 있다는 것을.

¹ Noah and his mom moved to a new city, but he **felt sad** and missed his old life.

³ He **felt** really **bad** about it.

▶ <feel+형용사>는 '~하게 느끼다'라는 의미이다. feel, look, sound 등과 같은 감각을 나타내는 동사 뒤에 형용사가 오면 '~하게 느끼다, 보이다, 들리다'라는 의미로 쓰인다.

⁴ But his nice neighbor, Mr. Sato, happened to see him.
$$\underset{\text{A}}{\underline{\hspace{2cm}}} = \underset{\text{B}}{\underline{\hspace{2cm}}}$$

▶ <A+콤마(,)+B>는 'A는 B인데, B인 A'라는 의미로, his nice neighbor와 Mr. Sato는 같은 사람으로 볼 수 있다.

⁹ When he **finished fixing** the bowl, it looked different.

▶ <finish v-ing>는 '~하는 것을 마치다'라는 의미로, 동사 finish는 목적어로 동명사를 취한다.

¹⁰ But it was *even* **more beautiful than** before.

▶ <비교급+than>은 '~보다 더 …한[하게]'란 의미이며, 이때 형용사 beautiful은 2음절 이상이므로 앞에 more을 붙여 비교급을 만든다.

▶ 이때 비교급 앞의 even은 '훨씬'이란 의미로, 비교급을 강조하기 위해 쓰인 부사이다.

¹¹ It **felt like** *a new start* for Noah.

▶ <feel like+명사(구)>는 '~처럼 느끼다'라는 의미이며, 감각동사 뒤에 전치사 like를 붙이면 명사와 함께 쓸 수 있다.

¹² He learned **that** things might break, but they **can be fixed** and (can) become even **better**.

주어　　동사　　　　　　　　　　　　　　　　　　목적어

▶ that이 이끄는 절(that things ~ even better)은 동사 learned의 목적어로 쓰였다.

▶ can be fixed는 조동사 can과 함께 쓰인 수동태로 '고쳐질 수 있다'라고 해석한다.

▶ 접속사 and 뒤의 can은 반복되는 말로 생략되었으며, <become+형용사>는 '~해지다'라는 의미이다.

Review

본책 p.90

단어

정답 ▶ A　1 ⓒ　　2 ⓑ　　3 ⓐ

B　1 **cracks**　2 **front**　3 **wooden**

C　1 **see, as**　2 **by herself**　3 **burn, down**

해석 ▶ A　1 furniture(가구) - ⓒ 의자, 테이블, 침대와 같은 큰 물건

2 repair(수리하다) - ⓑ 고장 나거나 제대로 작동하지 않는 것을 고치다

3 neighbor(이웃) - ⓐ 옆집이나 근처에 사는 사람

본책 p.91

1일 1문장

정답 ▶ A　1 I (asked) my friend to help me move the boxes.

2 **My mom** sometimes (lets) me do the dishes after dinner.

3 **A woman** kindly (told) us how to get to the subway station.

B　1 how to knit a muffler

2 asked me to turn off the gas

3 Our parents don't let us stay up

C　1 허락한다, 그녀의 개가 자게

2 낚시하는 방법을

3 부탁[요청]하셨다, 학생들에게 조용히 해달라고

해석 ▶ A　1 나는 내 친구에게 상자들을 옮기는 것을 도와달라고 부탁했다.

2 나의 엄마는 때때로 저녁 식사 후에 내가 설거지를 하도록 시키신다.

3 한 여성이 우리에게 지하철역까지 가는 법을 친절하게 말해 주었다.

25 냄새는 지독해도 맛있어요! 본책 pp.94~95

정답 1 ⑤   2 ④   3 ⓐ put ⓑ dry ⓒ smells   4 (비록) 나는 배가 부르긴 했지만

문제 해설

1 아이슬란드의 국민 요리이자 전통 음식인 하우카르들에 대한 내용으로, 하우카르들을 만드는 독특한 방식에 대해 설명하고 있다. 따라서 글의 목적으로 가장 알맞은 것은 ⑤이다.

2 아이슬란드 사람들이 하우카르들을 얼마나 자주 먹는지는 글에서 언급되지 않으므로 정답은 ④이다.

① 아이슬란드 사람들은 하우카르들을 만드는 데 어떤 물고기를 사용하는가? (2번 문장에 언급됨)

② 사람들은 왜 상어 고기를 바로 먹을 수 없는가? (3번과 4번 문장에 언급됨)

③ 상어 고기를 말리는 데 시간이 얼마나 걸리는가? (8번 문장에 언급됨)

④ 아이슬란드 사람들은 하우카르들을 얼마나 자주 먹는가?

⑤ 하우카르들은 어떤 냄새가 나는가? (10번 문장에 언급됨)

3

하우카르들

그것을 만드는 방법	· **1단계**: 상어 고기를 씻어서 몇 주 동안 상자에 ⓐ 넣어둔다. · **2단계**: 넉 달에서 다섯 달 동안 밖에 고기를 걸어 두고 ⓑ 말린다.
맛과 냄새	강한 맛이 나며 암모니아 같은 ⓒ 냄새가 남
의견	혼합적임 (어떤 사람들은 아주 좋아하고, 어떤 사람들은 그렇지 않음)
중요성	아이슬란드의 자랑스러운 전통

본문 해석

¹하우카르들은 아이슬란드의 국민적인 요리이다. ²그것은 그린란드 상어로 만들어진다. ³하지만 상어 고기를 바로 먹으면, 그것은 당신을 아프게 할 수 있다. ⁴그 상어의 몸 안에는 해로운 것들이 있다. ⁵그래서 아이슬란드 사람들은 상어 고기를 발효하고 건조시킨다. ⁶이것이 해로운 것들을 없애도록 도와준다.

⁷하우카르들을 만들기 위해, 사람들은 상어 고기를 씻어서 몇 주 동안 상자에 넣어둔다. ⁸그다음, 그들은 말리기 위해 넉 달에서 다섯 달 동안 고기를 밖에 걸어 둔다. ⁹그것은 준비가 되면, 강한 냄새와 맛이 난다. ¹⁰어떤 사람들은 하우카르들이 암모니아 같은 냄새가 난다고 말한다. ¹¹이 때문에 어떤 사람들은 그것을 아주 좋아하고, 어떤 사람들은 그렇지 않다.

¹²비록 그것이 냄새가 강하긴 하지만, 하우카르들은 아이슬란드 사람들에게 매우 특별한 음식이다. ¹³그들은 그것을 자랑스러워하고 그들의 전통을 사랑한다.

직독직해

¹Hákarl is a national dish / of Iceland. ²It's made / from the Greenland shark. ³But if you eat the shark meat
하우카르들은 국민적인 요리이다 / 아이슬란드의.   그것은 만들어진다 / 그린란드 상어로.   하지만 당신이 상어 고기를 먹으면

/ right away, // it can make you feel sick. ⁴The shark has harmful things / in its body. ⁵So, / Icelanders
/ 곧바로,   // 그것은 당신을 아프게 할 수 있다.   그 상어는 해로운 것들을 갖고 있다   / 그것의 몸속에.   그래서, / 아이슬란드 사람들은

ferment and dry out / the shark meat. ⁶This helps / remove the harmful things.
발효하고 건조시킨다   / 그 상어 고기를.   이것은 도와준다 / 해로운 것들을 없애는 것을.

⁷To make Hákarl, / people clean the shark meat / and put it in boxes / for several weeks.
하우카르들을 만들기 위해, / 사람들은 상어 고기를 씻는다 / 그리고 그것을 상자에 넣어둔다 / 몇 주 동안.

⁸Then, / they hang the meat outside / to dry / for four to five months. ⁹When it's ready, // it has a strong
그다음, / 그들은 그 고기를 밖에 걸어 둔다 / 말리기 위해 / 넉 달에서 다섯 달 동안. 그것이 준비가 되면, // 그것은 강한

smell and taste. ¹⁰Some people say // Hákarl smells like ammonia. ¹¹Because of this, / some people
냄새와 맛을 갖고 있다. 어떤 사람들은 말한다 // 하우카르들이 암모니아 같은 냄새가 난다고. 이것 때문에, / 어떤 사람들은

love it, // and some don't.
그것을 아주 좋아하고, // 어떤 사람들은 그렇지 않다.

¹²Although it smells strong, // Hákarl is a very special food / for Icelanders. ¹³They're proud of it /
비록 그것이 냄새가 강하긴 하지만, // 하우카르들은 매우 특별한 음식이다 / 아이슬란드 사람들에게. 그들은 그것을 자랑스러워하고 /

and love their tradition.
그들의 전통을 사랑한다.

주요 구문

³ But if you eat the shark meat right away, it can **make** you **feel** sick.
　　　　　　　　　　　　　　　　　　　　　　　　　　A　　동사원형
▶ <make+A(목적어)+동사원형>은 'A가 ~하게 하다'라는 의미이다.

⁷ **To make** Hákarl, people **clean** the shark meat 〔**and**〕 **put** it in boxes for several weeks.
　　　　　　　　　　　　　　　　동사구1　　　　　　　　　　　　　동사구2
▶ To make는 '만들기 위해'라는 뜻으로, '목적'을 나타내는 부사적 용법으로 쓰인 to부정사이다.
▶ 접속사 and는 clean ~ shark meat와 put ~ several weeks의 두 개의 동사구를 연결하고 있다.

⁸ Then, they hang the meat outside **to dry** for four to five months.
▶ to dry는 '말리기 위해'라는 의미로 '목적'을 나타내는 부사적 용법으로 쓰인 to부정사이다.

¹⁰ Some people say Hákarl **smells like** ammonia.
▶ <smell like+명사(구)>는 '~같은 냄새가 나다'라는 의미이다.

¹¹ Because of **this**, some people love it, 〔**and**〕 some don't (**love it**).
▶ 여기서 this는 바로 앞 문장의 내용인 '하우카르들이 암모니아 같은 냄새가 나는 것'을 가리킨다.
▶ 접속사 and 뒤의 반복되는 어구인 love it은 생략되었다.

---

26 번역 불가능한 마법의 한 단어　　　　　　　　　　　　　　　본책 pp.96~97

정답 ▶ 1 ⑤　　2 ③　　3 ⓐ problems　ⓑ worry　　4 가장 높은 건물 중 하나이다

문제 해설 　1 덴마크 사람들이 행복하게 지내기 위해 사용하는 단어인 'pyt'에 관한 글이므로 제목으로 가장 적절한 것은 ⑤이다.

　① 슬픈 기억을 잊는 방법　　　　　　　　　　　② 덴마크 사람들이 거의 걱정을 하지 않는 이유
　③ 덴마크 학교의 특별한 버튼　　　　　　　　　④ 덴마크 교사들이 화난 학생들을 진정시키는 방법
　⑤ 덴마크의 행복의 비밀: 그냥 'pyt'라고 말해보세요

　2 빈칸 앞부분에서는 'pyt'라는 말이 작은 문제를 걱정하지 않도록 도움을 주므로, 다음에 사소한 일이 신경 쓰이면 그
　단어를 사용해 보라고 권유하고 있다. 따라서 빈칸에는 그 말을 사용하면 당신도 덴마크 사람들처럼 '더 행복해질지
　도 모른다'라는 의미의 ③ might feel happier가 가장 알맞다.

① 속상할지도 모른다   ② 덴마크를 사랑하게 될 것이다

③ 더 행복해질지도 모른다   ④ 그 버튼을 누를 수 있다

⑤ 작은 일에 대해 걱정할지도 모른다

3

> 덴마크 사람들은 작은 ⓐ 문제가 있을 때 'pyt'라고 말한다. 그것은 그들이 너무 많이 ⓑ 걱정하지 않도록 도와준다.

본문 해석 ▶   ¹덴마크는 세계에서 가장 행복한 나라 중 하나이다. ²그들은 행복하게 있기 위해 마법의 한 단어를 사용한다. ³그 단어는 덴마크어로 'pyt'라고 한다. ⁴그것은 영어로는 'pit'과 같은 소리를 낸다. ⁵이는 "걱정하지 마" 또는 "신경 쓰지 마[괜찮아]"라는 뜻이다.

⁶사소한 일이 잘못될 때, 덴마크 사람들은 'pyt'라고 말한다. ⁷그들이 게임에서 지거나 가장 좋아하는 펜을 찾지 못하면, 그들은 그냥 'pyt'라고 말한다. ⁸이 단어는 그들이 작은 문제에 대해 너무 많이 걱정하지 않도록 도와준다. ⁹그들은 심지어 이 단어를 학교에서도 사용한다. ¹⁰덴마크의 선생님들은 'pyt' 버튼을 가지고 있다. ¹¹학생이 작은 일에 기분이 상하면, 선생님은 그 버튼을 누른다. ¹²이는 학생들이 진정하도록 도와준다.

¹³우리도 우리의 삶에서 'pyt'라는 말을 사용할 수 있다. ¹⁴다음번에 작은 일이 당신을 괴롭힐 때, 'pyt'라고 말해보아라. ¹⁵당신은 마치 덴마크 사람들처럼 더 행복해질지도 모른다!

직독직해 ▶

¹Denmark is / one of the happiest countries / in the world. ²They use a magic word / to stay happy.
덴마크는 ~이다 / 가장 행복한 나라들 중 하나 / 세계에서.   그들은 마법의 단어를 사용한다 / 행복하게 있기 위해.

³The word is "pyt" / in Danish. ⁴It sounds like "pit" / in English. ⁵It means // "don't worry about it" /
그 단어는 'pyt'이다 / 덴마크어.   그것은 'pit'와 같은 소리가 난다 / 영어로.   그것은 의미한다 // "걱정하지 마세요" /

or "never mind."
또는 "신경 쓰지 마세요"를.

⁶When small things go wrong, // Danish people say "pyt." ⁷If they lose a game / or can't find their
작은 일들이 잘못될 때,   // 덴마크 사람들은 'pyt'라고 말한다. 만약 그들이 경기에서 지거나 / 그들의 가장 좋아하는 펜을 찾지 못한다면,

favorite pen, // they just say "pyt." ⁸This word helps them / not to worry too much / about small
   // 그들은 그냥 'pyt'라고 말한다. 이 단어는 그들을 도와준다 / 너무 많이 걱정하지 않도록 / 작은 문제들에 대해.

problems. ⁹They even use this word / at school. ¹⁰Teachers in Denmark / have a "pyt" button. ¹¹If a student
   그들은 심지어 이 단어를 사용한다 / 학교에서.   덴마크의 선생님들은 / 'pyt' 버튼을 가지고 있다.   한 학생이

is upset / about a little thing, // the teacher pushes the button. ¹²This helps / students to relax.
마음이 상하면 / 작은 것에 대해,   // 그 선생님은 그 버튼을 누른다.   이것은 돕는다 / 학생들이 진정하도록.

¹³We can also use the word "pyt" / in our lives. ¹⁴Next time / something small bothers you, //
우리는 또한 'pyt'라는 단어를 사용할 수 있다 / 우리의 삶에서.   다음번에 / 작은 어떤 것이 당신을 괴롭힐 때,   //

try saying "pyt." ¹⁵You might be happier, / just like the people / in Denmark!
'pyt'라고 말해 보아라.   당신은 더 행복해 질지도 모른다, / 마치 사람들처럼 / 덴마크의!

주요 구문 ▶

² They use a magic word to **stay happy**.

▶ <stay+형용사>는 '~인 채로 있다'라는 의미이다.

⁶ When small things **go wrong**, Danish people say "pyt."

▶ <go+형용사>는 '~이 되다, ~해지다'라는 뜻이며, go wrong은 '(무언가) 잘못되다'라는 뜻을 나타내는 표현이다.

52 | 정답과 해설

⁸ This word **helps** them **not to worry** too much about small problems.

       A   not+to부정사

¹² This **helps** students **to relax**.

      A   to부정사

▶ 8번과 12번 문장에는 동사 help가 공통적으로 사용되어, <help+A(목적어)+to부정사>는 'A가 ~하도록 돕다'라는 의미를, <help+A(목적어)+not+to부정사>는 'A가 ~하지 않도록 돕다'라는 의미를 나타낸다.

¹⁴ **Next time** *something small bothers you,* **try saying** "pyt."

▶ next time은 '다음번에'라는 뜻으로 접속사처럼 쓰여, 그 뒤에는 <주어+동사>의 절이 오고 있다.
▶ <try v-ing>는 '시험 삼아 ~해보다'라는 의미이며, 이때 동사원형 try는 '~해라'라는 뜻의 긍정 명령문이다.

---

27 나선형으로 돌며 잠을 잔다고요?

정답   1 ④   2 ④   3 ⓐ straight   ⓑ sink down   4 창문을 열어둔 채로

문제 해설

1 코끼리바다물범의 독특한 수면 방식인 '다이빙 낮잠'에 대한 글로, 이런 방식으로 잠을 자는 이유와 잠에 빠지는 과정에 대해 설명하고 있으므로 정답은 ④이다.

① 훌륭한 다이버인 코끼리바다물범   ② 바다 동물들이 물속에서 자는 방법
③ 코끼리바다물범이 짧은 낮잠을 자는 이유   ④ 코끼리바다물범의 특별한 수면 방식
⑤ 상어로부터 코끼리바다물범을 보호하는 방법

2 10번과 11번 문장에서 코끼리바다물범이 수면의 두 번째 단계로 들어가게 되면 몸을 거꾸로 뒤집은 후, 나선형으로 가라앉기 시작한다고 했으므로 ④는 글의 내용과 일치하지 않는다. ①은 2번 문장에, ②는 6번 문장에, ③은 5번과 7~8번 문장에, ⑤는 12번 문장에 언급되어 있다.

3   **코끼리바다물범의 다이빙 낮잠의 단계**

1단계

• 그들은 눈을 감고 바닷속 깊이 잠수한다.
• 그들은 몸을 ⓐ 곧게 세운 채 깊은 수면에 들어간다.

2단계

• 그들은 몸을 거꾸로 뒤집고 움직일 수 없다.
• 그들은 나선형으로 ⓑ 가라앉기 시작한다.

본문 해석

¹코끼리바다물범은 1년 중 약 7개월을 바다에서 보낸다. ²하지만 그들은 이 기간 동안 하루에 약 2시간 정도만 잠을 잔다. ³그리고 그들은 한꺼번에 잠을 자지 않는다.

⁴휴식을 취하기 위해, 그들은 '다이빙 낮잠'을 잔다. ⁵그들은 눈을 감고 바닷속 깊이 잠수한다. ⁶그곳에서, 그들은 20분 미만의 짧은 낮잠을 잔다. ⁷이 다이빙 낮잠은 그들을 안전하게 유지해 준다. ⁸그것은 상어와 범고래가 보통 수면 근처에 머무르기 때문이다.

⁹다이빙 낮잠 중에, 코끼리바다물범들은 몸을 수직으로 세운 채 깊은 수면에 들어간다. ¹⁰그러고 나서 그들은 수면의 두 번째 단계로 들어갈 때 몸을 거꾸로 뒤집는다. ¹¹이 단계에서, 그들은 움직일 수 없고 나선형으로 가라앉기 시작한다. ¹²짧은 낮잠 후에 그들은 먹이를 찾기 위해 수면으로 헤엄쳐 간다.

¹Elephant seals spend / about 7 months of the year / in the sea. ²But they sleep only / about two hours
코끼리바다물범들은 시간을 보낸다 / 약 1년의 7개월을 / 바다에서. 하지만 그들은 오직 잠을 잔다 / 약 하루의 2시간 정도만

a day / during this time. ³And they don't sleep / all at once.
/ 이 기간 동안. 그리고 그들은 잠을 자지 않는다 / 한꺼번에.

⁴To rest, / they take "dive naps." ⁵They close their eyes / and dive deep into the ocean. ⁶There, /
쉬기 위해, / 그들은 '다이빙 낮잠'을 잔다. 그들은 눈을 감고 / 바닷속으로 깊이 잠수한다. 그곳에서, /

they take short naps / for less than 20 minutes. ⁷These dive naps keep / them safe. ⁸That's //
그들은 짧은 낮잠을 잔다 / 20분보다 적은 시간 동안. 이 다이빙 낮잠은 유지해준다 / 그들을 안전하게. 그것은 (~)이다 //

because sharks and killer whales usually stay / near the surface.
상어들과 범고래들이 보통 머무르기 때문이다 / 수면 근처에.

⁹During their dive naps, / elephant seals enter a deep sleep / with their bodies straight up.
그들의 다이빙 낮잠 동안, / 코끼리바다물범들은 깊은 수면에 들어간다 / 그들의 몸을 수직으로 세운 채.

¹⁰They then turn upside down // as they go into / the second stage of sleep. ¹¹In this stage, / they can't
그들은 그러고 나서 몸을 거꾸로 뒤집는다 // 그들이 ~에 들어갈 때 / 수면의 두 번째 단계(에). 이 단계에서, / 그들은 움직일 수 없고

move / and begin to sink down / in a spiral. ¹²After their short nap, / they swim to the surface / to find
/ 가라앉기 시작한다 / 나선형으로. 그들의 짧은 낮잠 후에, / 그들은 수면으로 헤엄친다 / 먹이를 찾기 위해.

food.

⁷ These dive naps **keep** them **safe**.
A 형용사
▶ <keep+A(목적어)+형용사>는 'A를 ~한 상태로 두다[유지하다]'라는 의미를 나타낸다.

⁸ **That's because** sharks and killer whales usually stay near the surface.
주어 동사
▶ <That's because+주어+동사 ~>는 '그것은 ~이기 때문이다'의 뜻으로 because 뒤에는 '원인'에 해당하는 내용이 나온다.

¹⁰ They then turn upside down [as] they go into the second stage of sleep.
▶ 이때 as는 '시간'을 나타내는 접속사로 '~할 때, ~하면서'라는 의미를 나타내며, 두 개의 절을 연결하고 있다.

¹¹ In this stage, they can't move and **begin to sink down** in a spiral.
▶ <begin to-v>는 '~하기 시작하다'의 의미로, <begin v-ing> 형태로 바꿔 써도 의미가 크게 달라지지 않는다.

Review

단어

정답 ▶
A 1 ⓒ 2 ⓐ 3 ⓑ
B 1 **national** 2 **straight** 3 **several**
C 1 **spend** 2 **nap** 3 **bother**

해석 ▶
A 1 favorite(가장 좋아하는) - ⓒ 같은 종류 중에서 다른 것들보다 더 좋아하는
2 lose(지다) - ⓐ 게임이나 대회에서 이기지 못하다
3 sink(가라앉다) - ⓑ 수면 아래로 내려가다

B 1 <u>국가의</u> 공휴일[국경일]
2 허리를 쭉 펴고 있다
3 책꽂이 위의 <u>몇 권의</u> 책

C ── 보기 ──

| (돈을) 쓰다 | 괴롭히다 | 낮잠 | 진정하다 |

1 나는 이번 주에 더 이상 돈을 쓸 수 없다.
2 나의 개는 소파에서 <u>낮잠</u>을 자는 것을 좋아한다.
3 내가 공부하는 동안에는 나를 <u>괴롭히지</u> 말아 줘.

1일 1문장

정답 ▶
A 1 **My sister** usually (studies) with music on.
2 **Mr. Brown** (is) one of the richest businessmen in the country.
3 Although **the movie** (was) quite long, we watched it until the end.

B 1 with the background empty
2 one of the highest mountains
3 Although the test was difficult

C 1 그의 카메라를 준비한 채로
2 가장 큰 동물 중 하나이다
3 (비록) Thomas와 Jane이 자주 싸우긴 하지만

해석 ▶
A 1 나의 언니[누나, 여동생]는 보통 음악을 튼 채로 공부를 한다.
2 Brown 씨는 그 나라에서 가장 부유한 사업가 중 한 명이다.
3 비록 그 영화는 꽤 길었지만, 우리는 그것을 끝까지 보았다.

Unit 10

정답 1 ③ 2 ⑤ 3 ⓐ: 실패한 새 제품들 ⓑ: 자신의 실수를 적은 메모지들 4 싸게 여행할 방법을

문제 해설

1 빈칸 뒷부분에서 코카콜라나 펩시와 같은 대기업들도 실수를 했고, 그들도 그 실수로부터 배우고 개선했다고 했다. 따라서, 빈칸에는 '우리는 실수로부터 배운다'라는 의미의 ③ we learn from our mistakes가 가장 알맞다.

① 우리는 절대 실수하지 않는다 ② 많은 회사들이 실패하지 않는다
③ 우리는 실수로부터 배운다 ④ 모든 사람들은 그 박물관을 방문해야 한다
⑤ 대기업들은 그들의 실패를 잊어버린다

2 11번 문장에서 어떤 방문객이든 접착식 메모지에 자신의 실수를 적어서 'Share Your Failure' 벽에 붙일 수 있다고 했으므로 ⑤는 글의 내용과 일치하지 않는다. ①은 3번 문장에, ②는 4번 문장에, ③은 5번 문장에, ④는 6번 문장에 언급되어 있다.

3 ⓐ them은 1번 문장의 앞에서 언급된 실패한 새 제품들을 가리키고, ⓑ them은 11번 문장의 앞부분에서 언급된 자신의 실수를 적은 메모지들을 가리킨다.

본문 해석

¹새로운 제품이 실패하면, 회사들은 종종 그것들을 빨리 잊으려고 노력한다. ²그러나 실패 박물관은 절대 잊지 않는다. ³그 박물관은 2017년에 스웨덴에서 시작했고 전 세계를 돌아다녔다. ⁴여기에서 당신은 150개 이상의 실패한 제품의 예시를 볼 수 있다. ⁵몇몇 재미있는 예로는 치약 브랜드에서 나온 라자냐, 커피 맛 코카콜라, 그리고 젤리 도넛 같은 독특한 맛의 오레오가 있다.

⁶Samuel West라는 이름의 남자가 이 박물관을 만들었다. ⁷그는 우리가 실수로부터 배운다고 생각한다. ⁸그는 코카콜라와 펩시 같은 대기업조차도 실수를 했다고 말한다. ⁹그러나 그들은 배우고 개선했다.

¹⁰박물관 관람의 마지막에는 '당신의 실수를 공유해보세요'라는 벽이 있다. ¹¹어떤 방문객이든 접착식 메모지에 자신의 실수를 적어서 벽에 붙일 수 있다. ¹²Samuel의 메시지는 명확하다: 실수를 하는 것은 더 나아지게 되는 하나의 방법일 뿐이다.

직독직해

¹When new products fail, // companies often try / to forget them fast. ²But the Museum of Failure
새로운 제품들이 실패하면, // 회사들은 종종 노력한다 / 그것들을 빨리 잊으려고. 그러나 실패 박물관은 절대 잊지 않는다.
never forgets.

³The museum started / in Sweden in 2017 / and traveled around the world. ⁴Here, / you can see
그 박물관은 시작했다 / 2017년 스웨덴에서 / 그리고 전 세계를 이동했다. 여기에서, / 당신은 예시들을 볼 수 있다
examples / of more than 150 failed products. ⁵Some funny examples are / lasagna from a toothpaste
/ 150개의 실패한 제품보다 더 많은 것의. 몇몇 재미있는 예시들은 ~이다 / 치약 브랜드에서 나온 라자냐,
brand, / coffee-flavored Coca-Cola, / and unique Oreo flavors like jelly donut.
/ 커피 맛이 나는 코카콜라, / 그리고 젤리 도넛과 같은 독특한 오레오 맛.

⁶A man named Samuel West / made this museum. ⁷He thinks // we learn from our mistakes.
Samuel West라는 이름의 남자가 / 이 박물관을 만들었다. 그는 생각한다 // 우리가 우리의 실수로부터 배운다고.

⁸He says // that even big companies / like Coca-Cola and Pepsi / made mistakes. ⁹But they learned and
그는 말한다 // 대기업조차도 / 코카콜라와 펩시 같은 / 실수를 했다고. 그러나 그들은 배우고 개선했다.

improved.

¹⁰At the end of the museum's tour, / there is a "Share Your Failure" wall. ¹¹Any visitors can write /
박물관의 관람 마지막에는,   '당신의 실수를 공유해보세요'라는 벽이 있다.   어떤 방문객이든 적을 수 있다 /

their own mistakes / on sticky notes / and put them / on a wall. ¹²Samuel's message is clear: //
그들 자신의 실수들을   / 접착식 메모지에   / 그리고 그것들을 붙일 수 있다 / 벽에.   Samuel의 메시지는 명확하다: //

making mistakes / is just a way / to become better.
실수를 하는 것은   / 단지 하나의 방법이다 / 더 나아지게 되는.

주요 구문

¹ When new products fail, companies often **try to forget** them fast.
  ▶ <try to-v>는 '~하려고 노력하다'라는 뜻이며, <try v-ing>는 '시험 삼아 ~ 해보다'라는 뜻으로 그 의미가 다르므로 주의해야 한다.

⁵ Some funny examples are <u>_lasagna_ [**from** a toothpaste brand]</u>, <u>coffee-flavored Coca-Cola</u>, and <u>_unique Oreo flavors_</u>
                              A   B   C
[**like** jelly donut].
  ▶ 문법적으로 성격이 대등한 것을 세 개 이상 나열할 때는 <A, B(,) and C>의 형태로 나타낸다. 이때 맨 마지막 단어 앞에 접속사를 쓴다.
    이때 from ~ brand는 바로 앞의 명사 lasagna를, like ~ donut은 바로 앞의 unique Oreo flavors를 꾸며 주고 있다.

¹¹ Any visitors **can write** their own mistakes on sticky notes and (**can**) **put** them on a wall.
                               동사구1   동사구2
  ▶ 접속사 and는 동사구1(can write ~ notes)과 동사구2((can) put ~ wall)를 연결하고 있다. 이때 접속사 뒤의 반복되는 말인 조동사
    can은 생략되었다.

¹² Samuel's message is clear: **making mistakes** _is_ just a way to become better.
                                   주어   동사   보어
  ▶ making mistakes는 '실수를 하는 것은'이라는 의미의 동명사구 주어이다. 동명사 주어는 단수 취급하므로, 그 뒤에는 단수동사인
    is가 오고 있다.

---

29   사탕 테스터라는 꿈의 직업 본책 pp.106~107

정답   1 ⑤   2 ④   3 ④   **4 알레르기가 있는 사람은 누구나**

문제 해설   1 16번 문장에서 Candy House에 지원하기 위해서는 2월 15일까지 이메일을 보내달라고 했으므로 ⑤가 정답이다.
                   ①은 6번과 9번 문장에, ②는 10번 문장에, ③은 11번 문장에, ④는 15번 문장에 언급되어 있다.

                 2 회사의 위치는 글에 언급되어 있지 않으므로 정답은 ④이다. ①은 9번 문장에, ②는 13번에서 15번 문장에, ③과 ⑤는
                   16번 문장에 언급되어 있다.

                 3 13번 문장에서 단것을 좋아하는 사람이 지원할 수 있다고 했으므로 정답은 ④이다.

> **Eddy Harrison**
> ① 나이: 19살
> ② 주소: 305 Linden Avenue, Orlando, Florida, United States
> ③ 새로운 음식을 시도하는 것을 좋아함
> ④ 단것을 좋아하지 않음
> ⑤ 어떤 음식 알레르기도 갖고 있지 않음

¹캔디 맛 테스터를 찾고 있습니다

²당신은 캔디를 좋아하나요? ³맛있는 단것들에 대한 꿈을 종종 꾸나요? ⁴재미있는 직업을 찾고 있나요? ⁵만약 그렇다면, 당신을 위한 완벽한 직업이 있습니다. ⁶저희 회사는 새로운 캔디를 시식할 사람들을 찾고 있습니다. ⁷Candy House에서 캔디 맛 테스터가 되어 보세요!

⁸업무 상세 정보

- ⁹초콜릿과 젤리 같은 새로운 캔디들을 맛보고 그것들에 대한 생각을 공유하게 될 것입니다 — 그 캔디들이 어떤 맛이 나고, 느낌이 들고, 냄새가 나는지.
- ¹⁰풀타임 또는 파트타임으로 근무하는 것을 선택할 수 있습니다.
- ¹¹시간당 30달러를 벌 수 있습니다.

¹²누가 지원할 수 있나요?

- ¹³단것을 좋아하는 사람은 누구나 지원할 수 있습니다.
- ¹⁴미국에 거주해야 하고 18세 이상이어야 합니다.
- ¹⁵어떠한 음식 알레르기도 없어야 합니다.

¹⁶지원하려면, 2월 15일까지 jobs@candyhouse.com으로 이메일을 보내주세요.

¹We're Looking for / a Candy Taste Tester
우리는 (~을) 찾고 있다 / 캔디 맛 테스터를

²Do you love candy? ³Do you often dream / about yummy sweets? ⁴Are you looking for a fun job?
당신은 캔디를 좋아하는가?　　당신은 종종 꿈을 꾸는가 / 맛있는 단것들에 대해?　　당신은 재미있는 직업을 찾고 있는가?

⁵If so, / we have the perfect job / for you. ⁶Our company is looking for / people to try new candies.
만약 그렇다면, / 우리는 완벽한 직업이 있다 / 당신을 위한. 우리 회사는 (~을) 찾고 있다 / 새로운 캔디를 시식할 사람들을.

⁷Become a candy taste tester / at Candy House!
캔디 맛 테스터가 되어 보라 / Candy House에서!

⁸Job Details
업무 상세 정보

- ⁹You will taste new candies / like chocolate and gummy candies / and share your thoughts / about them /
  당신은 새로운 캔디들을 맛볼 것이다　　초콜릿과 젤리와 같은　　　/ 그리고 당신의 생각을 공유할 것이다 / 그것들에 대한　　/

  — how they taste, feel, and smell.
  — 그것들이 어떤 맛이 나고, 느낌이 들고, 냄새가 나는지.

- ¹⁰You can choose / to work full-time or part-time.
  당신은 선택할 수 있다 / 풀타임 또는 파트타임으로 일하는 것을.

- ¹¹You can earn / $30 an hour.
  당신은 벌 수 있다 / 한 시간당 30달러를.

¹²Who Can Apply?
누가 지원할 수 있는가?

- ¹³Anyone // who has a sweet tooth for candy / can apply.
  누구나 // 단것을 좋아하는 사람은 / 지원할 수 있다.

- ¹⁴You must live / in the United States / and be 18 years or older.
  당신은 거주해야 한다 / 미국에서 / 그리고 18살이거나 그 이상이어야 한다.

- ¹⁵You must not have any food allergies.
  당신은 어떠한 음식 알레르기도 없어야 한다.

16 To apply, / please send us an email / to: jobs@candyhouse.com / by February 15.

지원하기 위해서, / 우리에게 이메일을 보내주세요 / jobs@candyhouse.com에 / 2월 15일까지.

주요 구문

6 Our company is looking for *people* [**to try** new candies].

▶ to try는 '시식할'이라는 의미로 앞의 명사 people을 꾸며 주는 형용사적 용법의 to부정사이다.

9 You **will taste** new candies [like chocolate and gummy candies] **and** (**will**) **share** your thoughts about them —
how they^{주'} taste, feel, **and** smell.^{동'}

▶ will taste ~ gummy candies와 (will) share ~ about them은 접속사 and로 연결되어 있으며, 접속사 뒤에 반복되는 말인 will은 생략되었다.

▶ how they taste, feel, and smell은 <의문사＋주어＋동사 ~>의 어순으로 쓰인 간접의문문으로, '어떻게 …가 ~하는지(를)'이라고 해석한다. 이때 동사 taste, feel과 smell은 접속사 and로 연결되었다.

10 You can **choose to work** full-time or part-time.

▶ <choose to-v>는 '~하기를 선택하다, 정하다'라는 의미이다.

14 You **must** live in the United States and be 18 years or older.

15 You **must not** have any food allergies.

▶ must는 '~해야 한다'라는 의미의 조동사로 '의무'를 나타내며, must not은 must의 부정형으로 '~해서는 안 된다'라는 '금지'의 의미를 나타낸다.

16 To apply, please **send** us an email to: jobs@candyhouse.com by February 15.
             A   B

▶ <send A B>는 'A에게 B를 보내다'라는 의미이다.

---

30 오토바이 운전자의 새로운 친구   본책 pp.108~109

정답 ▶ **1** ⑤   **2** (1) F (2) F   **3** ⓐ protect ⓑ blow up   **4** 달다, 꿀만큼

문제 해설 ▶

1 오토바이 운전자들이 큰 부상을 입지 않고, 안전하게 오토바이를 탈 수 있도록 도와주는 '에어백 청바지'에 관한 글이므로 정답은 ⑤이다.

　　Q 글의 주제로 가장 알맞은 것은?
　　① 세상에서 가장 튼튼한 데님　　　　　　　② 오토바이 타는 것의 위험성
　　③ 오토바이 사고가 얼마나 자주 발생하는지　④ 교통사고 중 에어백이 운전자를 어떻게 보호하는지
　　⑤ 오토바이 운전자를 안전하게 지켜주는 특별한 청바지

2 (1) 5번 문장에서 대부분의 오토바이용 바지는 주로 무릎과 엉덩이를 보호한다고 했다.
　　(2) 12번 문장에서 운전자는 에어백 청바지를 여러 번 사용할 수 있다고 했다.

　　Q 다음 문장이 글의 내용과 일치하면 T, 그렇지 않으면 F를 쓰세요.
　　(1) 대부분의 오토바이용 바지는 주로 몸 전체를 보호한다.
　　(2) 에어백 청바지는 한 번만 사용할 수 있다.

3 ⓠ 글의 내용과 일치하도록 빈칸에 알맞은 말을 본문에서 찾아 쓰세요.

에어백 청바지

그것이 하는 역할	그것은 운전자가 다치지 않도록 ⓐ 보호해 준다.
그것이 작동하는 방식	사고가 발생하면 청바지 안의 에어백이 ⓑ 터진다.

4 ⓠ 다음 빈칸에 알맞은 우리말 해석을 써보세요.

본문 해석 ▶
¹오토바이를 타는 것은 자동차를 운전하는 것보다 훨씬 더 위험하다. ²오토바이 운전자는 심각한 교통사고를 당할 수 있다. ³하지만 이제 운전자들에게 좋은 소식이 있는데, 그것은 바로 '에어백 청바지'라고 불리는 특별한 청바지이다.

⁴심각한 오토바이 사고로 인한 많은 부상은 하반신에 발생한다. ⁵그래서, 대부분의 오토바이용 바지는 주로 무릎과 엉덩이를 보호한다. ⁶하지만 에어백 청바지는 하체의 새로운 부분, 특히 꼬리등뼈를 보호하는 데 도움을 준다.

⁷이 청바지는 세상에서 가장 튼튼한 데님으로 만들어진다. ⁸그리고 가장 우수한 점은 청바지 안에 에어백이 있다는 것이다! ⁹만약 운전자가 자신의 오토바이에서 떨어지면, 에어백이 터진다. ¹⁰이 에어백은 운전자가 다치지 않도록 보호해준다. ¹¹에어백 청바지는 운전자들을 안전하게 유지하도록 도와주고, 일반 바지만큼 편하다. ¹²운전자는 또한 그것을 여러 번 사용할 수 있다!

직독직해 ▶

¹Riding a motorcycle / is much more dangerous / than driving a car. ²Motorcycle riders /
오토바이를 타는 것은 / 훨씬 더 위험하다 / 자동차를 운전하는 것보다. 오토바이 운전자들은 /

can have serious accidents. ³But now, / there's good news for riders: / special jeans called "airbag jeans."
심각한 사고를 당할 수 있다. 하지만 이제, / 운전자들에게 좋은 소식이 있다: / '에어백 청바지'라고 불리는 특별한 청바지라는.

⁴Many injuries / from serious motorcycle accidents / happen to the lower body. ⁵So, / most motorcycle
많은 부상들은 / 심각한 오토바이 사고로 인한 / 하반신에 발생한다. 그래서, / 대부분의 오토바이용

pants / usually protect the knees and hips. ⁶But the airbag jeans / help protect new areas / on the
바지들은 / 주로 무릎과 엉덩이를 보호한다. 하지만 에어백 청바지는 / 새로운 부분을 보호하는 것을 도와준다 /

lower body, / especially the tailbone.
하체에서, / 특히 꼬리등뼈를.

⁷These jeans are made / from the strongest denim / in the world. ⁸And here's the best part: //
이 청바지는 만들어진다 / 가장 튼튼한 데님으로 / 세상에서. 그리고 여기 가장 우수한 점이 있다: //

They have airbags inside! ⁹If a rider falls off his motorcycle, // the airbags blow up. ¹⁰These airbags
그것들은 안에 에어백을 갖고 있다! 만약 운전자가 그의 오토바이에서 떨어지면, // 에어백이 터진다. 이 에어백들은

protect the rider / from getting hurt. ¹¹The airbag jeans / help keep riders safe, / and are as comfortable /
운전자를 보호해 준다 / 다치는 것으로부터. 에어백 청바지는 / 운전자들을 안전하게 유지하도록 돕고, / 편하다 /

as regular pants. ¹²Riders can also use them / many times!
일반 바지만큼이나. 운전자들은 또한 그것들을 사용할 수 있다 / 여러 번!

주요 구문 ▶

¹ **Riding** a motorcycle is *much* **more dangerous than** *driving* a car.
▶ Riding a motorcycle은 주어로 쓰인 동명사구로, '오토바이를 타는 것은'이라고 해석한다.
▶ <비교급+than>은 '~보다 더 …한/하게'라는 의미로, 비교급 앞의 much는 '훨씬'이라는 뜻의 비교급을 강조하는 부사이다.
이때 than은 전치사로 뒤에 동명사 driving이 오고 있다.

⁴ **Many injuries** [from serious motorcycle accidents] *happen* to the lower body.
　　　　주어　　　　　　　　　　　　　　　　　　　　　동사
▶ 주어가 전치사구(from ~ accidents)의 꾸밈을 받아 길어진 형태로, 이때 문장의 동사를 잘 파악해야 한다.

⁷ These jeans **are made from** the strongest denim *in* the world.

▸ be made from은 '(특정 재료)로 만들어지다'라는 의미로, 자주 쓰이는 수동태 표현이다.

▸ <the+형용사/부사+-est(+명사)+in/of ...>는 최상급으로 '...(중)에서 가장 ~한/하게'의 의미이다.

¹⁰ These airbags **protect** the rider **from getting** hurt.
　　　　　　　　　　　　　　　A

▸ <protect A from v-ing>는 'A가 ~하지 않도록 보호하다'라는 의미로, 전치사 from 뒤에는 목적어로 동명사 getting이 오고 있다.

¹¹ The airbag jeans help **keep**^동 riders **safe**^보, and are as comfortable as regular pants.
　　　　　　　　　　　동사1　　　목적어1　　　동사2　　보어2

▸ 동사 help의 목적어로 쓰인 <keep+목적어+보어(형용사)>는 '~를 ...한 상태로 두다[유지하다]'라는 의미를 나타낸다.

▸ 접속사 and는 두 개의 동사구 help ~ safe와 are ~ pants를 연결하고 있다.

Review

Unit ⁺10

본책 p.110

단어

정답

A 1 ⓑ　　　2 ⓐ　　　3 ⓒ
B 1 **thought**　　2 **allergy**　　3 **comfortable**
C 1 **dangerous**　　2 **apply**　　3 **fail**

해석

A 1 earn((돈을) 벌다) - ⓑ 하는 일로 돈을 얻다
2 tour(방문, 관광) - ⓐ 어떤 장소나 지역으로의 방문
3 forget(잊다) - ⓒ 기억하지 못하다

C | 보기 |

| 심각한, 진지한 | 지원하다 | 위험한 | 실패하다 |

1 난로를 만지지 마. 그것은 뜨거울 때 위험해.
2 나의 형[오빠]은 내년에 의과 대학에 지원할 계획이다.
3 유감스럽게도 그 선수는 경기 중에 골을 넣는 것에 실패했다.

본책 p.111

1일 1문장

정답

A 1 **The water** in the lake (was) as clear as crystal.
2 **Anyone** who knows the answer (can raise) his or her hand.
3 **My brother and I** (have) some old toys to donate to the children's hospital.

B 1 feel as cold as ice
2 brought a book to read
3 The woman who teaches French

C 1 메모할 펜을 하나도
2 지저분하다, 쓰레기장만큼
3 슈퍼마켓에서 일하는 그 남자는

해석

A 1 그 호수의 물은 크리스털만큼 맑았다.
2 정답을 아는 사람은 누구나 자신의 손을 들 수 있다.
3 나와 나의 남동생[형, 오빠]은 어린이 병원에 기부할 오래된 장난감들을 좀 가지고 있다.

Unit 11

문제 해설

1 매년 Burning Man 축제에 방문하는 사람들을 위해 일주일 동안만 생기는 Black Rock City 공항에 관한 글이므로 정답은 ⑤이다.

① 세계에서 가장 작은 공항 ② 네바다주의 Burning Man 축제

③ 네바다 사막에서의 모험 ④ Burning Man 축제의 교통 체증

⑤ 사막에서의 축제를 위한 일주일짜리 공항

2 이 글은 네바다 사막에 일주일 동안만 Black Rock City 공항이 생기는 이유에 대해 설명하고 있으므로, '대도시에서 아침은 항상 극심한 교통 체증을 불러일으킨다.'는 내용의 (d)는 글의 전체 흐름과 관련이 없다.

3 7번 문장에서 Black Rock City 공항은 Burning Man 축제로 인해 생기는데, 그 이유는 10번과 12번 문장에 언급되어 있다. 자가용으로 그 축제에 오게 되면 극심한 교통 체증을 겪을 수 있기 때문에 몇몇 사람들은 제트기로 방문한다고 했으므로 정답은 ④이다.

4 빈칸 앞부분에서 Black Rock City 공항은 Burning Man 축제를 위해 일주일만 운영되고 그 이후에 사라진다고 했으며, 빈칸 뒷부분에서는 그 공항이 내년에도 다시 생길 것이라고 했다. 따라서 빈칸에는 축제가 끝난 후, 공항이 마치 마법처럼 '사라진다'는 의미의 disappears가 들어가는 것이 알맞다.

본문 해석

¹Black Rock City 공항은 미국 네바다주의 사막에 있는 특별한 공항이다. ²그곳은 매년 일주일 동안만 나타난다. ³그 다음, 그곳은 사라진다! ⁴다른 공항들과 달리, 그것은 큰 건물이나 관제탑이 없다. ⁵이 공항은 간소한 활주로만 있다.

⁶왜 일주일 동안만 공항이 있는 것일까? ⁷그것은 'Burning Man'이라 불리는 축제 때문에 시작되었다. ⁸이것은 예술, 음악, 그리고 문화의 거대한 축제이다. ⁹전 세계에서 약 7만 명의 사람들이 참여하기 위해 온다. ¹⁰일부 방문객들은 자가용으로 오기도 하지만, 그들은 극심한 교통 체증 속에 갇힐 수 있다. (¹¹대도시에서 아침은 항상 극심한 교통 체증을 불러일으킨다.) ¹²그래서, 몇몇 사람들은 작은 제트기로 그 사막에 날아온다! ¹³그것이 그들이 공항을 필요로 하는 이유이다.

¹⁴축제가 끝나면, 그 공항은 마법처럼 사라진다. ¹⁵하지만 그곳은 더 많은 재미와 모험을 위해 내년에 다시 나타날 것이다!

직독직해

¹Black Rock City Airport / is a special airport / in the desert / of Nevada, U.S. ²It only shows up /
Black Rock City 공항은 / 특별한 공항이다 / 사막에 있는 / 미국 네바다주의. 그것은 오직 나타난다 /

for one week / every year. ³Then, / it disappears! ⁴Unlike other airports, / it doesn't have big buildings /
일주일 동안 / 매년. 그 다음, / 그것은 사라진다! 다른 공항들과는 달리, / 그것은 큰 건물을 가지고 있지 않다 /

or a control tower. ⁵This airport only has / a simple runway.
또는 관제탑을. 이 공항은 오직 가지고 있다 / 간소한 활주로를.

⁶Why would there be an airport / for just a week? ⁷It started / because of a festival / called "Burning Man."
왜 공항이 있을까 / 단지 일주일 동안? 그것은 시작되었다 / 축제 때문에 / 'Burning Man'이라고 불리는.

⁸This is a huge festival / of art, music, and culture. ⁹About 70,000 people / from all over the world /
이것은 거대한 축제이다 / 예술, 음악, 그리고 문화의. 약 7만 명의 사람들이 / 전 세계에서 /

come to join. ¹⁰Some visitors come / in cars, // but they can get stuck / in heavy traffic. (¹¹Mornings always
참여하기 위해 온다. 일부 방문객들은 온다 / 자가용으로, // 그러나 그들은 꼼짝 못 하게 될 수도 있다 / 심각한 교통 체증 속에서. 아침은 언제나

bring heavy traffic / in big cities.) ¹²So, / some people fly / to the desert / with small jets! ¹³That's why //
심각한 교통체증을 불러 일으킨다 / 대도시에서. 그래서, / 몇몇 사람들은 날아온다 / 그 사막에 / 작은 제트기로! 그것이 (~한) 이유이다 //

they need an airport.
그들이 공항이 필요한.

¹⁴When the festival is over, // the airport disappears / like magic. ¹⁵But it'll show up / again next
그 축제가 끝나면, // 그 공항은 사라진다 / 마법처럼. 하지만 그것은 나타날 것이다 / 내년에 다시

year / for more fun and adventure!
/ 더 많은 재미와 모험을 위해!

주요 구문 ▶

⁴ **Unlike** *other airports*, it doesn't have big buildings `or` a control tower.
　　　　　　　　　　　　　　　　　　　목적어1　　　　　　목적어2

　▶ unlike는 '~와는 달리'라는 의미의 전치사로, 전치사 뒤에는 명사(구)가 온다.
　▶ 동사 doesn't have의 목적어인 big buildings와 a control tower는 접속사 or로 연결된 형태이다.

⁷ It started **because of** *a festival* [**called** "Burning Man."]

　▶ because of는 '~ 때문에'라는 의미의 전치사로, 뒤에는 명사(구)가 오고 있다. 접속사인 because 뒤에는 <주어＋동사 ~> 형태가
　　오므로 이와 구분해서 써야 한다.
　▶ called(~라고 불리는)로 시작하는 과거분사구가 앞의 명사 a festival을 뒤에서 꾸며 주고 있다.

⁹ About 70,000 people from all over the world come **to join**.

　▶ to join은 '참가하기 위해'라는 의미로 동사 come의 '목적'을 나타내는 부사적 용법의 to부정사이다.

¹² So, some people fly to the desert **with** small jets!

　▶ 이때 전치사 with는 '~로, ~을 사용해'라는 의미로 '수단'을 나타낸다.

32 　세상에서 가장 차가운 음악
본책 pp.116~117

정답 　1 ② 　2 ③ 　3 ⓐ made of 　ⓑ melt 　ⓒ put on 　4 어떻게 그녀가 내 이름을 알았는지

문제 해설 　1 Tim Linhart가 만든 얼음 악기로 구성된 오케스트라에 대해 소개하는 글이므로 제목으로 가장 적절한 것은 ②이다.

　　① 스웨덴 음악가의 꿈 　　　　　　　　　② Tim Linhart의 얼음같이 찬 오케스트라
　　③ 다양한 종류의 얼음 악기들 　　　　　④ 얼음 악기 연주의 어려움
　　⑤ 얼음과 눈으로 악기 만드는 방법

　2 '그러나, 연주자들은 조심해야 해요.'라는 내용의 주어진 문장은 연주자들이 조심해야 하는 첫 번째 이유가 언급되는
　　8번 문장(얼음 악기는 쉽게 부서질 수 있음)의 앞인 ③에 위치하는 것이 가장 자연스럽다.

　3 ┌─┤ 보기 ├─
　　│ 　　　~을 입다 　　　변하다 　　　녹다 　　　~로 만들어진
　　└───

Tim의 얼음 음악 오케스트라 초대장
무료 입장!

장소: North harbor, Lulea
날짜: 2월 10일 금요일
악기: 바이올린, 첼로, 드럼 등. 그것들은 모두 ⓐ 얼음으로 만들어졌어요.
주의해 주세요: 얼음 악기들이 쉽게 ⓑ 녹을 수 있어서, 콘서트홀이 상당히 추울 예정입니다. 오실 때는 따뜻한 ⓒ 옷을 입어 주세요.

본문 해석 ▶

¹얼음으로 만든 악기로 음악을 연주하는 것을 상상할 수 있나요? ²스웨덴의 얼음 예술가 Tim Linhart는 이 꿈을 현실로 바꿨어요!

³Tim은 기타를 만드는 친구로부터 그 아이디어를 처음 얻었어요. ⁴그는 얼음 악기에서는 어떻게 음악 소리가 들릴지 궁금했어요. ⁵그래서, 그것들을 만들기 위해, 그는 얼음 그리고 눈과 물로 이루어진 특별한 혼합물을 사용했어요.

⁶이제, Tim의 오케스트라는 바이올린, 첼로, 드럼 등과 같은 많은 얼음 악기들을 보유하고 있어요. ⁷그는 얼음 음악의 독특하고 날카로운 소리를 아주 좋아해요. 그러나, 연주자들은 조심해야 해요. ⁸얼음 악기들은 쉽게 깨질 수 있어요. ⁹그들은 심지어 사람들의 체온이나 숨결로 인해 녹을 수도 있어요.

¹⁰여러분은 놀랍고 멋진 음악을 경험할 준비가 되었나요? ¹¹여러분의 가장 따뜻한 옷을 입고 Tim의 얼음 음악 오케스트라를 즐겨 보세요!

직독직해 ▶

¹Can you imagine playing music / with instruments / made of ice? ²A Swedish ice artist, Tim Linhart, /
당신은 음악을 연주하는 것을 상상할 수 있는가 / 악기들로 / 얼음으로 만들어진? 스웨덴 얼음 예술가인 Tim Linhart는 /

turned this dream / into a reality!
이 꿈을 바꾸었다 / 현실로!

³Tim first got the idea / from a friend // who makes guitars. ⁴He wondered // how music would sound /
Tim은 처음에 아이디어를 얻었다 / 친구로부터 // 기타를 만드는. 그는 궁금해 했다 // 어떻게 음악이 들릴지 /

on ice instruments. ⁵So, / in order to make them, / he used ice / and a special mix / of snow and water.
얼음 악기들에서. 그래서, / 그것들을 만들기 위해, / 그는 얼음을 사용했다 / 그리고 특별한 혼합물을 / 눈과 물의.

⁶Now, / Tim's orchestra / has many ice instruments / like violins, cellos, drums, and so on.
이제, / Tim의 오케스트라는 / 많은 얼음 악기들을 갖고 있다 / 바이올린, 첼로, 드럼 등과 같은.

⁷He loves the unique, sharp sound / of ice music. However, / the players need to be careful.
그는 그 독특하고, 예리한 소리를 아주 좋아한다 / 얼음 음악의. 그러나, / 연주자들은 조심해야 한다.

⁸Ice instruments can break easily. ⁹They can even melt / from people's body heat / or breath.
얼음 악기들은 쉽게 깨질 수 있다. 그것들은 심지어 녹을 수도 있다 / 사람들의 체온으로 / 또는 숨결로.

¹⁰Are you ready / for an amazing and cool musical experience? ¹¹Put on your warmest clothes //
당신은 준비가 되었는가 / 놀랍고 멋진 음악적 경험을 위한? 당신의 가장 따뜻한 옷들을 입어라 //

and enjoy Tim's ice music orchestra!
그리고 Tim의 얼음 음악 오케스트라를 즐겨라!

주요 구문 ▶

¹ Can you **imagine playing** music with *instruments* [**made of** ice]?
  ▶ <imagine v-ing>는 '~하는 것을 상상하다'라는 의미이다.
  ▶ made of ice는 '얼음으로 만들어진'이라는 의미로, 바로 앞의 명사 instruments를 뒤에서 꾸며 주는 과거분사구이다.

² A Swedish ice artist, Tim Linhart, turned this dream into a reality!
  ▶ <A+콤마(,)+B>는 'A는 B인데, B인 A'라는 의미로, A Swedish ice artist와 Tim Linhart는 같은 것으로 볼 수 있다.

[3] Tim first got the idea from *a friend* [**who** makes guitars].

  ▶ who는 주격 관계대명사로, who 이하 바로 앞의 명사(선행사)인 a friend를 꾸며 주고 있다.

[5] So, **in order to make** *them*, he used ice and a special mix of snow and water.

  ▶ <in order to+동사원형>은 '~하기 위해'라는 의미로 '목적'을 나타낸다.

  ▶ 여기서 them은 바로 앞 문장의 ice instruments를 가리킨다.

[11] **Put on** your **warmest** clothes and **enjoy** Tim's ice music orchestra!

  ▶ 동사 Put on과 enjoy는 주어 없이 동사원형으로 시작하는 명령문으로 '~해라'라고 해석하며, 접속사 and로 연결되어 있다.

  ▶ warmest는 '가장 따뜻한'이라는 의미의 최상급 표현이다.

---

33 시카고 강의 특별한 전통

정답   1 ④   2 ③   3 ③   4 ⓐ green   ⓑ tradition   5 그는 축구를 해왔다

문제 해설

1 매년 시카고에서는 성 패트릭의 날을 맞이해 강을 초록색으로 물들인다는 내용의 글이므로 정답은 ④이다.

  ① 성 패트릭: 그는 누구였는가?   ② 성 패트릭의 날에 숨겨진 이야기

  ③ 시카고의 성 패트릭의 날에 대한 추억   ④ 성 패트릭의 날의 시카고의 초록색 강

  ⑤ 초록색이 성 패트릭의 날에 중요한 이유

2 시카고에서는 1960년대에 하수가 어디에서 오는지 추적하기 위해 초록색 염료를 사용했다는 내용 뒤에, 1962년에 시카고의 시장이 그 초록색 물을 보고 재미있는 아이디어를 얻었다는 내용의 (B), 그것은 바로 성 패트릭의 날에 미시간 호수를 초록색으로 물들이는 것이었다는 내용의 (C), 그 이유는 초록색이 성 패트릭의 날을 위한 특별한 색이기 때문이었다는 내용의 (A)로 이어져야 가장 자연스럽다.

3 5번과 6번 문장에서 시카고 시장이 처음 떠올린 아이디어는 미시간 호수를 초록색으로 물들이는 것이었다고 했으며, 7번 문장에서 시카고 강을 물들이자고 제안한 사람은 시장의 친한 친구였다고 언급되었다. 따라서, ③은 글의 내용과 일치하지 않으며, ①은 1번과 2번 문장에, ②는 3번 문장에, ④는 9번 문장에, ⑤는 11번 문장에 언급되어 있다.

4

> 성 패트릭의 날을 위해, 시카고 강은 매년 ⓐ 초록색으로 변한다. 이 재미있는 ⓑ 전통은 1960년대에 시작했다.

본문 해석

[1]매년 성 패트릭의 날에 미국 시카고에서는 마법 같은 일이 일어난다. [2]60년 이상 동안, 그 도시의 강은 초록색으로 변해왔다!

[3]1960년대에, 그 도시는 하수가 어디에서 나오는지 찾기 위해 녹색 염료를 사용했다. (B) [5]1962년에, 시카고의 시장은 초록색 물을 보고 아이디어를 얻었다. (C) [6]그는 성 패트릭의 날을 위해 미시간 호수를 초록색으로 물들이는 것을 생각해 냈다. (A) [4]그것은 초록색이 그 휴일의 특별한 색이기 때문이다. [7]하지만 그의 친한 친구가 시카고 강을 대신 물들이자고 제안했다. [8]그래서 그 재미있는 전통이 시작되었다!

[9]이제 성 패트릭의 날에 가까운 토요일에, 사람들은 특수한 주황색 가루를 강에 뿌린다. [10]이 가루가 물에 닿으면, 그것은 밝은 초록색으로 변한다! [11]강은 오직 몇 시간 동안만 초록색을 유지한다. [12]그러나 초록색 강에 대한 기억은 훨씬 더 오래 남는다!

¹Every St. Patrick's Day, / something magical happens / in Chicago, U.S. ²For over 60 years, /
매년 성 패트릭의 날,　　／ 무언가 마법 같은 일이 일어난다　　／ 미국 시카고에서는.　　60년 이상 동안,　　／

the city's river has turned green!
그 도시의 강은 초록색으로 변해 왔다!

³In the 1960s, / the city used green dye / to trace where wastewater was coming from. ⁵In 1962, /
1960년대에,　　／ 그 도시는 녹색 염료를 사용했다　　／ 하수가 어디에서 나오는지 찾아내기 위해.　　　1962년에,　　／

the mayor of Chicago / saw the green water / and got an idea. ⁶He thought of / dyeing Lake Michigan
시카고의 시장은　　／ 초록색 물을 보았고　　／ 아이디어를 얻었다.　　그는 (~을) 생각해 냈다 / 미시간 호수를 초록색으로

green / for St. Patrick's Day. ⁴That's // because green is the special color / for the holiday. ⁷But his close
물들이는 것을 / 성 패트릭의 날을 위해.　　그것은 (~)이다 // 초록색이 특별한 색이기 때문이다　　／ 그 휴일을 위한.　　하지만 그의 친한 친구는

friend suggested / dyeing the Chicago River / instead. ⁸And so, / the fun tradition began!
제안했다　　／ 시카고 강을 물들이는 것을　　／ 대신.　　그래서,　　／ 그 재밌는 전통이 시작되었다!

⁹Now, / on a Saturday / near St. Patrick's Day, / people put a special orange powder / into the river.
이제,　／ 토요일에　　／ 성 패트릭의 날에 가까운,　　／ 사람들은 특수한 주황색 가루를 넣는다　　／ 강에.

¹⁰When this powder touches the water, // it turns bright green! ¹¹The river keeps its green color /
이 가루가 물에 닿으면,　　　　　　// 그것은 밝은 초록색으로 변한다!　　그 강은 그것의 초록색을 유지한다　　／

for only a few hours. ¹²But the memories of the green river / last much longer!
오직 몇 시간 동안만.　　그러나 초록색 강에 대한 기억은　　　　／ 훨씬 더 오래 지속된다!

³ In the 1960s, the city used green dye **to trace where** wastewater^{주'} was coming from^{동'}.

▶ to trace는 '찾기 위해'라는 뜻으로 '목적'을 나타내는 부사적 용법의 to부정사이다.

▶ where ~ coming from은 동사 trace의 목적어로 쓰인 간접의문문으로 '하수가 어디에서 오는지'라고 해석한다.
　간접의문문은 <의문사+주어+동사 ~>의 어순으로 쓴다.

⁴ **That's because** green is the special color for the holiday.

▶ <That's because+주어+동사 ~>는 '그것은 ~이기 때문이다'의 뜻을 나타내며, because 뒤에는 '원인'에 해당하는 내용이 나온다.

⁶ He **thought of dyeing** Lake Michigan green for St. Patrick's Day.

▶ think of는 '~을 생각해 내다'라는 의미로, 전치사 of 뒤에는 목적어로 동명사(dyeing)가 쓰였다.

⁷ But his close friend **suggested dyeing** the Chicago River instead.

▶ suggest는 동명사를 목적어로 취하는 동사로 <suggest v-ing>는 '~하는 것을 제안하다'라는 뜻이다.

¹² But the memories of the green river last *much* **longer**!

▶ 여기서 much는 비교급(longer)을 강조하는 부사로 '훨씬'의 의미를 갖는다.

Review

본책 p.120

단어

정답 ▶ **A** 1 ⓑ 2 ⓒ 3 ⓐ
B 1 bright 2 memory 3 disappear
C 1 come, from 2 turn, into 3 and so on

해석 ▶ **A** 1 instrument(악기; 기구) - ⓑ 음악을 만들기 위해 사용되는 물건
2 trace(추적하다, 찾아내다) - ⓒ 어떤 것의 원인을 찾다
3 touch(닿다, 접촉하다) - ⓐ 손이나 손가락을 어떤 사람이나 물체에 대다

B 1 밝은 빨간색의 자동차
2 어린 시절의 기억
3 시야에서 사라지다

1일 1문장

본책 p.121

정답 ▶ **A** 1 **Oliver and I** (have waited) for the bus for thirty minutes.
2 **Ms. White** (has taught) English in Korea for over 20 years.
3 **My parents** always (wonder) how I can type so fast on the phone.

B 1 has been on a diet for three months
2 That's why she doesn't eat meat
3 how Aaron plays the guitar

C 1 그것이 그가 피곤해 보이는 이유이다
2 이곳에서 살았다
3 어떻게 그녀가 그 맛있는 컵케이크를 만들었는지

해석 ▶ **A** 1 Oliver와 나는 30분 동안 그 버스를 기다렸다.
2 White 씨는 한국에서 20년 넘게 영어를 가르쳐왔다.
3 나의 부모님은 어떻게 내가 휴대전화에 그렇게 빨리 입력할 수 있는지 항상 궁금해하신다.

34 이 나라에는 13월이 있어요!　　　　　　　　　　　　　본책 pp.124~125

정답　1 ③　　2 ②　　3 ⓐ Calendar　ⓑ counting　　4 그가 그 영화를 얼마나 여러 번 봤는지

문제 해설

1 에티오피아 사람들만의 독특한 날짜와 시간을 계산하는 방법에 관해 설명하는 글이므로 주제로 가장 알맞은 것은 ③이다.

2 9번 문장에서 에티오피아에서는 오전 12시가 아닌 오전 6시부터 시간을 세기 시작한다고 했으므로, 에티오피아의 오전 5시는 우리나라의 오전 6시에 5시간을 더한 오전 11시가 된다. 따라서 정답은 ②이다.

3

에티오피아의 ⓐ 달력	• 1년에 13개의 달이 있음 • 첫 번째 달에서 열두 번째 달: 각각 30일 • 열세 번째 달: 5일 또는 6일
에티오피아의 시간	• 하루를 두 부분으로 나눔 • 각 부분: 12시간 • 오전 6시부터 시간을 ⓑ 세기 시작함

본문 해석　¹에티오피아에서, 사람들은 날짜와 시간을 세는 특별한 방법을 가지고 있다. ²에티오피아의 달력은 1년에 12달 대신 13달을 가지고 있다! ³처음 12개의 달은 각각 30일을 가지고 있다. ⁴13번째 달은 조금 특별하다. ⁵그것은 5일 또는 6일만 가지고 있다. ⁶그래서 우리와 달리, 그들은 달마다 며칠이 있는지 기억할 필요가 없다.

　⁷그들은 또한 시간을 세는 자신들만의 방법이 있다. ⁸그들은 하루를 두 부분으로, 각각 12시간씩 나눈다. ⁹그들은 오전 12시가 아닌 오전 6시부터 시간을 세기 시작한다. ¹⁰이는 에티오피아 시간으로 정오와 자정이 모두 6시라는 것을 의미한다. ¹¹따라서, 에티오피아의 친구가 여러분을 10시에 만나길 원한다면, 그들은 실제로는 오후 4시를 의미할지도 모른다!

직독직해

¹In Ethiopia, / people have a special way / of counting days and time. ²The Ethiopian calendar has
에티오피아에서, / 사람들은 특별한 방법을 가지고 있다 / 날짜와 시간을 계산하는.　　　에티오피아의 달력은 13개월을 가지고 있다

13 months / in a year / instead of 12! ³The first 12 months each / have 30 days. ⁴The 13th month is a little
／ 1년에 　／ 12개월 대신! 　첫 12달은 각각 ／ 30일을 가지고 있다. 　13번째 달은 조금 특별하다.

special. ⁵It only has five or six days. ⁶So unlike us, / they don't have to remember // how many days each
　　　그것은 오직 5일 또는 6일만 갖고 있다. 　그래서 우리와 달리, / 그들은 기억할 필요가 없다 　// 각각의 달이 얼마나 많은 날을 갖고 있는지.

month has.

　⁷They have their own way / of counting time / as well. ⁸They divide the day / into two parts, / each with
　그들은 그들 자신만의 방법을 가지고 있다 / 시간을 계산하는 　／ 또한. 　　그들은 하루를 나눈다 ／ 두 부분으로, 　／ 각각

12 hours. ⁹They start counting time / from 6:00 a.m., / not 12:00 a.m. ¹⁰This means // that noon and
12시간을 갖고 있는. 그들은 시간을 세기 시작한다 ／ 오전 6시부터, ／ 오전 12시가 아니라. 　이것은 의미한다 // 정오와

midnight / are both 6 o'clock / in Ethiopian time. ¹¹So, / if a friend in Ethiopia / wants to meet you /
자정이 ／ 둘 다 6시라는 것을 ／ 에티오피아 시간으로. 　따라서, / 만약 에티오피아의 친구가 ／ 당신을 만나기를 원한다면 ／

at 10 o'clock, // they might actually mean / 4 o'clock in the afternoon!
10시에, // 그들은 실제로 의미할지도 모른다 / 오후 4시를!

주요 구문

¹ In Ethiopia, people have *a special way* [**of counting** days and time].

⁷ They have *their own way* [**of counting** time] as well.

▶ 각 문장의 counting은 모두 전치사 of의 목적어로 쓰인 동명사로, '수를 세는 것'이라는 의미를 나타낸다.

▶ 전치사구 of counting days and time은 바로 앞의 a special way를, of counting time은 앞의 their own way를 꾸며 주고 있다.

⁶ So unlike us, they **don't have to** remember how many days each month has.

▶ 조동사 have to의 부정형인 don't have to는 '~할 필요가 없다'라는 의미로 '불필요'를 나타낸다.

¹⁰ This means **that** noon and midnight are both 6 o'clock in Ethiopian time.
　　　주어　동사　　　　　　　　　　　　　목적어

▶ 여기서 This는 바로 앞 문장인 9번 문장의 내용 전체를 가리킨다.

▶ 접속사 that이 이끄는 절(that noon ~ Ethiopian time)은 동사 means의 목적어로 쓰였다.

¹¹ So, **if** a friend in Ethiopia **wants to meet** you at 10 o'clock, they might actually mean 4 o'clock in the afternoon!
　　　　주어　　　　　　　동사　　목적어

▶ if는 '만약 ~한다면'이라는 뜻의 접속사로, 절과 절을 연결하고 있다. 이때 if절의 동사 want는 목적어로 to부정사를 취하며, <want to-v>는 '~하기를 원하다'라는 의미이다.

---

35 오래되어도 쓸모가 있어요　　　　　　　　　　　　　　본책 pp.126~127

정답 ▶ 1 ④　　2 (1) **easy to find**　(2) **have electricity**　　3 ⓐ **machines** ⓑ **far** ⓒ **donation**
4 방문하기에 아름답다

문제 해설 ▶ 1 영국의 공중전화 박스가 현재 어떻게 새로운 방식으로 활용되고 있는지 예를 들어 설명하고 있다. 따라서 글의 목적으로 가장 알맞은 것은 ④이다.

2 영국의 공중전화 박스가 Mini Medical Center로 적합한 이유는 8번 문장에 언급되어 있다.

3 ┌─ 보기 ┤
| 멀리 | 방법들 | 기부 | 기계들 |

영국의 빨간 공중전화 박스 사용법

작은 의료 센터	• 제세동기라고 불리는 특수한 ⓐ 기계들을 보유하고 있음 • 사람들이 심장마비를 일으킬 때 도울 수 있음
작은 도서관	• 책을 빌릴 수 있는 작은 도서관 • 큰 도서관에서 ⓑ 멀리 떨어져 사는 사람들에게 아주 좋음 • 책에 대한 ⓒ 기부를 요청하는 표지판이 있음

본문 해석 ▶ ¹영국에는, 빨간 공중전화 박스들이 많이 있다. ²이제, 사람들은 전화를 하기 위해 그것들을 사용하지 않는다. ³대신, 그들은 이 오래된 공중전화 박스를 활용할 수 있는 새로운 방법을 찾았다. ⁴여기 그것들의 몇 가지 새로운 사용법이 있다:

⁵**작은 의료 센터**

　⁶일부 공중전화 박스는 이제 제세동기라고 불리는 특별한 기계를 갖추고 있다. ⁷이 기계는 사람들이 심장마비를 일으킬 때 그들을 구할 수 있다. ⁸공중전화 박스는 찾기 쉽고 전기가 있기 때문에, 이 기계들을 두기에 완벽하다.

⁹**작은 도서관**

　¹⁰많은 공중전화 박스들은 작은 도서관으로 바뀌었다. ¹¹이것은 큰 도서관에서 멀리 떨어져 사는 사람들에게 아주 좋다. ¹²Martin 갤러리라는 이름의 특별한 공중전화 박스가 하나 있다. ¹³이 공중전화 박스에서, 사람들은 책을 빌릴 수 있고 예술 작품을 즐길 수 있다. ¹⁴또한 각 책에 대한 기부를 요청하는 표지판이 있다. ¹⁵모인 돈은 영국 암 연구소라고 불리는 단체에 전달된다.

직독직해

¹In the U.K., / there are / many red phone boxes. ²Now, / people don't use them / for calls.
영국에는, / (~이) 있다 / 많은 빨간 공중전화 박스들이. / 이제, / 사람들은 그것들을 사용하지 않는다 / 전화 통화를 위해.

³Instead, / they found new ways / to use these old phone boxes. ⁴Here are / some of their new uses:
대신에, / 그들은 새로운 방법들을 찾았다 / 이 오래된 공중전화 박스들을 사용할. / 여기 (~이) 있다 / 그것들의 몇 가지 새로운 사용법이:

⁵**Mini Medical Centers**
작은 의료 센터

⁶Some phone boxes / now have special machines / called defibrillators. ⁷These machines / can help
일부 공중전화 박스들은 / 이제 특별한 기계들을 갖고 있다 / 제세동기라 불리는. / 이 기계들은 /

save people // when they have a heart attack. ⁸Since phone boxes are easy to find / and have electricity, //
사람들을 구하는 것을 도울 수 있다 // 그들이 심장마비가 올 때. / 공중전화 박스들은 찾기 쉽기 때문에 / 그리고 전기를 갖고 있기 때문에, //

they're perfect / for these machines.
그것들은 완벽하다 / 이 기계들에.

⁹**Mini Libraries**
작은 도서관

¹⁰Lots of phone boxes / turned into small libraries. ¹¹This is great / for people / living far from big
많은 공중전화 박스들은 / 작은 도서관들로 바뀌었다. / 이것은 아주 좋다 / 사람들에게 / 큰 도서관에서 멀리 떨어져 사는.

libraries. ¹²There's one special phone box / named the Martin Gallery. ¹³In this phone box, / people can
한 특별한 공중전화 박스가 있다 / Martin 갤러리라는 이름의. / 이 공중전화 박스에서, / 사람들은

borrow books / and enjoy the artwork. ¹⁴There's also a sign / requesting a donation / for each book.
책을 빌릴 수 있고 / 예술품을 즐길 수 있다. / 표지판이 또한 있다 / 기부를 요청하는 / 각 책을 위해.

¹⁵The money collected / goes to an organization / called Cancer Research UK.
모인 돈은 / 한 단체에 전달된다 / 영국 암 연구소라고 불리는.

주요 구문

³ Instead, they found *new ways* [**to use** these old phone boxes].

▶ to use는 '활용하는'이라는 뜻으로, 앞의 명사구인 new ways를 꾸며 주는 형용사적 용법의 to부정사이다.

⁴ **Here** *are some of their new uses*:
　　　동사　　　　　주어

▶ 장소를 나타내는 부사인 here(여기에)로 문장이 시작하면 <Here+동사+주어>의 어순으로 쓰며, '여기 ~이 있다'란 뜻이다.

¹¹ This is great for *people* [**living** far from big libraries].

¹⁴ There's also *a sign* [**requesting** a donation for each book].

▶ living ~ libraries는 바로 앞의 명사 people을, requesting ~ each book은 앞의 a sign을 형용사처럼 꾸며 주는 현재분사구이다.

¹³ In this phone box, people **can borrow** books and (can) **enjoy** the artwork.

동사1   동사2

▶ 접속사 and는 동사 can borrow와 (can) enjoy를 연결하며, 접속사 뒤에 반복되는 조동사인 can은 생략되었다.

¹⁵ *The money* [**collected**] goes to *an organization* [**called** Cancer Research UK].

▶ collected는 '모인'이라는 뜻으로, 앞의 명사인 The money를 설명해 주는 과거분사이며, called ~ UK는 앞의 an organization을 뒤에서 꾸며 주는 과거분사구이다.

---

36   중세 시대에만 있던 특별한 색

정답
1 ②   2 (1) F   (2) T   (3) T   3 ⓐ **popular**   ⓑ **disappeared**   ⓒ **source**
4 사용되었다, 좋은 레스토랑들을 찾는 데

문제 해설

1 주어진 문장은 '하지만 시간이 지나면서, 사람들은 이 색상을 사용하지 않게 되었다.'는 내용으로, 이 색은 중세 시대의 책의 그림을 그리는 데 사용되었다는 내용의 2번 문장과 그 색은 결국 사라지게 되었다는 내용의 3번 문장의 사이인 ②에 위치하는 것이 가장 자연스럽다.

Q 다음 문장이 들어갈 위치로 가장 알맞은 곳은?

2 (1) 2번 문장에서 folium 색은 책의 그림들을 그리는 데 사용되었다고 했다.
(2) 6번과 7번 문장에 언급되어 있다.
(3) 7번과 8번 문장에 언급되어 있다.

Q 다음 문장이 글의 내용과 일치하면 T, 그렇지 않으면 F를 쓰세요.
(1) folium 색은 벽을 칠하는 데 사용되었다.
(2) 과학자들은 1400년대의 책에서 folium 색에 대한 단서를 찾았다.
(3) folium을 만드는 데 사용된 식물은 포르투갈에서 발견되었다.

3 **Q 글의 내용과 일치하도록 빈칸에 알맞은 말을 상자에서 찾아 쓰세요.**

출처, 원천   사라졌다   발견했다   인기 있는

중세 시대 동안, folium이라고 불리는 특별한 보라색을 띠는 파란색은 ⓐ 인기가 있었다. 그러나 그 것은 시간이 지나면서 ⓑ 사라졌다. 나중에, 과학자들은 오래된 책들을 살펴보았고 이 색의 ⓒ 출처를 발견했다.

4 **Q 다음 빈칸에 알맞은 우리말 해석을 써보세요.**

본문 해석

¹중세 시대 동안, folium이라고 불리는 보라색을 띠는 파란색은 인기가 있었다. ²이 색은 책의 페이지에 있는 그림들을 그리는 데 사용되었다. 하지만 시간이 지나면서, 사람들은 이 색상을 사용하지 않게 되었다. ³그것은 결국 사라지게 되었다.

⁴나중에, 과학자들은 이 잃어버린 색의 출처를 찾으려고 노력했다. ⁵그들은 이것이 오래된 그림을 복원하는 데 도움을 줄 수 있다고 생각했다. ⁶그래서 그들은 힌트를 찾기 위해 1400년대의 고서적들을 조사했다. ⁷다행히도, 한 권의 책에서, 그들은 그 색을 만드는 데 사용된 식물을 발견했다. ⁸그 후에, 그들은 포르투갈의 한 마을에서 그 식물을 발견했다.

⁹그들의 실험실에서, 과학자들은 책에서 얻은 옛 제조법으로 많은 실험을 했다. ¹⁰마침내, 그들은 그 색을 재현하는 데 성공했다! ¹¹이제, 우리는 수백 년 전에 사람들이 꼭 그랬던 것처럼 이 색을 즐길 수 있다.

¹During the Middle Ages, / a purple-blue color / called folium / was popular. ²This color was used /
중세 시대 동안, / 보라색을 띠는 파란색은 / folium이라고 불리는 / 인기 있었다. / 이 색은 사용되었다 /

to paint images / on the pages of books. But as time went by, // people stopped / using this color.
그림들을 그리는 데 / 책의 페이지에 있는. / 그러나 시간이 지나면서, // 사람들은 멈추었다 / 이 색을 사용하는 것을.

³It eventually disappeared.
그것은 결국 사라졌다.

⁴Later on, / scientists tried to find / the source of this lost color. ⁵They thought // this could help /
나중에, / 과학자들은 찾으려고 노력했다 / 이 잃어버린 색의 출처를. / 그들은 생각했다 // 이것이 도움이 될 수 있다고 /

restore old paintings. ⁶So they looked into old books / from the 1400s / for hints. ⁷Luckily, / in one book, /
오래된 그림들을 복원하는 것을. / 그래서 그들은 오래된 책들을 조사했다 / 1400년대의 / 힌트를 위해. / 다행히도, / 한 책에서, /

they found the plant / used to make the color. ⁸Then, / they discovered that plant / in a village in Portugal.
그들은 그 식물을 발견했다 / 그 색을 만드는 데 사용된. / 그 후에, / 그들은 그 식물을 발견했다 / 포르투갈의 한 마을에서.

⁹In their labs, / the scientists did many experiments / with old recipes / from the books. ¹⁰Finally, /
그들의 실험실에서, / 그 과학자들은 많은 실험을 했다 / 옛 제조법으로 / 그 책에 나온. / 마침내, /

they succeeded / in recreating the color! ¹¹Now, / we can enjoy this color // just like people did /
그들은 성공했다 / 그 색을 재현하는 데! / 이제, / 우리는 이 색을 즐길 수 있다 // 사람들이 꼭 그랬던 것처럼 /

hundreds of years ago.
수백 년 전에.

² This color was used to paint *images* [**on** the *pages* [of books]].

▶ 전치사 on이 이끄는 어구(on ~ books)는 바로 앞의 images를, 그 안의 전치사 of가 이끄는 어구(of books)는 앞의 the pages를 형용사처럼 꾸며 주고 있다.

But as time went by, people **stopped using** this color.

▶ 동사 stop은 목적어로 동명사를 취하며, <stop v-ing>는 '~하는 것을 멈추다'라는 의미를 나타낸다. 동사 stop 뒤에 to-v가 올 경우, '~하기 위해'라는 '목적'의 의미를 나타내므로, 문맥에 따라 알맞게 해석해야 한다.

e.g. I **stopped tying** my shoelaces and started running. 나는 신발끈을 묶는 것을 멈추고 달리기 시작했다.
 I **stopped to tie** my shoelaces. 나는 신발끈을 묶기 위해 멈췄다.

⁷ Luckily, in one book, they found *the plant* [**used** to make the color].

▶ '사용된'이라는 뜻의 과거분사 used가 이끄는 어구(used ~ the color)는 앞의 the plant를 꾸며 주며, 이때 to make는 '만들기 위해'라는 뜻으로 '목적'을 나타내는 부사적 용법의 to부정사이다.

¹¹ Now, we can enjoy this color just **like** *people did hundreds of years ago*.

▶ like 뒤에 <주어+동사 ~>의 절이 오는 경우, 절과 절을 연결하는 접속사로 쓰인 것이므로 '~하는 것처럼'이라고 해석한다.

Review

본책 p.130

단어

정답
A 1 ⓑ 2 ⓐ 3 ⓒ
B 1 collect 2 popular 3 electricity
C 1 save 2 request 3 source

해석
A 1 lab(실험실) - ⓑ 과학 실험을 하기 위한 특수 장비가 있는 방이나 건물
2 donation(기부, 기증) - ⓐ 사람이나 단체를 돕기 위해 제공되는 돈이나 제품
3 count(계산하다, 수를 세다) - ⓒ 사람이나 물건 등의 전체수를 알아내다

C ┌ 보기 ┐

| 방법, 방식 | 요청하다 | 출처 | 구하다 |

1 새로운 약이 많은 사람들을 **구할** 것이다.
2 더 많은 정보를 **요청**하시려면, 웹사이트를 방문해주세요.
3 그들은 물이 새는 곳의 **출처**를 찾았다.

본책 p.131

1일 1문장

정답
A 1 **The problems** on the math test (were) difficult to solve.
2 **The cameras** on the road (are used) to sense the speed of the car.
3 Mom asked how many friends I'(m inviting) to my birthday party.

B 1 was perfect to hike
2 were used to bring people
3 how many tickets we need

C 1 읽기에 재미있다
2 사용될 것이다, 그들의 결혼식을 축하하는 데
3 우리가 달걀을 몇 개나 갖고 있는지

해석
A 1 수학 시험의 문제는 풀기에 어려웠다.
2 그 도로의 카메라들은 자동차의 속도를 감지하는 데 사용된다.
3 엄마는 내가 생일파티에 친구를 몇 명 초대할 건지 물어보셨다.

독해를 바라보는 재미있는 시각

리딩그라피

| Level |

1

정답과 해설

WORKBOOK

Unit 01

01
pp.2~3

직독직해가 쉬워지는 구문

1일 1문장 빌리기 위해

Plus ❶ 많은 책이 있다 ❷ 일기를 쓰는 것은

직독직해 Practice

1 So many people (use) them / to go to work, school, and other places.

→ 그래서 많은 사람들이 그것들을 이용한다 / 직장, 학교, 그리고 다른 곳에 가기 위해.

2 In Guatemala, / there (are) special colorful buses / called "chicken buses."

→ 과테말라에는, / 특별한 형형색색의 버스들이 있다 / '치킨 버스'라고 불리는.

3 Riding a chicken bus / (is) also very cheap.

→ 치킨 버스를 타는 것은 / 또한 매우 저렴하다.

내신 맛보기

1 ⑤　　　　**2** ③　　　　**3** ⑤

4 There were a lot of cars

5 He gets up early to go jogging

6 Eating fruits

해석

2
이 상자들을 트럭까지 운반해 주세요.

① 칠하다　　② 필요로 하다　　③ 나르다, 운반하다
④ 타다　　⑤ (버스 등이) 운행하다, 다니다

3
그 정원의 꽃들은 밝고 다채롭다.

① 다른　　② 독특한, 특유의　　③ 특별한
④ 값싼　　⑤ (색이) 어두운

02
pp.4~5

직독직해가 쉬워지는 구문

1일 1문장 마시는 것을 좋아하신다

Plus ❶ 내 방을 청소하고 ❷ 여행하는 것이다

직독직해 Practice

1 He (likes) / growing huge pumpkins.

→ 그는 좋아한다 / 거대한 호박을 키우는 것을.

2 And you (won't believe) this // — he (made) a boat / out of a really big pumpkin / and (went out) / on a river!

→ 그리고 당신은 이것을 믿지 못할 것이다 // — 그는 배를 만들었다 / 정말 큰 호박으로 / 그리고 나갔다 / 강에!

3 So, / he (thought of) a fun idea: / to make his pumpkin into a boat / and ride it / down the Missouri River.

→ 그래서, / 그는 재미있는 아이디어를 생각해 냈다: / 그의 호박을 배로 만드는 것과 / 그것을 타는 것 / Missouri 강을 따라.

내신 맛보기

1 ③　　　　**2** (1) spend　(2) of　(3) out of

3 ④

4 finished his homework and played computer games

5 Her dream is to become a musician

6 likes sitting

해석

1
바나나는 사과보다 더 무게가 나간다.

① 타다　　② 만들다　　③ 무게가 ~이다
④ 가다　　⑤ 자르다

3
크기, 양, 정도가 매우 큰

① 거의　　② 파도　　③ 대단한
④ 거대한　　⑤ 멀리

03
pp.6~7

직독직해가 쉬워지는 구문

1일 1문장 나는 책을 읽고 있었다

Plus ❶ 영화를 봄으로써 ❷ 편안함을 느꼈다

직독직해 Practice

1 One day, / Elvis Francois (was fixing) his boat.

→ 어느 날, / Elvis Francois는 그의 보트를 수리하고 있었다.

2 After 24 days, / he finally (saw) a plane / and (sent) a signal / by using a mirror.

→ 24일 후에, / 그는 마침내 비행기를 보았고 / 신호를 보냈다 / 거울을 사용해.

3 They (felt) touched / and (wanted) to give him / a new boat.

→ 그들은 감동했고 / 그에게 주고 싶었다 / 새 보트를.

내신 맛보기

1 ④   **2** ⑤   **3** call for help
4 He felt nervous before the interview
5 She saved money by cooking at home
6 was talking

해석

1

버터와 계란을 함께 <u>섞으세요</u>. 그 다음 설탕을 넣으세요.

① 듣다   ② 보내다   ③ 알아차리다
④ 섞다   ⑤ 마시다

2

그것은 유리로 된 조각이다. 당신은 그것 안에서 스스로를 볼 수 있다.

① 바다   ② 빗물   ③ 파도
④ 해군   ⑤ 거울

Unit 02

04 —————————————— pp.8~9

직독직해가 쉬워지는 구문

1일 1문장 부드럽게 만들었다
Plus ❶ 주황색과 노란색으로 변한다
❷ 고양이가 배고프면

직독직해 Practice

1 These (turn) their feet blue.

→ 이것들이 그들의 발을 파랗게 만든다.

2 But as they (grow up), // their feet (turn) blue!

→ 그러나 그들이 자라면서, // 그들의 발은 파랗게 변한다!

3 When a male booby (has) bluer feet, // (it's) more attractive / to the female.

→ 수컷 부비새가 더 푸른 발을 가지고 있으면, // 그것은 더 매력적이다 / 암컷에게.

내신 맛보기

1 healthy   **2** (1) show   (2) lift
3 ②
4 The hot weather turned the milk sour
5 When he comes home
6 turn slippery when

해석

1

중요성 : 중요한 = 건강 : <u>건강한</u>

3

• 그 새의 <u>깃털</u>은 색이 다채롭다.
• 오늘은 비의 <u>징후</u>가 없었다.
• 우리는 어제저녁에 아름다운 <u>일몰</u>을 보았다.

① 징후, 조짐   ② 마음을 끌다
③ 저녁노을, 일몰   ④ 깃털
⑤ 그 후에, 그다음에

05 —————————————— pp.10~11

직독직해가 쉬워지는 구문

1일 1문장 고양이는 훌륭한 반려동물이라고 믿는다
Plus ❶ 비가 그친 후에 **❷** 추워졌다

직독직해 Practice

1 (Can) you (believe) // that he (traveled) / through 14 countries / on his trip?

→ 당신은 믿을 수 있는가 // 그가 이동했다는 것을 / 14개국을 지나 / 그의 여행에서?

2 After Liam (finished) high school, // he (wanted) / to do something exciting.

→ Liam이 고등학교를 마친 후, // 그는 원했다 / 무언가 신나는 일을 하기를.

3 He (got) very sick / more than once.

→ 그는 매우 아팠다 / 한 번보다 더 많이.

1 ④   **2** ③
3 (1) go on, journey   (2) give up
  (3) exciting experience
4 We believe that education is important
5 Children get very excited
6 After they visited the museum

해석

2

13살에서 19살 사이의 사람

① 여행하다, 가다   ② 나라   ③ 십 대
④ 여행   ⑤ 모험

3 | 보기 |

포기하다   신나는, 흥미진진한   여행
시작하다   경험

06 .... pp.12~13

직독직해가 쉬워지는 **구문**

1일 1문장 그의 개에게 새 장난감을 주었다
Plus ❶ 큰 문제라고 생각한다 **❷** 설거지를 하고 있다

직독직해 Practice

1 Our sweat (can) also (give) them / minerals and proteins.
→ 우리의 땀은 또한 그들에게 줄 수 있다 / 미네랄과 단백질을.
2 Many people (think) // butterflies only (eat) / nectar from flowers.
→ 많은 사람들은 생각한다 // 나비들은 오직 먹는다고 / 꽃에서 나오는 꿀을.
3 They('re) actually (getting) salt / from our sweat!
→ 그들은 사실 소금을 얻고 있는 것이다 / 우리의 땀에서!

내신 맛보기

1 ⑤   **2** (1) skin (2) close
3 look for
4 I can give you some advice
5 We think this restaurant is the best
6 are playing

해석

2 | 보기 |

가까이   다른   이유   피부

(1) 내 **피부**는 겨울에 매우 건조해진다.
(2) 그는 따뜻함을 유지하기 위해 불에 **가까이** 앉았다.

Unit 03

07 .... pp.14~15

직독직해가 쉬워지는 **구문**

1일 1문장 (만약) 그들이 이해하지 못하면
Plus ❶ 그 비밀을 지키기로 약속했다
    ❷ 토끼처럼 보인다

직독직해 Practice

1 But if more people (buy) it, // the dark side of the chocolate industry / (might become) brighter!
→ 하지만 더 많은 사람들이 그것을 산다면, // 초콜릿 산업의 어두운 측면은 / 점점 더 밝아지게 될지도 모른다!
2 Big chocolate companies / (promised) to solve these problems, // but not much (changed).
→ 대형 초콜릿 회사들은 / 이런 문제들을 해결하기로 약속했지만, // 많지 않은 것이 바뀌었다.
3 It (looks) and (tastes) / like regular chocolate.
→ 그것은 (~처럼) 보이고 (~같은) 맛이 난다 / 일반적인 초콜릿과 같은.

내신 맛보기

1 ③   **2** ⑤   **3** ④
4 If we arrive early
5 The cake tastes like chocolate and strawberries
6 promised to walk

해석

2

이 도시에서는 신선한 해산물이 비싸다.

① 가짜의   ② 어두운   ③ 달콤한
④ 일반적인, 보통의   ⑤ 값싼

3

> • 거실은 큰 소파를 위한 충분한 공간이 있다.
> • 망원경은 우리가 우주에 있는 별을 보는 것을 돕는다.

① 쪽, 면   ② 100만   ③ 맛
④ 공간; 우주   ⑤ 해결책, 해법

○8 ·········· pp.16~17

직독직해가 쉬워지는 **구문**

1일 1문장 제공하는 책을
Plus ❶ 대학에서 법을 공부하는 것이다
❷ 그 박물관이 무료라는 것을 몰랐다

직독직해 Practice

1 But you (can) also (start) a new career / saving sea turtles.
→ 하지만 당신도 새로운 직업을 시작할 수 있어요 / 바다거북을 구하는.

2 My job (was) to hunt sea turtle eggs / for money.
→ 제 직업은 바다거북알을 사냥하는 것이었어요 / 돈을 위해.

3 At first, / I (didn't know) // that poaching (was) illegal.
→ 처음에는, / 저는 몰랐어요 // 밀렵이 불법이었다는 것을.

내신 맛보기

1 ②   **2** ④   **3** experience
4 we learned that teamwork is important
5 His job is to create new recipes for the restaurant
6 The boy reading

해석

1
> 삶의 긴 기간 동안 하는 일

① 이야기   ② 직업   ③ 메시지
④ 보호   ⑤ 단체, 기구, 조직

2
> 소방관들은 불타고 있는 건물들에서 사람들을 구한다.

① 배우다   ② 모으다, 수집하다   ③ 사냥하다
④ 구하다   ⑤ 고마워하다, 감사하다

○9 ·········· pp.18~19

직독직해가 쉬워지는 **구문**

1일 1문장 농구를 하곤 했다
Plus ❶ 집에 없을지도 모른다
❷ 해결하는 데 도움이 되었다

직독직해 Practice

1 So farmers (used to worry) / about their cows' safety, / but not anymore!
→ 그래서 농부들은 걱정하곤 했다 / 그들의 소의 안전에 대해, / 하지만 더 이상은 그렇지 않다!

2 So if they (think) / the cows (can see) them, // they (may not attack).
→ 그래서 만약 그것들이 생각한다면 / 소들이 그것들을 볼 수 있다고, // 그것들은 공격하지 않을지도 모른다.

3 These fake eyes / (help) to scare away / their enemies, / like birds.
→ 이 가짜 눈들은 / 쫓아내는 것을 도와준다 / 그것들의 천적들을, / 새와 같은.

내신 맛보기

1 ②   **2** ⑤   **3** fake
4 The bus may not arrive on time
5 This book helps to understand the minds of other people
6 used to watch

해석

2
> 그 보물은 바위 사이에 숨겨져 있었다.

① 떨어져   ② ~로   ③ ~ 때문에
④ ~에 대한   ⑤ ~사이에

Unit 04

10 .... pp.20~21

직독직해가 쉬워지는 구문

1일 1문장 음악을 듣는 것은

Plus ❶ 설거지 된다 **❷** (만약) 네가 책들을 읽는다면

직독직해 Practice

1 Storing lots of emails (means) // that these centers (use) more energy.

→ 많은 이메일을 저장하는 것은 의미한다 // 이 센터들이 더 많은 에너지를 사용한다는 것을.

2 These data centers (use) a lot of power // because they (are) always (turned on).

→ 이러한 데이터 센터들은 많은 전력을 사용한다 // 그것들이 항상 켜져 있기 때문에.

3 If you (delete) your old emails, // you (can save) energy.

→ 만약 당신이 오래된 이메일들을 지운다면, // 당신은 에너지를 절약할 수 있다.

내신 맛보기

1 (1) ⓑ   (2) ⓒ   (3) ⓐ   **2** ⑤

3 (1) find out   (2) think of, as

4 The homework is handed in

5 If you want a delivery service

6 Collecting colorful leaves

해석

1 (1) various(다양한, 여러가지의) - ⓑ 많은 다양한
(2) store(저장하다) - ⓒ 미래에 사용하기 위해 보관하다
(3) area(지역, 구역) - ⓐ 더 큰 장소 안의 부분

11 .... pp.22~23

직독직해가 쉬워지는 구문

1일 1문장 다른 사람들에게 친절한 것은

Plus ❶ 반납해야 한다 **❷** 녹을지도 모른다

직독직해 Practice

1 After doing this, / it(s) very important / to wash our hands well.

→ 이것을 한 후에, / (~은) 매우 중요하다 / 우리의 손을 잘 씻는 것은.

2 But we (need) to be careful // when we (make) lemonade.

→ 그러나 우리는 조심해야 한다 // 우리가 레모네이드를 만들 때.

3 If we (don't) and (go out) / in the sun, // we (might get) a sunburn!

→ 만약 우리가 그러지 않고 나간다면 / 햇볕에, // 우리는 햇볕으로 인한 화상을 입을지도 모른다!

내신 맛보기

1 ④

2 (1) turn into   (2) go out   (3) take care of

3 You might see stars more clearly

4 It is not difficult to learn basic cooking skills

5 need to wear

해석

1

> 부엌의 젖은 바닥에서는 조심해.

① 더운, 뜨거운   ② 순한, 약한   ③ 시원한
④ 마른   ⑤ 몇몇의, 약간의

12 .... pp.24~25

직독직해가 쉬워지는 구문

1일 1문장 우리가 간식을 먹도록 허락하신다

Plus ❶ 자고 있다 **❷** 유럽으로 여행 가기 위해

직독직해 Practice

1 When the cactuses (grow), // they (don't allow) / anything else to grow / around them.

→ 그 선인장들이 자랄 때, // 그것들은 허용하지 않는다 / 다른 어떤 것도 자라는 것을 / 그것들 주변에.

2 As a result, / these cactuses (are growing) / more and more / even in Switzerland.

→ 그 결과, / 이 선인장들은 자라고 있다 / 점점 더 많이 / 심지어 스위스에서.

3 So, / people in Valais (are working) hard / to stop these cactuses / from spreading.

→ 그래서, / Valais의 사람들은 열심히 노력하고 있다 / 이 선 인장들을 멈추기 위해서 / 번지는 것으로부터.

내신 맛보기

1 ④   **2** ⑤   **3** at least
4 we volunteered to help homeless dogs
5 The school allows students to borrow books
6 is making

해석

1
| 창문을 닫는 것은 벌레들이 안으로 들어오지 못하게 막는다. |

① 해결하다   ② 허락하다
③ 번지다   ④ ~하지 못하게 막다
⑤ (면적을) 차지하다; 덮다

2
| **A:** 여기 정말 추워. |
| **B:** 네가 원하면, 내가 네게 담요를 가져다줄 수 있어. |

① 선인장   ② 장소   ③ 문제
④ 토양, 흙   ⑤ 담요

Unit 05

13 .... pp.26~27

직독직해가 쉬워지는 구문

1일 1문장 그려진 그 그림은

Plus ❶ 대비하기 위해
❷ 그 문제를 다시 설명해 달라고 부탁했다

직독직해 Practice

1 In Halifax, Canada, / people (saw) something interesting: / coats tied to the poles of street lamps.

→ 캐나다 Halifax에서, / 사람들은 무언가 흥미로운 것을 보았 다: / 가로등 기둥에 묶인 코트들이었다.

2 So, / during the cold winter in Canada, / she (works) / to help the homeless.

→ 그래서, / 캐나다의 추운 겨울 동안, / 그녀는 일한다 / 노숙 자들을 돕기 위해.

3 Then, / she (asks) local children / to come and help her.

→ 그 후, / 그녀는 지역의 아이들에게 부탁한다 / 와서 그녀를 도와달라고.

내신 맛보기

1 ②   **2** ③   **3** (1) ○ (2) ○ (3) ×
4 We visited the museum built last month
5 he took a train to go to Busan
6 asked the waiter to bring

해석

2
| • 네가 어려움에 처하면, 내게 도움을 요청해. |
| • 너는 언제든 질문을 물어볼 수 있어. |

① 참석하다   ② ~인 채로 있다
③ 요청하다; 물어보다   ④ 잊다, 잊어버리다
⑤ 기부하다, 기증하다

3 (1) 노숙자들은 겨울에 따뜻한 옷이 필요하다.
(2) 그녀는 선물을 포장하고 그것 위에 리본을 묶었다.
(3) 그 작가의 이름은 미스터리로 남아 있다. 모든 사람이 그를 알고 있다.

14 .... pp.28~29

직독직해가 쉬워지는 구문

1일 1문장 더 무서웠다

Plus ❶ 걸어가는 데 15분이 걸린다
❷ 돌고래들과 함께 수영하는 것을 상상한다

직독직해 Practice

1 Back then, / taking a picture / (took) much longer / than today.

→ 그 당시에, / 사진을 찍는 것은 / 훨씬 더 오래 걸렸다 / 오늘 날보다.

2 It (took) about 20 minutes / to take one picture!

→ 약 20분이 걸렸다 / 사진 한 장을 찍는 데!

3 (Imagine) / trying to keep a smile / for 20 minutes!

→ 상상해 봐 / 미소를 유지하려고 노력하는 것을 / 20분 동 안!

1 ④　　　　**2** ③　　　　**3** ②, ③

4 This smartphone is much faster than my old one

5 It took them three days to paint the house

6 imagine flying

해석

2 ┤ 보기 ├

> 오늘날 : 오늘날

① 후기의, 말기의 : 초기의

② 흔한 : 드문, 흔치 않은

③ 어리석은, 바보 같은 : 어리석은, 바보 같은

3
- 그는 새로운 유형의 자전거를 <u>발명</u>하고 싶어 한다.
- 그녀는 그녀의 <u>결혼식</u>을 위한 드레스를 찾는 중이다.
- 그 카메라는 가게 안의 모든 것을 <u>기록</u>할 것이다.

① 결혼(식)　　② 미소 짓다　　③ 심각한, 진지한

④ 기록하다　　⑤ 발명하다

15 .... pp.30~31

직독직해가 쉬워지는 구문

1일 1문장 내가 물을 더 마시게 만든다

Plus ❶ 딸기 같은 냄새가 났다 ❷ 잠을 잘 자지 못해서

직독직해 Practice

1 But lignin (doesn't) only (make) / books smell good.

→ 그러나 리그닌은 오직 만들지는 않는다 / 책들이 좋은 냄새가 나게.

2 In a study, / many people (said) // old books (smelled) / like chocolate or coffee.

→ 한 연구에서, / 많은 사람들이 말했다 // 오래된 책들은 냄새가 난다고 / 초콜릿이나 커피 같은.

3 This (isn't) surprising // because lignin (is) also in chocolate and coffee!

→ 이것은 놀랍지 않다 // 왜냐하면 리그닌은 초콜릿과 커피에도 있기 때문이다!

1 ⑤　　　　**2** ③

3 (1) break (2) used (3) future

4 The garden smelled like roses

5 am walking slowly because my leg hurts

6 The movie makes me laugh

해석

1
> 그 물감의 색들은 모두 달랐다.

① 놀라운　　② 더 많은　　③ 독특한

④ 더 적은　　⑤ 비슷한

2
> 무언가를 보거나 듣거나 느끼고 나서 그것이 그곳에 있다는 것을 알다

① 냄새가 나다　　　　② (~한 상태로) 변하게 만들다

③ 알아채다, 인지하다　　④ 없애다, 제거하다

⑤ 의미하다, ~을 뜻하다

Unit 06

16 .... pp.32~33

직독직해가 쉬워지는 구문

1일 1문장 겨울이 최고의 계절이라고 생각한다

Plus ❶ 떨어진 잎들을 ❷ 확인하기 위한

직독직해 Practice

1 Some people (think) // they (can eat) robber crabs.

→ 어떤 사람들은 생각한다 // 그들이 강도 게를 먹어도 된다고.

2 But campers (need) to watch out for / the huge crabs / known as "robber crabs."

→ 하지만 캠핑객들은 (~을) 조심해야 한다 / 거대한 게들을 / '강도 게'로 알려진.

3 But, / these crabs (are not) for eating / in Australia.

→ 하지만, / 이 게들은 먹는 용도가 아니다 / 호주에서.

1 ④   2 ③   3 ②
4 We think the test was very difficult
5 Olivia bought a new vacuum cleaner made in Italy
6 for discussing

해석

2
> 사람들은 콘서트를 보기 위해 공원 주변에 <u>모일</u> 것이다.

① 다치게 하다; 아프다   ② 필요로 하다
③ 모이다, 모으다   ④ 경고, 주의
⑤ 보호하다, 지키다

3 ① 항상 차들을 <u>조심해라.</u>
② 그들은 집에 가기 위해 텐트를 <u>설치했다.</u>
③ 우리는 마을의 어르신들을 <u>돌본다.</u>
④ 스위스는 초콜릿<u>으로 유명하다.</u>
⑤ 뜨거운 물을 아기에게서 멀리 <u>떨어뜨려</u> 두어라.

17 .... pp.34~35

1일 1문장 노숙자들을 돕는 것이다
Plus ❶ 시험공부를 하기 위해
❷ 그가 요리하는 데 한 시간이 걸릴 수

직독직해 Practice

1 His goal (is) / to show us // that old machines like typewriters / (can make) amazing art.
→ 그의 목표는 ~이다 / 우리에게 보여주는 것 // 타자기와 같은 오래된 기계가 / 놀라운 예술을 만들 수 있다고.
2 For example, / he (uses) the brackets / to draw a curvy line.
→ 예를 들어, / 그는 괄호를 사용한다 / 구불구불한 선을 그리기 위해.
3 In fact, / one picture (can take) him / four to five days / to finish.
→ 사실, / 하나의 그림은 그에게 걸릴 수 있다 / 4일에서 5일이 / 완성하기에.

---

1 ③   2 (1) letters   (2) goals
3 My dream is to travel the world
4 I'm taking a class to learn photography skills
5 them, to record

해석

2
> ┤ 보기 ├
> 화가, 예술가   글자, 문자; 편지   부호, 기호
> 목표; 골, 득점

(1)
> • 영어 알파벳에는 26개의 <u>문자들</u>이 있다.
> • 그 가수는 그의 팬들로부터 많은 <u>편지들</u>을 받았다.

(2)
> • 그는 매년 자신의 <u>목표</u>를 적는다.
> • 그는 축구 경기에서 두 개의 <u>골</u>을 넣었다.

18 .... pp.36~37

1일 1문장 연못 주위의 그 꽃들은
Plus ❶ 그는 나이를 먹으면서
❷ 바닐라 샴푸 같은 냄새가 난다

직독직해 Practice

1 Scientists (discovered) // that the cloud around this comet / (has) some unique smells / like rotten eggs and almonds!
→ 과학자들은 발견했다 // 이 혜성 주변의 구름이 / 몇몇 독특한 냄새들을 가지고 있다는 것을 / 썩은 달걀과 아몬드 같은!
2 As the comet (gets) closer / to the sun, // these smells (can change).
→ 그 행성이 점점 더 가까워지면서 / 태양에, // 이 냄새들은 바뀔 수 있다.
3 Space (might smell) / like a buffet restaurant / with all kinds of smells.
→ 우주는 냄새가 날지도 모른다 / 뷔페 레스토랑과 같은 / 온갖 종류의 냄새가 있는.

Unit 07

19
pp.38~39

직독직해가 쉬워지는 구문

1일 1문장 가장 밝은 색이다

Plus ❶ 더 선명한 화면을   **❷** 큰 박물관과 같다

직독직해 Practice

1 Brown noise (is) the deepest sound / of the three.

→ 갈색 소음은 가장 깊은 소리이다 / 세 가지 중에서.

2 Pink noise (uses) lower sounds / than white noise.

→ 분홍색 소음은 더 낮은 소리를 사용한다 / 백색 소음보다.

3 It('s) like the sound / of heavy rain or a waterfall.

→ 그것은 소리와 같다 / 폭우 또는 폭포의.

내신 맛보기

1 (1) ⓑ   (2) ⓒ   (3) ⓐ   **2** ④   **3** ③

4 The view from the mountaintop was like a painting

5 This is the oldest building in the city

6 higher grade than

해석

1 (1) noise(소리, 소음) - ⓑ 누군가나 무언가가 만드는 소리

(2) wave(파도) - ⓒ 바다나 호수에서 위아래로 움직이는 물의 구역

(3) vacuum(진공청소기) - ⓐ 흙이나 먼지를 빨아들임으로써 바닥을 청소하는 도구

2

> 나는 내 그림 실력을 향상시키고 싶다.

① 편히 쉬다   ② 듣다, 들리다   ③ 집중하다

④ 향상시키다   ⑤ ~하게 들리다

3

> 그 여배우는 전 세계에서 유명하다.

① 다양한; 다른   ② 비슷한   ③ 유명한

④ 다양한   ⑤ 어려운, 힘든

20
pp.40~41

직독직해가 쉬워지는 구문

1일 1문장 비가 그쳤을 때

Plus ❶ 책을 읽고, 리뷰를 썼으며

      ❷ 그들의 선생님을 천재라고 부른다

직독직해 Practice

1 As I (started) running, // I (tripped) over the chicken feet.

→ 제가 달리기 시작했을 때, // 저는 치킨 발에 걸려 넘어졌어요.

2 In the race, / we (wore) silly costumes, / (ran) to a spot, / and then (took off) the costumes / for the next person.

→ 그 경주에서, / 우리는 우스꽝스러운 의상들을 입었고, / 한 장소로 달려갔다가, / 그다음 그 의상을 벗었어요 / 다음 사람을 위해.

3 My friends now (call) me / "Muddy Chicken," // but it('s) just a funny joke.

→ 제 친구들은 이제 저를 불러요 / '진흙투성이인 치킨'이라고, // 하지만 그것은 웃긴 농담일 뿐이에요.

내신 맛보기

1 (1) silly   (2) spot   (3) joke

2 (1) turn   (2) wait

3 As the movie started

4 People call the baseball player their hero

5 got, made, washed

1 | 보기 |

| 진흙투성이인 | 우스꽝스러운; 바보 같은 | 농담 |
| 그리워하다 | (특정한) 장소, 곳 | |

(1) 장난스럽고 웃긴

(2) 특정한 공간이나 구역

(3) 사람들을 웃게 하는 웃긴 이야기나 문장

21 ·········· pp.42~43

직독직해가 쉬워지는 구문

1일 1문장 하나는, 또 다른 하나는

Plus ❶ 피자와 파스타 둘 다

❷ 노래하거나 춤출 수 있다

직독직해 Practice

1 One (is) zinc oxide, / a powerful natural sunblock. Another (is) neem.

→ 하나는 산화아연이다, / 강력한 천연 자외선 차단제인. 또 다른 하나는 인도 멀구슬나무이다.

2 Both men and women / (drew) thick black lines / around their eyes.

→ 남자들과 여자들 모두 / 두꺼운 검은 선을 그렸다 / 그들의 눈 주변에.

3 These things (could hurt) their eyes / or (give) them eye diseases.

→ 이것들은 그들의 눈을 아프게 할 수 있었다 / 또는 그들에게 눈병을 줄 수 있었다.

내신 맛보기

1 ③ **2** ④ **3** (1) draw (2) protect

4 Both Andy and Kate go skiing

5 One is heavy, and another is light

6 We can play outside or (can) watch a movie

해석

2

그 책은 <u>두꺼운</u> 표지를 가지고 있었다.

① 뚱뚱한 ② 오래된, 낡은 ③ 밝은

④ 얇은 ⑤ 긴

Unit 08

22 ·········· pp.44~45

직독직해가 쉬워지는 구문

1일 1문장 그의 방을 청소해 달라고 요청했다

Plus ❶ 점점 더 어두워지고 있었다

❷ 더 빨리 달릴 수 있었다

직독직해 Practice

1 So the zookeepers (asked) / Dr. Ara to make special braces / for Msituni.

→ 그래서 사육사들은 부탁했다 / Ara 박사에게 특별한 교정기를 만들어 달라고 / Msituni를 위해.

2 Msituni (was getting) taller / every day.

→ Msituni는 키가 점점 더 커지고 있었다 / 매일.

3 But after two months, / she (could walk) / by herself / without them.

→ 그러나 두 달 후에, / 그녀는 걸을 수 있었다 / 그녀 혼자 힘으로 / 그것들 없이.

내신 맛보기

1 ⑤ **2** ⑤ **3** At first

4 The winds were getting stronger

5 We asked our neighbors to be quiet

6 couldn't remember

해석

2

• 그는 가르치는 데 많은 <u>경험</u>이 있다.

• 여행하는 것은 당신에게 귀중한 <u>경험</u>을 준다.

① 방향; 방법 ② 해결책 ③ 일; 직업

④ (동물원) 사육사 ⑤ 경험

23 ·········· pp.46~47

직독직해가 쉬워지는 구문

1일 1문장 그가 온라인 게임을 하지 못하게 하신다

Plus ❶ 조깅하는 것을 시작했다

❷ 새 자전거를 산 방법이다.

1 But Ole (didn't let) this stop him.

→ 그러나 Ole는 이것이 그를 멈추게 두지 않았다.

2 He (built) a bigger workshop / and (began) making wooden toys.

→ 그는 더 큰 작업실을 지었다 / 그리고 나무로 된 장난감을 만들기 시작했다.

3 That('s) how the famous LEGO bricks (started)!

→ 그렇게 그 유명한 레고 블록이 시작된 것이다!

내신 맛보기

1 ③

2 (1) machine, ladder   (2) factory, furniture

3 make, out of

4 She let her dog play in the park

5 That's how they built their dream house

6 began planting

해석

2 ┌ 보기 ┐
사다리	공장	(쌓기 놀이의) 블록
기계	가구	

24 .... pp.48~49

직독직해가 쉬워지는 구문

1일 1문장 초콜릿 쿠키를 만드는 방법을

Plus ❶ 편안함을 느낀다 ❷ 더 맛있다

직독직해 Practice

1 Mr. Sato (showed) him / how to fix the bowl: // Mr. Sato (glued) the broken pieces together.

→ Sato 씨는 그에게 보여주었다 / 그 그릇을 고치는 방법을: // Sato 씨는 깨진 조각들을 서로 붙였다.

2 Noah and his mom (moved) / to a new city, // but he (felt) sad / and (missed) his old life.

→ Noah와 그의 엄마는 이사했다 / 새로운 도시로, // 그러나 그는 슬펐고 / 그의 예전의 삶을 그리워했다.

3 But it (was) even more beautiful / than before.

→ 그러나 그것은 훨씬 더 아름다웠다 / 전보다.

내신 맛보기

1 (1) ③   (2) ④

2 (1) move   (2) glue   (3) happen

3 is more expensive than the other model

4 felt excited when we heard the news

5 how to solve

해석

1 (1)

나의 삼촌은 나를 위해 내 컴퓨터를 수리해 주실 것이다.

① 느끼다   ② 깨다, 부수다

③ 수리하다   ④ 다이빙하다; 잠수하다

⑤ ~이 되다

(2)

그녀는 수업에서 새로운 그림 기술을 배웠다.

① (우묵한) 그릇   ② 이웃

③ 그리워하다   ④ 기술

⑤ 갈라진 금

Unit 09

25 .... pp.50~51

직독직해가 쉬워지는 구문

1일 1문장 (비록) 눈이 오고 있었지만

Plus ❶ 네 귀를 아프게 할 수 있다
❷ 새로운 언어를 배우기 위해

직독직해 Practice

1 Although it (smells) strong, // Hákarl (is) a very special food / for Icelanders.

→ 비록 그것이 냄새가 강하긴 하지만, // 하우카르들은 매우 특별한 음식이다 / 아이슬란드 사람들에게.

2 But if you (eat) the shark meat / right away, // it (can make) you feel sick.

→ 하지만 당신이 상어 고기를 먹으면 / 곧바로, // 그것은 당신을 아프게 할 수 있다.

3 To make Hákarl, / people (clean) the shark meat / and (put) it in boxes / for several weeks.

→ 하우카르들을 만들기 위해, / 사람들은 상어 고기를 씻는다 / 그리고 그것을 상자에 넣어둔다 / 몇 주 동안.

1 ④   **2** ③   **3** am proud of
4 A good book can make you forget your worries
5 to cook a delicious meal
6 Although we arrived late

해석

1

> 그는 요리 냄새를 없애기 위해 창문을 열었다.

① 만들다   ② 매달다, 걸다   ③ 말리다
④ 제거하다, 없애다   ⑤ 배부른; 가득 찬

2

> 특정한 것에 대해 누군가가 생각하는 것

① 전통   ② 고기   ③ 의견, 견해
④ 요리; 접시   ⑤ 밖에

---

26   pp.52~53

직독직해가 쉬워지는 **구문**

1일 1문장 가장 똑똑한 학생 중 하나이다
Plus ❶ 어두워졌다
     ❷ 스트레스 받지 않도록 도와주신다

직독직해 Practice

1 Denmark (is) / one of the happiest countries / in the world.
→ 덴마크는 ~이다 / 가장 행복한 나라들 중 하나 / 세계에서.
2 When small things (go) wrong, // Danish people (say) "pyt."
→ 작은 일들이 잘못될 때, // 덴마크 사람들은 'pyt'라고 말한다.
3 This word (helps) them / not to worry too much / about small problems.
→ 이 단어는 그들을 도와준다 / 너무 많이 걱정하지 않도록 / 작은 문제들에 대해.

내신 맛보기

1 ③   **2** ③   **3** upset
4 is one of the most exciting rides
5 My hands went cold
6 me not to give up

해석

2

> 그녀는 차를 좀 마신 후에 진정했다.

① 머물렀다   ② 걱정했다   ③ 진정했다
④ ~인 채로 있었다   ⑤ 들렸다

3

> **A**: 너는 왜 그렇게 속상해 보이니?
> **B**: 나는 방금 내 휴대전화를 잃어버렸어.

---

27   pp.54~55

직독직해가 쉬워지는 **구문**

1일 1문장 창문을 연 채로
Plus ❶ 그녀가 열심히 공부하기 때문이다
     ❷ 저녁을 먹으면서

직독직해 Practice

1 During their dive naps, / elephant seals (enter) a deep sleep / with their bodies straight up.
→ 그들의 다이빙 낮잠 동안, / 코끼리바다물범들은 깊은 수면에 들어간다 / 그들의 몸을 수직으로 세운 채.
2 That(s) // because sharks and killer whales usually (stay) / near the surface.
→ 그것은 (~)이다 // 상어들과 범고래들이 보통 머무르기 때문이다 / 수면 근처에.
3 They then (turn) upside down // as they (go into) the second stage of sleep.
→ 그들은 그러고 나서 몸을 거꾸로 뒤집는다 // 그들이 ~에 들어갈 때 / 수면의 두 번째 단계(에).

내신 맛보기

1 ⑤   **2** (1) upside   (2) less   (3) once
3 ④
4 That's because she loves learning new things
5 are cleaning the house with the music on
6 as he jogs in the park

해석

3

> 특히 낮 동안의 짧은 시간의 잠

① 주(州)   ② 분   ③ 표면, 수면
④ 낮잠   ⑤ 다이빙, 잠수

Unit 10

28 ⋯⋯⋯⋯⋯⋯⋯⋯ pp.56~57

직독직해가 쉬워지는 구문

1일 1문장 더 많이 배우는 방법이다
Plus ❶ 운동하려고 노력한다
❷ 자전거를 빌리고, 탈 수 있다

직독직해 Practice

1 Samuel's message (is) clear: // making mistakes / (is) just a way / to become better.

→ Samuel의 메시지는 명확하다: // 실수를 하는 것은 / 단지 하나의 방법이다 / 더 나아지게 되는.

2 When new products (fail), // companies often (try) / to forget them fast.

→ 새로운 제품들이 실패하면, // 회사들은 종종 노력한다 / 그 것들을 빨리 잊으려고.

3 Any visitors (can write) / their own mistakes / on sticky notes / and (put) them / on a wall.

→ 어떤 방문객이든 적을 수 있다 / 그들 자신의 실수들을 / 접 착식 메모지에 / 그리고 그것들을 붙일 수 있다 / 벽에.

내신 맛보기

1 (1) ⓒ (2) ⓐ (3) ⓑ 2 ③ 3 ⑤
4 This is a chance to make new friends
5 can collect seashells and make a necklace
6 try to read

해석

1 (1) share(나누다, 공유하다) - ⓒ 다른 사람들에게 생각이나 경험을 말해 주다
(2) improve(향상시키다, 개선하다) - ⓐ 무언가를 더 좋게 만들다
(3) flavored(~의 맛이 나는) - ⓑ 특정한 종류의 맛을 갖고 있는

2
나는 자주 문을 잠그는 것을 잊는다.

① 실패하다　　　② 시작하다
③ 기억하다　　　④ 이동하다; 여행하다
⑤ 노력하다

3
그 공원은 모든 방문객들에게 지도를 제공한다.

① 실수들　　② 상품들　　③ 예시들
④ 메시지들　　⑤ 방문객들

29 ⋯⋯⋯⋯⋯⋯⋯⋯ pp.58~59

직독직해가 쉬워지는 구문

1일 1문장 자원봉사 하는 사람은 누구나
Plus ❶ 스페인어를 가르쳐 줄 선생님을
❷ 안전벨트를 착용해야 한다

직독직해 Practice

1 Anyone // who (has) a sweet tooth for candy / (can apply).

→ 누구나 // 단것을 좋아하는 사람은 / 지원할 수 있다.

2 Our company (is looking for) / people to try new candies.

→ 우리 회사는 (~을) 찾고 있다 / 새로운 캔디를 시식할 사람들 을.

3 You (must live) / in the United States / and (be) 18 years or older.

→ 당신은 거주해야 한다 / 미국에서 / 그리고 18살이거나 그 이상이어야 한다.

내신 맛보기

1 ③　　　　2 ④　　　　3 ②
4 The girl who plays the cello beautifully
5 We are organizing a group to clean up the beach
6 must not take pictures

해석

2
우리는 몇몇 사람들에게 감사 편지를 보낼 것이다.

① (돈을) 벌다　　② 꿈꾸다　　③ 선택하다, 정하다
④ 받다　　　　⑤ 잊다

3
어떠한 실수나 잘못 없이 모든 방면에서 완전하고 옳은

① 단; 단것　　② 완벽한, 완전한　③ 맛있는
④ 맛; 맛보다　　⑤ 알레르기

30 ⋯⋯⋯⋯⋯⋯⋯⋯ pp.60~61

직독직해가 쉬워지는 구문

1일 1문장 끓는 물만큼 뜨겁다
Plus ❶ 더 신난다 **❷** 가장 큰 집이다

1 The airbag jeans / (help) keep riders safe, / and (are) as comfortable / as regular pants.

→ 에어백 청바지는 / 운전자들을 안전하게 유지하도록 돕고, / 편하다 / 일반 바지만큼이나.

2 Riding a motorcycle / (is) much more dangerous / than driving a car.

→ 오토바이를 타는 것은 / 훨씬 더 위험하다 / 자동차를 운전하는 것보다.

3 These jeans (are made) / from the strongest denim / in the world.

→ 이 청바지는 만들어진다 / 가장 튼튼한 데님으로 / 세상에서.

내신 맛보기

1 ②   **2** ②, ④   **3** get hurt

4 The dancer moved as gracefully as a swan

5 Traveling by plane is more expensive than traveling by train

6 the softest cotton in

해석

1

사람의 몸과 같은, 무언가의 표면의 부분

① 부상   ② 부분
③ (오토바이 등을) 타는 사람   ④ 오토바이
⑤ 뉴스, 소식

2

• 그는 케이크 전부를 십 분 안에 다 먹었다. • 그는 출근길에 자동차 사고를 겪었다. • 우리의 일반적인 하루는 아침 산책으로 시작한다.

① 전체의, 전부의   ② 심각한   ③ 일반적인, 보통의
④ 데님   ⑤ 사고

Unit 11

31   pp.62~63

직독직해가 쉬워지는 구문

1일 1문장 그것이 그녀가 친구가 정말 많은 이유이다[그래서 그녀는 친구가 정말 많다]

Plus ❶ Green Tech라고 불리는 회사에서
❷ 배움과 발견의 장소이다

1 That(s) why // they (need) an airport.

→ 그것이 (~한) 이유이다 // 그들이 공항이 필요한.

2 It (started) / because of a festival / called "Burning Man."

→ 그것은 시작되었다 / 축제 때문에 / 'Burning Man'이라고 불리는.

3 This (is) a huge festival / of art, music, and culture.

→ 이것은 거대한 축제이다 / 예술, 음악, 그리고 문화의.

내신 맛보기

1 ②   **2** (1) show up   (2) get stuck

3 The cake baked in the oven smells great

4 That's why he's never late for school

5 The dishes in the kitchen

해석

1 ① bring(일으키다): 무언가가 일어나게 하다
② simple(단순한): 하기 또는 이해하기 불가능한
③ join(참가하다): 사람이나 그룹과 무언가를 하다
④ desert(사막): 물이나 식물이 거의 없는 지역
⑤ runway(활주로): 비행기가 이륙하고 착륙하는 길고 평평한 길

32   pp.64~65

직독직해가 쉬워지는 구문

1일 1문장 어떻게 그 기계가 작동하는지
Plus ❶ 그 액션 영화를 만든 영화감독
❷ 친구들과 놀아라

1 He (wondered) // how music (would sound) / on ice instruments.

→ 그는 궁금해했다 // 어떻게 음악이 들릴지 / 얼음 악기들에서.

2 Tim first (got) the idea / from a friend // who (makes) guitars.

→ Tim은 처음에 아이디어를 얻었다 / 친구로부터 // 기타를 만드는.

3 (Put on) your warmest clothes // and (enjoy) Tim's ice music orchestra!

→ 당신의 가장 따뜻한 옷들을 입어라 // 그리고 Tim의 얼음 음악 오케스트라를 즐겨라!

내신 맛보기

1 ⑤ **2** (1) ⓒ (2) ⓐ (3) ⓑ **3** ②
4 met the scientist who won the Nobel prize
5 Turn off the computer and do your homework
6 how the story ends

해석

2 (1) wonder(궁금해하다) - ⓒ 무언가를 알고 싶어 하다
(2) heat(열, 열기) - ⓐ 무언가를 따뜻하게 만드는 에너지
(3) imagine(상상하다) - ⓑ 마음속 무언가에 대해 생각하다

3
• 당신은 돈을 지불할 필요가 없어요. 당신은 그것을 무료로 가질 수 있어요.
• 저는 오늘 밤 아무 계획도 없어요. 저는 한가해요.

① 특별한　　　　② 무료의; 한가한　　　③ 날카로운, 예리한
④ 현실　　　　　⑤ 독특한

33 .... pp.66~67

직독직해가 쉬워지는 구문

1일 1문장 영어를 공부해 왔다
Plus ❶ 어디에서 점심을 먹을지
❷ 산책하는 것을 제안했다

직독직해 Practice

1 For over 60 years, / the city's river (has turned) green!

→ 60년 이상 동안, / 그 도시의 강은 초록색으로 변해 왔다!

---

2 In the 1960s, / the city (used) green dye / to trace where wastewater (was coming from).

→ 1960년대에, / 그 도시는 녹색 염료를 사용했다 / 하수가 어디에서 나오는지 찾아내기 위해.

3 But his close friend (suggested) / dyeing Chicago River / instead.

→ 하지만 그의 친한 친구는 제안했다 / 시카고 강을 물들이는 것을 / 대신.

내신 맛보기

1 ⑤　　　　　**2** ③, ⑤　　　　**3** instead
4 she has worked as a teacher
5 to trace where you spend your money
6 suggested trying

해석

2
• 그 사고는 언제 일어났나요?
• 그 콘서트는 저녁 7시에 시작한다.
• 그 세일은 그 주의 마지막까지 계속될 것이다.

① 계속하다, 지속하다　　　② 시작하다
③ 유지하다　　　　　　　④ 일어나다
⑤ 접촉하다

Unit 12

34 .... pp.68~69

직독직해가 쉬워지는 구문

1일 1문장 몇 권의 책을 빌렸는지
Plus ❶ 해결하는 방법을
❷ (만약) 네가 예의 바르게 부탁하면

직독직해 Practice

1 So unlike us, / they (don't have to remember) // how many days each month (has).

→ 그래서 우리와 달리, / 그들은 기억할 필요가 없다 // 각각의 달이 얼마나 많은 날을 갖고 있는지.

2 In Ethiopia, / people (have) a special way / of counting days and time.

→ 에티오피아에서, / 사람들은 특별한 방법을 가지고 있다 / 날짜와 시간을 계산하는.

3 So, / if a friend in Ethiopia / (wants) to meet you / at 10 o'clock, // they (might) actually (mean) / 4 o'clock in the afternoon!

→ 따라서, / 만약 에티오피아의 친구가 / 당신을 만나기를 원한다면 / 10시에, // 그들은 실제로 의미할지도 모른다 / 오후 4시를!

1 ③
2 (1) as well (2) instead of (3) divide, into
3 If you try this recipe
4 how many hours I played the computer game
5 of living

1 (1) ⓒ (2) ⓑ (3) ⓐ   2 ③
3 turned into
4 I have some more work to do
5 This park is beautiful to visit
6 people walking

해석

1 (1) since(~이기 때문에) - ⓒ 그 이유 때문에
  (2) perfect(꼭 맞는, 완벽한) - ⓑ 특정한 목적, 상황, 또는 사람에 정확히 맞는
  (3) request(요청하다) - ⓐ 무언가를 정중한 방식으로 요청하다

2
학생들은 지역 역사에 관해 조사하고 있다.

  ① 사용, 이용   ② 전기, 전력   ③ 조사, 연구
  ④ 표지판, 간판   ⑤ 기계

35
pp.70~71

직독직해가 쉬워지는 구문

1일 1문장 사용하기에 편리하다
Plus ❶ 여행 갈 가장 좋은 시기이다
     ❷ 요리를 배우는 초보자들

직독직해 Practice

1 Since phone boxes (are) easy to find / and (have) electricity, // they (re) perfect / for these machines.

→ 공중전화 박스들은 찾기 쉽기 때문에 / 그리고 전기를 갖고 있기 때문에, // 그것들은 완벽하다 / 이 기계들에.

2 Instead, / they (found) new ways / to use these old phone boxes.

→ 대신에, / 그들은 새로운 방법들을 찾았다 / 이 오래된 공중전화 박스들을 사용할.

3 This (is) great / for people / living far from big libraries.

→ 이것은 아주 좋다 / 사람들에게 / 큰 도서관에서 멀리 떨어져 사는.

36
pp.72~73

직독직해가 쉬워지는 구문

1일 1문장 집을 짓는 데 사용되었다
Plus ❶ 집을 칠하는 데 사용된 붓이다
     ❷ 그녀의 어머니가 그랬던 것처럼

직독직해 Practice

1 This color (was used) / to paint images / on the pages of books.

→ 이 색은 사용되었다 / 그림들을 그리는 데 / 책의 페이지에 있는.

2 Luckily, / in one book, / they (found) the plant / used to make the color.

→ 다행히도, / 한 책에서, / 그들은 그 식물을 발견했다 / 그 색을 만드는 데 사용된.

3 Now, / we (can enjoy) this color // just like people (did) / hundreds of years ago.

→ 이제, / 우리는 이 색을 즐길 수 있다 // 사람들이 꼭 그랬던 것처럼 / 수백 년 전에.

1 ②   **2** ③

3 (1) succeed   (2) goes   (3) search

4 Olive oils made in Spain are very popular

5 decorates her house like her grandparents did

6 was used to store

해석

2

무언가를 조리하는 방법에 대해 안내하는 일련의 지시들

① 출처, 원천   ② 힌트, 암시   ③ 조리법, 제조법

④ 그림   ⑤ 마을

독해를 바라보는 재미있는 시각

Reading
Graphy

중학 서술형이 **만만해지는 문장연습**

쓱작

중학 영어

쓰기 + 작문

시리즈

교과서 맞춤형 **본 책** + 탄탄해진 **워크북** + 맞춤형 **부가자료**

내가 **쓰**는 대로
작문이 완성된다!

1. 중학 교과서 진도 맞춤형 내신 서술형 대비

2. 한 페이지로 끝내는 핵심 영문법 포인트별 정리 + 문제 풀이

3. 효과적인 3단계 쓰기 훈련 :
   순서배열 → 빈칸 완성 → 내신 기출

4. 최신 서술형 100% 반영된 문제와 추가 워크북으로 서술형 완벽 대비

5. 13종 교과서 문법 분류표·연계표 등 특별 부록 수록

쎄듀 초·중등 커리큘럼

	예비초	초1	초2	초3	초4	초5	초6
구문		천일문 365 일력 | 초1-3 교육부 지정 초등 필수 영어 문장		초등코치 천일문 SENTENCE 1001개 통문장 암기로 완성하는 초등 영어의 기초			
문법					초등코치 천일문 GRAMMAR 1001개 예문으로 배우는 초등 영문법		
			왓츠 Grammar		Start (초등 기초 영문법) / Plus (초등 영문법 마무리)		
독해				왓츠 리딩 70 / 80 / 90 / 100 A / B 쉽고 재미있게 완성되는 영어 독해력			
어휘				초등코치 천일문 VOCA&STORY 1001개의 초등 필수 어휘와 짧은 스토리			
		패턴으로 말하는 초등 필수 영단어 1 / 2		문장 패턴으로 완성하는 초등 필수 영단어			
ELT	Oh! My PHONICS 1 / 2 / 3 / 4		유·초등학생을 위한 첫 영어 파닉스				
		Oh! My SPEAKING 1 / 2 / 3 / 4 / 5 / 6		핵심 문장 패턴으로 더욱 쉬운 영어 말하기			
		Oh! My GRAMMAR 1 / 2 / 3		쓰기로 완성하는 첫 초등 영문법			

	예비중	중1	중2	중3
구문	천일문 STARTER 1 / 2			중등 필수 구문 & 문법 총정리
문법	천일문 GRAMMAR LEVEL 1 / 2 / 3			예문 중심 문법 기본서
	GRAMMAR Q Starter 1, 2 / Intermediate 1, 2 / Advanced 1, 2			학기별 문법 기본서
	잘 풀리는 영문법 1 / 2 / 3			문제 중심 문법 적용서
	GRAMMAR PIC 1 / 2 / 3 / 4			이해가 쉬운 도식화된 문법서
			1센치 영문법	1권으로 핵심 문법 정리
문법+어법		첫단추 BASIC 문법·어법편 1 / 2		문법·어법의 기초
문법+쓰기	EGU 영단어&품사 / 문장 형식 / 동사 써먹기 / 문법 써먹기 / 구문 써먹기			서술형 기초 세우기와 문법 다지기
				올씀 1 기본 문장 PATTERN 내신 서술형 기본 문장 학습
쓰기	거침없이 Writing LEVEL 1 / 2 / 3			중등 교과서 내신 기출 서술형
		중학 영어 쓰작 1 / 2 / 3		중등 교과서 패턴 드릴 서술형
어휘	신간 천일문 VOCA 중등 스타트/필수/마스터			2800개 중등 3개년 필수 어휘
	어휘끝 중학 필수편		중학 필수어휘 1000개	어휘끝 중학 마스터편 고난도 중학어휘 +고등기초 어휘 1000개
독해	신간 ReadingGraphy LEVEL 1 / 2 / 3 / 4			중등 필수 구문까지 잡는 흥미로운 소재 독해
		Reading Relay Starter 1, 2 / Challenger 1, 2 / Master 1, 2		타교과 연계 배경 지식 독해
		READING Q Starter 1, 2 / Intermediate 1, 2 / Advanced 1, 2		예측/추론/요약 사고력 독해
독해전략			리딩 플랫폼 1 / 2 / 3	논픽션 지문 독해
독해유형			Reading 16 LEVEL 1 / 2 / 3	수능 유형 맛보기 + 내신 대비
			첫단추 BASIC 독해편 1 / 2	수능 유형 독해 입문
듣기	Listening Q 유형편 / 1 / 2 / 3			유형별 듣기 전략 및 실전 대비
		쎄듀 빠르게 중학영어듣기 모의고사 1 / 2 / 3		교육청 듣기평가 대비